大黒岳彦

情報社会の〈哲学〉

グーグル・ビッグデータ・人工知能

勁草書房

はじめに

昨年四月にアップルから時計型端末Apple Watch《アップル ウォッチ》が発売され、Google《グーグル》のメガネ型端末Google《グーグル》 Glass《グラス》も試験段階を終え、製品化へとその歩を着実に進めつつある。(1)また八月にはソフトバンクから家庭用ロボット端末Pepper《ペッパー》の一般販売も開始され、いよいよ人間がロボットと〝共生〟する社会が幕を開けようとしている。二〇一五年は、ウェアラブル元年といわれ、ロボットや人工《エー・アイ》知能が人間の能力を超えるという「シンギュラリティ」（特異点）の問題もまことしやかに語られ始めた。そして二〇一六年は日本で「マイナンバー」制度が波乱含みで本格始動する年である。「情報社会」論の草分けである増田米二(2)が一九六〇年代末に初めてその青写真を提示した〝電子政府〟が、インターネットを介して〝国民〟をネットワークに組み込むことで愈々《いよいよ》総仕上げの段階に突入した。「私たち全部にソシアルナンバーがつき、総理大臣の選挙がテレビ電話による国民投票によって行われる。こういった時代がやってくる(3)」という増田の予言、というよりむしろ悲願の達成まであと僅かの道程《みちのり》である。

情報社会は今や新たなステージを迎えつつあるといってよい。

だが、そもそも「情報社会」とは何なのか？

曰く

◎「情報」財が「物」財と並んで、重要な価値として認められ、それが商品として流通する社会。
◎物理的な暴力によってではなく、「情報」操作によって人々をコントロールする管理社会の新しい形態。
◎日々、洪水のように押し寄せてくる「情報」から、〝正しい〟情報を選別する批判的メディアリテラシーが必須となる社会。
等々…。

これらの答えは慥かに「情報社会」の或る相、「現れ《あらわ》」を指摘し得てはいる。だが決して「情報社会」の総体そして本質を捉えてはいない。それらは飽くまで「情報社会」の〝露頭〟であり〝効果〟に過ぎない。複数の〝露頭〟はその根底にある〝地層〟という構造物（更には〝マントル〟という運動体）の一部に過ぎず、〝効果〟もまたその〝本体〟の存在と機能を前提している。では、もう一度問おう。「情報社会」の〝地層〟〝マントル〟部分あるいは〝本体〟、すなわちその本質は何か？

結論を先に言えば、それは諸〈メディア〉が構成する閉じたシステムである。「情報社会」の底流で蠢《うごめ》いているもの、それは、「インターネット」というメディア技術を軸に自己組織化する〈ネットワーク〉というメディア・システムである。一九八〇年代に登場し、一九九五年に社会インフラとなったインターネットは、今や、既存の旧メディア、すなわち、テレビ、新聞、映画などのマスメディアはもちろんのこと、書籍（活字メディア）や手書き文字、更には声メディア（すなわち対面的コミュニケーション）までをも、その傘下に組み込むことで、それら既存メディアの社会的機能を組み替えながら、〈ネットワーク〉メディアを主導的なメディアとするこれまでにないメディアの〝生態系〟、メディアの〝オートポイエーシス・システム〟を完成させつつある。そして、このシステムは近い将来、（ウェアラブル、ロボット、AI《エー・アイ》を介して）われわれの視・聴・嗅・味・触という感覚（身体メディア）までをも簒奪し、〈メディア〉生態系に組み込んでゆくであろうこともほぼ確実である。

既存の〝情報社会〟論が、「実証性」を口実に、極めて皮相な時流批評や断片的な現象解析に終始してきたのは、〝情報社会〟を――先に数例挙げた如く――メディア技術によって引き起こされた可視的な事象の総体としてしか把握してこなかったからである。これを〝他山の石〟としつつ本書では、様々な時事的現象の根底に〝在って〟運動している不可視の「情報社会」〝本体〟を分析と考究の対象としている。すなわち本書は、マクルーハンによって唱道された、「これまでの人類史とは、主導的メディアが形作ってきたメディア生態系、メディア・パラダイム――マクルーハンはこれを「銀河系《ギャラクシー》」（galaxy）と称する――の変遷の歴史であった」とする〈メディア〉史観の光の下で、またルーマンによって構築された、社会を従来のように〈人間〉の〝代数和〟や〈人間〉的行為応酬の〝合力《ごうりょく》〟と見るのではなく「非人称的コミュニケーションの連鎖的持続」として把握する社会システム論を援用しつつ、Google、bigdata《ビッグデータ》、SNS《ソーシャル・ネットワーク・サービス》、ロボット、AI、ウェアラブル、情報倫理、といった具体的で個別的な現象を分析の俎上に載せ、それら現象の底で稼働している、不可視の〈メディア〉生態系（そしてそれこそが「情報社会」の本体である）を白日の下に晒す試みである。

本書は、形式的・表面的には、その間に「情報社会」が驚くべき進化を遂げた二〇一〇年から一六年にかけての、情報社会関連の時事的なトピックや話題を扱っている。にもかかわらず、その本意は個々の現象の分析そのことにではなく――繰り返すが――「情報社会」そのものの存立構造とメカニズムを暴き出すことによって、それを「脱構築」することにある。その意味において、本書が標榜するのは表層的現象の解析とその集積に過ぎない〝情報社会〟「論」あるいはその「批評」ではなく、本書のタイトルが示すとおり飽くまでも「情報社会」の〈哲学〉すなわち「情報社会」の、マルクスが謂う意味での〈体系的批判《クリティーク》〉(Kritik)である。

以下に本書全体の見取り図として、各章の概要を記す。

「序章」では、誤解に基づいてこれまで不当に過小評価されてきたM・マクルーハンに新たな光を投じて、その思想の〈検証=顕彰〉作業を行う。マルクスの唯物史観にも比すべき「メディア史観」の唱道者としてマクルーハンを位置づけ、既存の「情報社会」把握に、彼のシステム論的把握を対置することで、以降の議論における前提的了解の読者との共有を図る。

本論の前半部分では、「Google」「ビッグデータ」「SNS」という三つの〝露頭〟を「情報社会」〝本体〟に斬込むための突破口として設定し、情報社会トータルの輪郭を「知識」「情報」「データ」そして「コミュニケーション」という主題系に即しながら描き出すことを試みる。

インターネットを主導的メディアとする情報社会のパラダイムを、常に牽引してきた立役者の一つがGoogleという企業であることに異論をはさむ者はあるまい。Googleは世に存在するあらゆるデータの収集・蓄積と、それを元にした自己運動する巨大なデータベースの構築という手法によって、それまでの「知識」観のコペルニクス的転回を成し遂げた。「第一章」ではGoogleをギリシャ時代の神話からコメニウスの汎知学を経て百科全書へと続く「知識」論の系譜の中に位置づけることで、Googleの企図が持つ文明史的意味を炙り出す。と同時に、「情報社会」における〈知〉のあり方の変貌とその機制《メカニズム》を論定する。

「統計学は最高の学問である」という一頃流行ったセールストークに反し、インターネットを主導的メディアとする情報社会は、統計学をむしろ時代遅れのディシプリンにしつつある。なぜなら統計学は、データの全数解析が原理的に不可能な時代の、サンプルデータによるモデル（仮説）構築とその検証（検定）が基本だからである。だが、現在のビッグデータにおいては全てのデータが手に入るがゆえにモデルは何の用をもなさない。それどころか、ビッグデータは動的特性を本質とするがゆえに、そもそもそれとして対象化することすら難しい。「第二章」では、統計思想の歴史を辿り、それに接続させつつ、ビッグデータの本質を、マルクスが分析した「資本《ダス・カピタル》」（das Kapital）の運動にも比すべき、「情報」と「データ」との交替的増殖の過程《プロセス》の〈主体《ズブィエクト》（Subjekt）＝実体《ズブスタンツ》（Substanz）〉化、そしてその結果としての「意思決定の自動化」に見定める。

　ルーマンの社会システム論は、その過度の抽象性からくる難解さによって大方の読者に敬遠されがちである。現実の社会把握や社会分析には役に立たない空疎な概念構築物に過ぎないと揶揄されもする。だが、実はルーマンの社会システム論の抽象性は、情報社会そのものが持つ抽象性を把握するために不可避かつ不可欠である。「第三章」では、Twitter《ツイッター》やfacebook《フェイスブック》に代表されるいわゆるSNSによって、情報社会におけるコミュニケーションが極度に抽象化されており、その理論的把握を可能にするのが社会システム論にほかならないことを明らかにする。また、ルーマンの「社会システム論」とマクルーハンの「メディア史観」の親和性と相互補完的な関係性を本章で確認し、後半の分析に際しての方法論的な足場を固める。

本書の後半部分では、「人工知能」「ロボット」「情報倫理」というやはり三つの〝露頭〟から垣間見える「情報社会」における「人間」の行く末を〝占う〟。〝占う〟といっても、七〇年代に猖獗を極めた「未来学《フューチュロロジー》」(Futurology)の如く情報社会が実現するはずの薔薇色の未来生活を夢想するわけではないし、また現在跳梁する「IT批評家」の如く、根拠無く危機を煽ったり、最新情報技術が如何に生活を至便かつ豊かにするかについての空虚なセールストークを弄するつもりもない。「IT批評」は断片的な個々の最新テクノロジーとその短期的効果・効用や影響ばかりに目を奪われ技術《テクノロジー》が本来的に有する体系性を一顧だにしない。「未来学」の場合にはテクノロジー群の〝シナジー効果〟とやらによって期待される近未来社会の中長期的ヴィジョンを描き出す、という意味において、ある種の〝体系性〟は看取できるものの、その脳天気な目的論によって、テクノロジーが実現する理想社会=「テクノトピア」が結論として先取されてしまっている。そこには技術《テクノロジー》に対する批判的眼差しが入り込む余地はない。これらに対して、以下でわれわれが事としたいのは「情報社会」の——繰り返すが——〈体系的批判〉(Kritik)である。

おそらく「情報社会」の今後はわれわれにとって決して明るいものではないが、表面的な現象に一喜一憂するのではなく、まずは〝露頭〟を「観察」し諸事象を〈体系《システム》〉化することがわれわれにとっての最優先課題となる。その作業を経て初めて「情報社会」の本質を、そして「人間」の行く末を、見極めることもできよう。

今後、ルーティーン化された作業をのみ行う産業用ロボットやトイロボットを超えた、〈自立=自律〉型の社会化されたロボットが続々と市場に投入されるはずである。ソフトバンクの Pepper やロボット掃除機Roomba《ルンバ》はその魁《さきがけ》に過ぎない。Googleもまたロボットベンチャー企業を次々と買収し、自動運転車の完成まであと僅かの地点にまで漕ぎ着けている。ロボットと人間との社会的〝共生〟がＳＦ上の話ではなく現実味を帯び始めつつある。こうした動きの中で、「二〇四五年にはロボットの能力が人間を超える」とするシンギュラリティ（技術的特異点）問題が取り沙汰され始めた。このシンギュラリティの問題も含めて、現在の「ロボット」そして「人工知能《エー・アイ》」理解は「ロボット（ＡＩ）vs.人間」という対立構図を前提している。だが、インターネット・パラダイムの中で、こうしたロボット（ＡＩ）理解はすでに現実によって超克されてしまっている。「第四章」では、人工知能とロボット技術の進化、そしてその設計思想発展の経緯を跡づけてゆく中で、〈ネットワーク〉がＡＩを介して人間やロボットを〝ノード〟として自らに組み込みながら、そして具体的で人称的な「身体《ライプ》」（Leib）を「身体性《ライプリヒカイト》」（Leiblichkeit）として抽象化・非人称化・資源化しながら〈自立＝自律〉化する、ＡＩとロボット（そして「人間」）の新たな地平を対自化する。

　倫理学の一分野ないし応用倫理学の一つとされる「情報倫理」が扱う主な内容は、メディアリテラシー、ネチケット（ネットにおける儀礼・作法）、著作権遵守、サイバー世界の差別と格差（デジタル・デバイド）の指摘、である。いずれの主題も、インターネットによって惹き起こされたアノミー、アパシー、アナーキーを如何に既存の社会秩序の枠組みに押し込め、回収してゆくかが目指されているといってよい。だが、われわれはむしろ、情報社会においてそもそも〈倫理〉は可能か、という原理的な問いをこそ発さなければならないのではないか？　なぜなら、従来の「一元的価値の共有による社会統合」という倫理の大原則が、情報社会における価値相対化の中で根底から済し崩しにされつつあるからである。〝グローバリゼーション〟と並行して昂進するナショナリズムと宗教的原理主義の跋扈がそのことを端無くも示していよう。「終章」では、様々な倫理・道徳学説の「情報社会」における可能性を吟味・検討しながら、〈メディア〉論的および〈システム〉論的なアングルから、「情報社会」にとって〈倫理〉とは何であり得るのか、という原理的問題を考えたい。

注

(1) 二〇一五年一月に、日本での発売も取り沙汰されていたGoogle Glassの発売を全世界的に中止する旨のアナウンスがグーグルから出された。プライヴァシー侵害の危惧が背景にあると思われるが、この発表をGoogle Glassのあるいはスマートグラスの「失敗」とみるのは短見の極みである。グーグルはそれほど柔《ヤワ》な企業ではない。早くも同年一一月に次世代モデルの特許が米国特許商標局(USPTO)から公表されている(patent No. US 9195067B, *“Wearable device with input and output structures”*)し、驚くべきことに同年一月には、コンタクト型デヴァイス(通称「Google Eyes」)の特許も公表されている(patent No. US 20150002270 A1, *“Methods and Systems for Identification of an Eye-Mountable Device”*)。グーグルとはそれほど強《したた》かな企業なのである。

(2) 増田米二については拙著『「情報社会」とは何か?——〈メディア〉論への前哨』(NTT出版、二〇一〇)「序章」を参照。

(3) 増田米二『情報社会入門』(ぺりかん社、一九六八年)「はしがき」。

情報社会の〈哲学〉——グーグル・ビッグデータ・人工知能

目次

はじめに　i

序章　マスメディアの終焉と〈メディア〉史観……1
0-1　マスメディアの自壊から終焉まで　1
0-2　マクルーハン理論の本質と限界　18
0-3　「情報社会」における「知識」と〈学〉　35

第一章　グーグルによる「汎知」の企図と哲学の終焉……47
1-1　「グーグル」という問題　47
1-2　「汎知」の思想史　50
1-3　電脳汎知　66
1-4　ハイデッガーの〝予言〟　73

第二章　ビッグデータの社会哲学的位相……81
2-1　ビッグデータへの視角　81
2-2　ビッグデータの「３Ｖ」　83
2-3　ビッグデータとは〝ゴミ〟である　89
2-4　知識・情報・データ　95

2-5 「社会のデータ化」の思想史 00
2-6 液状化する社会と「データ」の覇権 104
2-7 データのオートポイエーシスと「配備=集立《ゲ・シュテル》」の全面化 107

第三章 SNSによるコミュニケーションの変容と社会システム論 …… 113
3-1 SNSという新たな〈コミュニケーション〉の登場 113
3-2 ルーマンの社会システム論と四つの疑問 116
3-3 世界社会と情報社会 154

第四章 人工知能とロボットの新次元 …… 165
4-1 AIとロボットの現況 165
4-2 人工知能の展開過程 176
4-3 ロボットの展開過程 200
4-4 AI・ロボット・人間 215

終章 情報社会において〈倫理〉は可能か？ …… 239
5-1 情報倫理とは何か？ 239

5-2　倫理／道徳の本質とその史的展開　249
5-3　〈メディア〉の展相の中の倫理　259
5-4　情報社会における〝普遍的〟倫理の試み　274
5-5　三つの倫理的多元主義　281
5-6　システムと〈倫理〉　292

索引

あとがき

序章　マスメディアの終焉と〈メディア〉史観

0-1　マスメディアの自壊から終焉まで

0-1-1　二〇一〇――マスメディア自壊の起点

二〇一〇年と二〇一一年の二年で、ＴＶがここ数十年来牽引してきた〈マスメディア〉は完全に〈メディア〉パラダイムの主導権を失い、その座をインターネットを技術的インフラとする〈ネットワーク〉に譲り渡した。この二年が後に続く「情報社会」の本格的な稼働の起点となるという意味において二〇一〇・一一の二年の間に起こった出来事のサーヴェイと意味づけの作業はわれわれにとって必須の段取りである。筆者は偶々依頼されて、この二年間のメディア情況をサーヴェイする文章を書く機会に恵まれた。今後の考察のための或る時間的指標を設定することも兼ねて、その文章を依頼元である日本文藝家協会の承諾を得て以下に再録する。

ただし再録にあたっては何点かの読者への留意事項を先立たせなければならない。一つはそれが時、務的文章であることから来る制限である。掲載された書籍が「年鑑」である関係上、執筆はその年の終わりに、その年に起こった出来事や現象に限って、それらを回顧的に跡づけるかたちでなされた。したがって文章は「メディア二〇一〇」と「メディア二〇一一」という二つの独立した論考となる（ただし結果として二つの論考に連続性があることは読んで貰えれば看取戴けるはずである）。第二は、それが「歴史的ドキュメント」であること。これもまた「年鑑」が持つある種の〝データ集〟的な性格から来る制限であるが、筆者の手になる文章であるにもかかわらず、それはもはや筆者の手を離れており、筆者のコントロール下にはない（もちろん著作権は筆者に帰属しているが、ここで言っているのは権利関係のことではない）。つまり、筆者自身今から振り返って見解を訂正したい箇所も無くはないが、文書の性格がそれを許さない。口幅ったい言い方にはなるが、この文書そのものが、執筆当時の筆者の判断や感慨も含めて、歴史過程に既に組み込まれてしまっているからである。したがって、掲載時の文言を（魯魚章草の誤りの訂正を除き）改変せずそのまま再録する。最後は初出掲載誌が「文芸」関係者を対象とした書籍であることからくる制限である。想定される読者層を考慮しつつ、また紙数の制限（原稿用紙一〇枚）もあって、本来であれば社会科学的あるいは哲学的に厳密な用語選択をすべきところを敢えて常識的な言い回しに妥協した箇所が少なからず存在する。この点は読者に本書の展開を踏まえつつ行間から御賢察戴くことを乞うよりほか術はない。また話題や事例の選択においても「文芸」寄りのバイアスが掛かっている。以上三点の斟酌を事前に読者にお願いした上で、当時を想い起こしながら以下のエッセイを閲読されたい。まずは二〇一〇年のメディア情況の回顧から。

メディア二〇一〇(1)

「メディア」という言葉は汎用性があって便利な反面、あまりにも融通無碍に使用されるため、その言葉が実際には何を意味し意図しているのかはっきりとは分からない、そういう不思議な特性がある。二〇一〇年は、「メディア」という語が元来持っているこの曖昧模糊とした特性が更に際立ち深まった年と言える。

一般的に言って「メディア」は、①政治権力、②大衆、③企業という三つのアクターに関わりそれらを仲介する機能を果たす社会的装置であるが、①の政治権力に主に関わり、それを常時監視する機能が「ジャーナリズム(報道)」と、②の大衆に主に関わり、その猫の目のように転変する欲望に応える機能が「エンタテインメント(娯楽)」と、③の企業に主に関わり市場に投入された商品に対する購買意欲を掻き立てる機能が「広告」と、それぞれ呼ばれてきた。重要なことは、三つの機能を専ら担ってきたのが「マスメディア」であり、したがって、これまで「メディア」の語は実質的に「マスメディア」の同義語として通用してきたという事実である。ところが、ここにきて「メディア」=「マスメディア」という等式の自明性が怪しくなりつつある。言うまでもなく、それは「インターネット」という「マスメディア」とは、本質的にその特性を異にする新しいメディアの擡頭による。

ここで「インターネット」もまた「マスメディア」の一斑をなすのではないのか、との借問が当然のように予想されるので、必要最小限の説明を試みておきたい。マスメディアは、テレビ、新聞、ラジオといった情報頒布のスタイル、またニュース、娯楽、CMといった情報コンテンツの如何にかかわらず、例外なく特権的な職能集団が構成する組織体から、不特定多数の「大衆」へ向けての一方的かつ定期的な情報の一斉同報送信というかたちをとる。一つの頂点から底辺部へ向けて情報が上から下へと一定のリズムで流れ続ける円錐をイメージすればよい。これに対してインターネットというメディアはその構造上、特権的な頂点の存在を無化してしまう。新聞社のホームページにアップロードされた社説であれ、個人ブログ上の政論であれ、Twitterでの何気ない呟きであれ、それらはどれも権利上同格である。情報価値の優劣は送り手の地位や権威には関わりなく、受信者が判断する。そして情報の受け手が、今度は自らの意見を「呟い」たり「カキコ」むことでネット上にフィードバックする。インターネットはこうした情報授受の平面的な無限の連鎖によって構成されている。筆者は、こうした構造を「マスメディア」との違いを強調するために「ネットワークメディア」と呼んでいる。

二一世紀に入ってブロードバンドでのインターネット接続環境が当たり前になり、「Web2.0」と総称されるユーザーの情報発信を前提としたサービス群が提供されるようになった頃からすでに「メディア」という言葉の内実は徐々にブレを示し始めていた。だが、Googleが報道・娯楽・広告へと分野を問わず業態を拡大して業績を伸ばすなか、テレビ・新聞共に売り上げを激減させて「放送」が情報流通のハブの座を「検索」に譲り渡し、iPhoneやAndroidケータイのヒットに乗じてTwitterという〝個人実況中継〟がブレイクし、facebookという新手のSNSが爆発的流行の兆しを見せ始めた一〇年こそは、単に言葉の水準においてのみならず「メディア」

のマスメディアからネットワークメディアへの〝政権交代〟が生じた年である、そう捉えたい。

さてネットワークメディアの覇権は様々な局面で既存の権威の失墜を惹き起こす。商品購買という場面を例にとると、もはや商品を讃美するだけの企業広告という権威を購買者は信用していない。また『暮しの手帖』に代表される一頃信頼を得ていた消費者側での権威も不在である。となれば購買者は例えば「価格.com」のようなネット上に現れた一般消費者の多様な意見を参考にしつつ自らの購買意志を決定していかざるを得ない。

娯楽分野に目を転じてみても事態は同様である。純文学という権威は、近年の芥川賞を始めとする文学賞の受賞作を思い起こせば分かるとおり地に墜ちており、文壇の権威たちの批評眼と審査規準を読者たちはもはや信用していない。作家たちにしても、一昔前の文学青年たちが強迫観念と義務感に駆られて貪り読んだはずのいわゆる「古典」や「教養」という他者から天下り式に与えられ社会的に共有された権威には目もくれず、アニメであろうがマンガであろうがラノベであろうがケータイ小説であろうが面白いものは面白いのだ、という極めて即物的かつ個人的な嗜好/指向を創作の基準に据えているように思われる。「純文学」「文壇」という名のジャンルや権威が、マスメディアという旧体制の中で成立し、またマスメディアによって維持されてきた「制度」に過ぎないことがネットワークメディアの擡頭によって白日の下に晒されつつあるのであって、その事実に漠然とではあれネット時代の読み手や創り手たちは気づきつつある。近時における純文学のエンタテインメントと明け透けな私小説への両極化的解体現象は、その現れであると言ってよい。

もちろん、文壇の既存の権威たちは流石で、事態を敏感に察知して文学賞の選定にあたってはネット世代の動向を気に懸け、斟酌しているように見受けられる（ただし、そのことが更なる純文学の権威失墜となって自らに跳ね返ってきてもいる）。一〇年四月にBOOK3が出てベストセラー記録を更新した村上春樹の『1Q84』もまた新しいメディア環境への既存文学の逸早い〝適応〟現象と捉えることができる。また純文学ではないが同年五月に京極夏彦が新作『死ねばいいのに』の電子出版化を鳴り物入りでアナウンスしたこともこうした流れに沿う動きとみていいだろう。

メディア環境のこうした激変に最も鈍感なのは、マスメディアに胡座をかく旧ジャーナリズムである。旧ジャーナリズムは、それまでの既得権益にしがみついたまま権威主義を払拭できずにおり、その様はまるで明治維新期の士族の商法を見るようである。旧ジャーナリズムの新しいメディア環境への適応不全を示す事例をいくつか挙げてみよう。

まず、なんらの必然性もない頻繁な世論調査の実施と、その結果の誇張。民主党が勝った〇九年夏の総選挙以降、この傾向はとりわけ顕著であり、世論調査の頻度と過大評価は「常軌を逸した」と形容しても大袈裟ではない。世論とは本来「public opinion」すなわち「公共性ある意見」のことであって月単位ましてや週単位で転変するようなものはヒステリックな感情状態ではあっても「世論」ではない。マスメディアに期待されているのはイシューごとの理性的で安定した世論形成のリード役であって、だからこそ一時は「オピニオン・リーダー」「社会の木鐸」という尊称を冠される栄誉にも浴したはずなのである。そのマスメディアが週替わりの世論調査によって、株価の乱高下よろしく世論の変動を煽るという事態は、異常というほかない。

世論調査の多くが小沢一郎の民主党代表辞任、経理操作疑惑、国会証人喚問、強制起訴がらみで行われたことも無視できない。マスメディアの検察、自由民主党、民主党反小沢派と軌を一にしての小沢氏に対するネガティブキャンペーンは、これまた「偏執狂的」と形容してよいものである。断定的な物言いは控えるが、メディアとの関連で言えば、この問題は小沢氏の持論の一つである記者クラブに象徴されるマスコミの閉鎖的体質の改革との関連で考えられるべきであろう。

もう一つの事例は、十月の劉暁波氏のノーベル平和賞受賞への中国政府の対応についての報道である。いくつかのマスメディアが、ナチス政権下のドイツで一九三五年に同じくノーベル平和賞を受賞してヒトラーの不興を買ったジャーナリストであるカール・フォン・オシエツキーを引き合いに出しつつ、中国政府をナチスに準えて当て擦ったコラムや記事を発表した。中国政府の対応はもちろん非難されるべきだが、ここで問題となるのは、オシエツキーを引き合いに出して中国政府を非難する資格が果たして現在の日本のマスメディアにあるのか、という点である。オシエツキーは一命を賭して時のナチス政権とペンで闘った末に果てた不屈のジャーナリストである。そのオシエツキーを、本来書くべきことを書かずにペンを折り、ジャーナリズムの責務を放棄してまで産業として何とか延命を図ろうとしている現在のマスメディアが何の屈託もなしに引き合いに出せるとするなら、これは「病理的」現象と形容するほかかない。

日本では備忘録や日記に擬されることが多いTwitterとブログであるが、池尾伸一の『ルポ米国発ブログ革命』(〇九)や津田大介の『Twitter社会論』(同)が指摘するとおり、それらは本来ジャーナリスティックで社会変革的な機能を有するツールである。「ジャーナリズム」という言葉はすでに「マスメディア」の同義語でもなければ専売特許でもない。本来、世論をリードするはずの存在であるマスメディアが、逆に群衆の叡知としての世論にリードされそれを追いかけるという滑稽な図がいま繰り広げられている。マスメディアは自らが、変革され克服さるべきアンシャンレジームの側にあることにそろそろ自覚的であってもよいのではないか。

ネットワークメディアの擡頭が社会構造の変動の引金になったことで、一〇年はまたメディアの中心問題がコンテンツの問題であるよりも、むしろ技術の問題であることが明らかになった年でもある。それに伴って情報社会の本質を問う議論も盛んであった。筆者が上梓した『「情報社会」とは何か?――〈メディア〉論への前哨』のほか、東浩紀と濱野智史の『ised 情報社会の倫理と設計』、佐藤俊樹の『社会は情報化の夢を見る』といった情報社会の本質を問う書の公刊が相次いだ。

一一年はいよいよ地上波完全デジタル化の年である。メディアがどこまで社会を変えていくのか更なる注視が必要となろう。

0-1-2 二〇一一――マスメディア終焉の年

翌二〇一一年のメディア情況を筆者は、マスメディアの完全な終焉と位置づけ、以下のように総括した。

メディア二〇一一(2)

二〇一一年は、影響力を徐々に低下させてきたテレビを軸とする旧来のマスメディア体制が急速に主導権を失い、「ネットワークメディア」への主役交代が決定的となった年として、将来回顧されまた記憶されるはずである。ネットワークメディアとは、テレビに代表されるような、情報の蒐集・編集・加工における独占（ないし寡占）、そして大衆に対する一方的な同報一斉送信というヒエラルキカルな体制を特徴とするマスメディアに対して、インターネットを舞台に同格のユーザーがそれぞれの観点から情報を発信することで平面的な情報の連鎖が際限なく紡ぎ出されてゆくようなコミュニケーションのあり方（具体的にはTwitter、facebook、YouTube、Googleといったインターネット上の様々なサービスによって実現される）の総称である。以下では、報道、広告、エンタテインメントの順に、メディア全体の趨勢を占う上で重要なあるいは看過できない出来事や現象を振り返りながらその意義を跡づけてゆこう。

日本では備忘録や日記に擬されることが多いウェブ上のサービスは、元来ジャーナリスティックなツールとして登場し普及してきた経緯がある。アメリカでは大統領選においてテレビCMと同様ネットワークメディアが大活躍するし、体制や国是が対極にある中国においてもネットワークメディアは政治的プロパガンダを内包したジャーナリスティックな機能を色濃く有している。マスメディアと比較してネットワークメディアが特異なのは、その「当事者性」と「匿名性」である。ネットワークメディアのユーザーは常にそれぞれの現場で当事者として情報を発信することができ、また発信は常に著名人やプロフェッショナルとしてではなく常に匿名の一市民の資格においてなされる。

こうしたネットワークメディアの特性を最大限に利用したのが密約や秘密文書をすっぱ抜き大スクープを連発しているウィキリークスである。一一年五月にはウィキリークスは日米核密約の公開に対する米側の「憂慮」を伝えた公電文書を暴露し日本政府を慌てさせてもいる。ウィキリークスはセミプロ集団が編集者として重要な役割を果たしているという点で、まだマスメディアとの近親性が高い。だが、一一年一月にチュニジアのベン＝アリー政権を崩壊させ、さらにエジプトのムバラク政権、リビアのカダフィ政権とアラブの長期独裁政権をドミノ倒し式に崩壊へと導き、果ては（結局は当局に事前に察知されて不発に終わった）二月の中国の民主化デモにまで飛び火したジャスミン革命となると話は違ってくる。ここには仕組まれた計画も首謀者も存在しない。それはfacebook、Twitter、YouTubeといったネットワークメディアを駆使することで隠蔽されてきた真相が告発され、拡散され、怒りが共有された結果生じた自然発生的な新たな形の市民革命であると同時に、市民全員が当事者として参与する新たな形のジャーナリズムの誕生を告げてもいる。

マスメディアの凋落と新しいネットワークメディアの擡頭というジャーナリズムにおける世界的トレンドは記者クラブを軸とする発表報道体制に象徴される特異なガラパゴス的〝進化〟を遂げてきた日本のマスメディアにも押し寄せてきている。こうした趨勢を誰の目にもはっきりと印象づけたのが一一年三月の東日本大震災に続いて起きた福島原発事故を巡る両メディアのあり方の差であった。

三月一二日の一号機水素爆発の直後こそ独自判断による避難勧告がマスメディアから発せられたこともあったが、すぐにトーンダウンし、以後三月末までマスメディアがまるで示し合わせたかのように政府や東京電力、〝専門家〟の発表をそのまま文字どおり「垂れ流す」だけというほぼ完全な情報管制、情報鎖国状態に陥った。統制された情報が信頼に足るものならば何ら問題はないが、漏れ伝わってくる海外メディアの情報やネット上の情報と著しい食い違いがあり、また素人でも隠蔽の意図が容易に推測できるような子供だましの一律化した報道だけがなされる中で、情報の飢餓状態がしばらく続いた（筆者はたまたま三月一〇から二四日まで台湾におり、海外メディアと日本のメディアの原発事故報道を比較しながら情報収集していたが、内容の彼我の乖離に愕然としたことを思い出す）。こうした情報飢餓状態は『AERA』が三月二八日号で「放射能がくる」と題したセンセーショナルな特集を組んだことで破られた。賛否両論あったこの特集号だが瞬く間に売り切れ、すぐに多くの週刊誌が追随、原発事故に関する特集を組んだ号はいずれも高い部数を売り上げた（乳幼児を持つ女性が読者に多い女性誌によるこの時期の原発や放射能に対する積極的な取組みは特筆されてよい）。非常事態を理由にしたほとんど「社会主義的」と形容してよい情報管制が市場原理によって破られた格好である。遅きに失した感はあるものの テレビでも五月一五日にＥＴＶで放送された『ＥＴＶ特集　ネットワークでつくる放射能汚染地図』でＮＨＫが気骨のあるところを示し閉塞状況に風穴をあけた（この番組は制作・放送を巡って局内でも議論があったと聞くが、後に文化庁芸術祭大賞を受賞する）。もっとも対応が鈍かったのが新聞である。漸く秋になって朝日新聞が夕刊で「原発とメディア」と題する連載を始めた（一〇月三日〜）のはまだましな方で、多くの大手紙は一〇月一五日からの新聞週間にかこつける形で重い腰を上げ、社説や委員会やシンポジウムで形ばかりのお座なりな〝検証〟を行ったに過ぎず、またそこでも発表報道がもたらす弊害への真摯な反省はまったく見られない。

ネットワークメディアのほうはどうだったか？　もちろんインターネット上での流言蜚語や情報の不正確さに対しては多くの批判がなされた。にもかかわらずヒエラルキカルな体制によって事実上情報を独占しているマスメディアが政府と結託して情報管制を敷いたとき、生存のために重要になるのは情報の一元化（これは管理と行政の発想である）などではなくむしろ、逆説的なようだが「オルタナティブ」の存在である。日本の気象台が公にしない風向情報をインターネットでドイツの気象台から得、テレビニュースでは流れない東京電力に対するデモをユーストリーム中継で見、決してテレビ出演しない反原発学者の見解をブログで知る。確度の点で不確定な要素がたとえあっても、選択肢や判断の自由を担保することこそが非常事態におけるリスク回避策であり最低限のリテラシーである。お上から与えられる情報に従って生き延びられる保証などどこにもないことは先の大戦で実証済みだろう。ネットワークメディアは情報調達のオルタナティブの確保という点においては今回その役割を十分に果たしたと言える。

広告において特筆すべきは震災直後に延々と繰り返された悪評紛々の公共広告機構のCMではなく（これは非常事態においてマスメディアが社会主義的情報統制に容易に屈することの別の証拠に過

ぎない）、二〇一一年中に起こり年明け早々の二〇一二年一月に発覚した「食べログ」をめぐるステマ（偽装広告）騒動である。飲食店の評価サイトである「食べログ」の書き込みが実は客を装った店舗サイドの印象操作であることが分かり、社会問題化した事件である。しかし、インターネットというインフラそのものが匿名性を利用した「成り済まし」やターゲットの特定を容易に実現できるステルス・マーケッティングの装置であり、多くの企業や個人がこうした特性を利用した偽装広告をかなり以前から行っていることは周知の事実である。平たくいえば、これはインターネット上の「サクラ」であって、別に事態としては新しくも何ともない。昔から普通に行われてきたことが単にインターネット上で行われたというに過ぎない。出来事の核心は、ステマの是非ではなく、ネットユーザーのあいだでは半ば常識化している事柄が、マスメディアが誇張して取り上げたことで事件化したことにある。考えてみれば、マスメディアでも、たとえば記事を装ったパブリシティである「パブ記事」や、ドラマの中に脈絡とは関係のないタイアップ企業の商品を配置する「プロダクツ・プレイスメント」など、洗練の度合いの違いはあっても偽装広告の事例は枚挙に遑がない。ステマをあたかもインターネットに固有の偽装広告であるかのように報道するマスメディアの姿勢そのものに、ネットワークメディアの影響力の拡大に対する焦燥と過剰反応が窺えはしないか。

エンタテインメントにおいてもマスメディアからネットワークメディアへの移行は着実に進んでいる。例えば電子書籍。電子書籍は単に活字をデジタル化する技術ではない。電子書籍市場で日本の先をゆく米アマゾンの電子書籍端末Kindleでは、ある書籍の読者が引いたアンダーラインがネットワークを通じて同期され同じ書籍の読者全員に共有される「ポピュラーハイライト」機能が実装されている。電子書籍は今後、読書をパーソナルな行為からコミュニティ形成的な営みに変質させる可能性をすら秘めている。

映画においても特筆すべきは3D上映の普及ではなく、オンデマンドによるネット配信の本格化であろう。オンデマンド配信は映像レンタル、映画、家電という三つの業界を再編しながら「映画は映画館のプログラムに従って大勢で一緒に鑑賞するもの」という従来の常識そのものを覆すかもしれない。

対してこれまでマスメディアを牽引してきたテレビの凋落ぶりはまさに目を覆うばかりである。一一年七月の地上波デジタル化に伴うテレビ買い換え需要ははやばやと退潮、震災・原発事故に際して翼賛報道を性懲りも無く繰り返すマスメディアの権威と信頼の失墜、韓国家電企業の安売り攻勢、テレビ局のコンテンツ制作能力の低下といった諸要因が相俟って、かつてない勢いでテレビ離れが進行中である。一一年九月には米動画配信大手 Hulu が日本に進出、アメリカのテレビ番組配信を開始した。テレビはネットワークに丸ごと呑み込まれようとしている。一一年は奇しくもテレビ讃美の論陣を張ったメディア論の創始者M・マクルーハンの生誕百周年であった。テレビの守護神の生誕百周年にテレビの弔いの鐘が鳴らされようとは故人も思い及ばなかったであろう。

0―1―3　三つの補足

執筆当時における本質的な論点は可能な限り提示した積りであり、また筆者の基本的な情況認識は現在も変わっていないのだが、三点補足したい。まず一点目。二篇のエッセイを含めて、ここまでの記述は筆者が恰もマスメディアを批判し、インターネットを礼讃する立場を採っていると読者に受け止められるだろうと忖度《そんたく》する。だが、筆者の本意は両メディアの優劣評価や孰《いず》れかへのコミットの態度表明にはない（強いて言えば、マスメディア批判が前面に出ているにもかかわらず、それはむしろ〝愛着〟の裏返しであって、〝テレビっ子〟世代としては心情的にはマスメディアに肩入れする気持ちのほうが大きい）。右で指摘したマスメディアの〝劣化〟現象は飽くまでも、パラダイムとしての〈マスメディア〉が終焉期を迎えている兆候を示す「事実の（「観察」による）指摘」に過ぎない。インターネットを礼讃しているかに見える記述も、機能不全に陥っているマスメディアの対抗メディアであるインターネットが、その機能を（もちろんその「機能」自体の変容をも伴いながら）代替し、引き継ぎつつあることの指摘に過ぎない。実際、次章以降の議論はむしろインターネットに代表される〈ネットワーク〉メディアの〈批判《クリティーク》〉（Kritik）――ただし「存立構造」分析というカント的さらにはマルクス的意味での――に費やされることになる。

第二の補足は、いわゆる「知識人」のメディアの転換期における態度についてである。テレビの黎明期にも活字や映画を活動の舞台とする「知識人」たちが、大宅壮一が仕掛けた「一億総白痴化」キャンペーンに象徴される旧メディアの擁護と新メディア批判を行ったが(3)、今回も似たような光景がみられた。何人かの「知識人」は雑誌メディアで、TVや新聞の報道管制については口を噤《つぐ》みつつSN

Sによる「デマの拡散」を口を極めて非難したし、また或る「知識人」は、『AERA』の「放射能がくる」という特集タイトルの煽情性に憤慨する素振りの捨て台詞を残して同誌の連載を降りた。後者の場合、(彼にそもそも報道を批判するだけの放射能に関する自然科学的知識や社会科学的センスがあるのかどうかはひとまず措くとして)一見マスメディアを批判しているように見えて、その実、当人はマスメディアの大衆に対する影響力を無条件に信憑している。ならばこそ彼が「捨て台詞を吐いて連載を降りる」という演技《パフォーマンス》を誌上で行う意味もある。つまり彼にとって重要なのは批判の「内容」ではなく「ポーズ」のほうなのであり、実際その「ポーズ」は一定の影響力を持った。すなわち『AERA』の特集には批判が殺到し編集長が謝罪を行う事態(これもマスメディアの権威失墜を象徴する出来事の一つである)にまで立ち至った。にもかかわらず「放射能はきた」のであるが。

ここで筆者が強調したいのは、しかし、「一億総白痴化」の時代と今回の場合との類似ではなく、むしろ相違である。そもそも「知識人」とは「学者」とは異なりマスメディアを活動の舞台とし、そこに〝棲息〟する〝種族〟である(対して「学者」はアカデミズムを活動の舞台とする)。したがって「知識人」の出す本は売れなければならない。つまり「大衆受け」しなくてはならない。対して「学者」の出す本は必ずしも売れる必要はない(むしろ売れてはならない)。それにとっての最大の栄誉はアカデミズムという権威にその価値が承認されることである。「一億総白痴化」のケースでは、マスメディアの主要舞台が活字や映画というメディアからテレビというメディアへと移行したに過ぎず、したがって「知識人」はテレビに活動の場を移すことで生き延びることができた。実際〝鼻の効く〟大宅壮一は、テレビ批判の〝言い出しっぺ〟であるにもかかわらず、さっさとテレビに乗り換えている。ところが今回の場合、滅ぶのはテレビではなくその〝土台〟をなすマスメディアそのものである。先に述べたとおり「知識人」が「マスメディア」と〝一蓮托生〟の関係にある以上、彼らはマスメディアと運命をともにするほかない。彼らに〝転居〟先はもはや残されていない。知識の量に関して言えば、「ググる」だけであらゆる情報にアクセスできる環境が現在誰の手にも入る以上、「知識人」の需要はこの点に関しては事実上無いし、見識に関しても、床屋政談とさして代り映えしない水準の新聞の社説・コラムやテレビレポーターの御座成りなコメントなどよりはその筋による匿名ブログのほうがよほど洞察に富んでおり、得るところが多い（そして実際、新聞記事や雑誌の〝ネタ元〟がブログである場合も少なくない）ことを考えると「知識人」の存在意義が現在曲がり角に来ていることは容易に首肯されるはずである。

　最後の補足は、第二の補足に関連する。「知識人」と「学者」との違いを〈メディア〉と関連させつつ殊更に強調してみせた最初の人物は、「メディア二〇一一」の末尾で筆者が言及したマクルーハンである。マクルーハンはマスメディア（＝テレビ）を活躍の舞台とする「知識人」を、アカデミズム（＝活字）を〝棲《す》み処《か》〟とする「学者」からはっきりと区別した上で、後者を滅びゆく〝種族〟として、対して前者を擡頭する新たな〝種族〟と位置付け、自身は前者を自認し、それとして振る舞ったのであった。そして実はこうした彼の態度に世間のマクルーハンについての誤解の根もある。本章の後半では、マクルーハンに対する一般の誤解を解きつつ、同時にその支持者たちが陥っている過大評価に対しても釘を刺しながらその理論的限界を見定め、マクルーハン思想の核心部分を剔抉する作業に取り組みたい。なぜなら右の二つのエッセイも含めたここまでの記述、そして次章以下で行う様々なアングルからする「情報社会」の存立構造分析も、マクルーハンが拓いた思想的地平においてなされるからである。

0―2　マクルーハン理論の本質と限界

0―2―1　「マクルーハン理解」（Understanding McLuhan）の現状

マクルーハンと言えば、独自の怪態なターミノロギーを駆使しつつコラージュ風のスタイルで御託宣まがいの自説を華々しく展開して読者を煙に巻く、ポップではあるが難解なメディア思想家、というよりメディア論の導師《グル》というのが彼に対する評価の現在の通り相場であろう。独自のターミノロギーの案出やポップ思想、というと近年ではドゥルーズ＝ガタリが思い浮かぶ。実際、ドゥルーズ＝ガタリのポップ哲学もメディア論的な性格を多分に有しており、またジャーナリズムの戦略的な利用や既存のアカデミズムに対する距離の取り方なども含めて両者には類似点が少なからず目に付く。もちろんドゥルーズ＝ガタリが反体制的、反資本主義的という点において優れて政治的であるのに対してマクルーハンが体制順応的、手放しでの資本主義礼讃という点で本質的に非政治的《ノンポリ》というよりむしろ意識的に反政治的であるという違いはある。にもかかわらず、未来志向で預言的、また語の最広義において〈唯物論〉的で実践《パフォーマティヴ》的である点においても両者のスタンスには通底するものがある。

マクルーハンその人は、コラージュ風のスタイルに対する読者の側での不興や、批評家たちによる主張の撞着の指摘に対して、半ば開き直るようにしれっと次のように述べる。曰く、自分が事としているのは探査《プローブ》（probe）や探求《エクスプローレイション》（exploration）であって、分析や説明ではない、と。つまり彼は新しいメディア環境を「触知」、すなわち触覚的《タクタイル》（tactile）に体験してそれをそのまま報告しているだけである。だから、そこに旧活字メディアの特性に過ぎない「一貫性」などを求めてもそれは無い物ねだりでしかない。マクルーハンにとっては、無矛盾性や首尾一貫性にこだわるのは線的《リニア》（linear）な旧メディアの思考枠組みに絡め取られているからで、新しいメディア環境においては触覚的《タクタイル》で寄木細工的《モザイック》（mosaic）な発想や表現こそが肝要なのだ。このようにマクルーハンが言うとき、実質的に彼が自らを旧来の活字人間《タイポグラフィック・マン》（typographic man）とは異質の感覚能力を有し、別様の世界体験ができる（今風？に言えば）〝新人類〟〝ニュータイプ〟であると宣言していることに注意しなければならない。「キミたち遅れてるネェ、だからボクの〈感じ方〉が分かんないんだョ」というわけである。こうした物議を醸す物言いはマクルーハン本人が六〇年代からすでに行っているものであるが、最近になって改めて「探査《プローブ》＝探求《イクスプローレイション》」という彼の理論のパフォーマティヴな契機を殊更に強調する解釈も現れてきている[4]。

だが、以上のことはマクルーハンの理論が矛盾と撞着の塊であることや、首尾一貫性を欠いた、気が利いてはいるが鬼面人を威かす類の奇を衒っただけのアフォリズムやキャッチコピーの集積に過ぎないことを、マクルーハン本人が認めたことを意味するわけでは必ずしもない。実際にはむしろその逆である。

われわれはマクルーハンのアカデミズムにおける専攻が、近世英文学におけるレトリックの研究であったことに留意しなければならない。後に述べるとおりマクルーハンのメディア理論は、そのスタイルも含めて、思想修行時代のレトリック研究に端を発し、その延長線上に成立したものである。レトリックとは説得の技術であると同時に韜晦の技術でもある。したがって、マクルーハンの主張を額面どおり受け取るとバカをみることになる。マクルーハンの発言や文章が隠喩と韜晦、アイロニーとアナロギアから成り立っている以上、われわれは〝表層〟からは隠されたマクルーハンにおける〈不可視なもの〉＝〝深層〟を彼の文言から読み取らなければならない。マクルーハン本人も晩年、箴言めいた片言隻句をファンが勝手にあれこれと詮索してくれた往時の飛ぶ鳥を落とす勢いを失って気弱になったのか、〝科学的〟装いを凝らすことで自説の整合的な体系化を試みたようだが、遺された草稿から判断する限りその理論化の企ては完全に失敗している[5]。以下では、マクルーハンのモザイク状の断片的記述から、できるだけ首尾一貫した理論構制をわれわれなりの観点で〝復元〟してやることを目指そうと思う。その上で、マクルーハン理論のどこに綻びや限界があるのかを見据えることにしたい。ただしマクルーハンの格律に反して、われわれは分析と記述を徹底して「線的《リニア》」に行う。

0-2-2　マクルーハンとジャーナリズム／コマーシャリズム

われわれは、マクルーハンの思想が、猖獗を極めるといってよいほどに人口に膾炙し始めるのが一九六〇年代、特にその後半になってからだという事実を気に留めておく必要がある。五一年に上木され、広告やコミック、新聞のレイアウトや西部劇、推理小説といったいわゆるポピュラーカルチャーの分析を行った処女作『機械の花嫁――産業社会のフォークロア』[6]は全くといってよいほど売れなかったし、六二年に公刊された『グーテンベルクの銀河系――活字人間の形成』[7]ですら当初は限られたサークル内部で回覧される程度の知名度しかなかった。それが新しいメディアであるテレビが一九六〇年代を通じて急速に普及してゆくのと軌を一にするようにマクルーハンの思想も爆発的な人気を博し、「マクルーハニズム」と呼ばれる一種の流行現象となってゆく。

われわれはここでマクルーハニズムがテレビ讃美の思想、とりわけコマーシャル讃美の思想として世間の耳目を捉え一世を風靡したことに注目する必要がある。実際全盛期のマクルーハンには企業からの講演やレクチャーの依頼が引も切らず、テレビにも本人がしばしば出演している。彼自身のパーソナリティーである〝でたがり〟の業界人資質も手伝って[8]、一九六〇年代後半から一九七〇年代初頭に懸けてマクルーハンは一躍時代の寵児となった。

日本的な文脈に即していえば、マクルーハニズムは新興メディアのテレビに対して大宅壮一ら旧メディア陣営が一九五〇年代末に仕掛けたイデオロギー戦である「一億総白痴化論」の解毒剤の役割を務めた。テレビに対して擁護の論陣を張り、一億総白痴化論で被った汚名を雪ぎ、災厄の〝禊ぎ〟を果たしてくれるのであるからジャーナリストやアドマンといったテレビ業界関係者が飛びつかないはずがない。実際、日本にマクルーハンをいち早く、しかも好意的に紹介したのは竹村健一や大前正臣[9]といった新進のジャーナリストたちであった。これに対してアカデミズムはマクルーハンに対してごく最近まで、黙殺するか、そうでなくとも冷笑的対応に終始してきたといってよい。

マクルーハンが、「メディア論」の広範囲への流通と、一時的なものであったにしろ影響力の行使に功績があったのは疑いようのない事実であるが、そのディシプリンとしての確立に寄与したとは必ずしも言えない。逆にマクルーハンがメディア論の広告塔の役割を担ったがゆえに、それが一過性の流行思想とみられ、アカデミズムでの拒否反応を生んだとさえ言える。ここには彼がメディア論の創始者の一人であると同時にその発展の阻害者でもあるという宿命的な逆説が認められる。

0-2-3　アカデミシャンとしてのマクルーハン

生誕からすでに百年を超えたマクルーハンの思想を、現在に、また今後に活かすとするならば、これまでほとんど光が当てられてこなかった彼の思想のアカデミックな鉱脈を掘り起こしていくことが、唯一可能な、とまでは言わないにしても、最も有望な選択肢ではある。メディア論を時評や評論としてではなく原理に基づいた〈学〉として打ち立てることを試みている筆者にとってはとりわけそうである。

学問にも流行り廃りが全くないわけではない。にもかかわらず学問が流行現象と一線を画すのは原理や伝統の有無を巡ってである。流行は原理や伝統と手を切ることで文脈を無視した突発的な旋風を巻き起こすことができる。対して学問は様々な原理に根ざした諸伝統・諸学統の網の目に繋ぎ止められることによって初めて存在できる。マクルーハンの思想が今日まで生き延びることができたのは、その流行現象としての見掛けの奥にアカデミズムの根っこを隠し持っているからである。それをマクルーハンが独自のダンディズムに基づいて韜晦し、またポップなスタイルによって巧妙に隠蔽しているというに過ぎない。

では、マクルーハン思想におけるアカデミズムの根っことは具体的に何か？ それはマクルーハンが生地のカナダや就職先の米国を離れて一九三四〜三六年そして三九〜四〇年と二度の留学を果たした英国ケンブリッジ大学で取り組んだ近世英文学におけるレトリックの問題（これはすでに冒頭で触れた）とプロテスタントの一教派であるバプティストからローマ・カトリックへの改宗までを彼に決意させたトマス主義との邂逅である。前者のレトリック研究は一九四六年に職を得、学派を形成することにもなるトロント大学における同僚H・イニスの経済学的なメディア論をマクルーハンが独自に発展させるための触媒役を果たす。また一九三七〜四四年に講師を務めたジェスイットの聖職者養成機関であるセントルイス大学は当時のアメリカにおけるトミズム研究のメッカであった。ここでマクルーハンの思想的培土としてのトマス・アクィナス研究が更に深められた。マクルーハンの思想を純粋にアカデミックな形で受け継ぐことになるW・オングに出会うのもこのセントルイス大学である。

このようにマクルーハン思想は、その〝深層〟においては様々な学的伝統の地下茎《ネットワーク》に繋ぎ止められており栄養分をそこから受け取っている。こうしたネットワークからマクルーハン一人を切り離し、思想的アイドルとして特権的に奉ることは、彼のジャーナリスティックでコマーシャリスティックな一面のみをグロテスクな形で拡大してしまうことに繋がる。また関連して言えば、彼のモザイックでアフォリズム風なスタイルを過度に強調し、そのパフォーマティヴな側面を過大評価することも考えものである。マクルーハンの思想内容は、オングが遂行したように、完全に線的《リニア》な形でパラフレーズすることも可能だからである(10)。

以下では、学問的ネットワークとの繋がりを参照しながらマクルーハンのメディア論の〝可能性の中心〟ともなる核心的な論点を概観していこう。

0-2-4　レトリック研究とコミュニケーション研究の交錯

マクルーハンがケンブリッジ留学で取り組んだレトリック研究は博士論文『古典教育の三学《トリウィウム》（trivium）——同時代の学問におけるトマス・ナッシュの位置』[11]に結実する。これは線的に書かれた純粋な学術論文である。この論文でマクルーハンは、西洋思想史をプラトンに端を発する「弁証法《ディアレクティケー》」（διαλεκτική）と、ソフィストに起源を持つ「弁論術《レートリケー》」（ρητορική）すなわち「修辞学《レトリック》」との抗争の歴史として描き出している。マクルーハンが肩入れするのはもちろん後者のレトリックの立場である。論文タイトル中のトマス・ナッシュとはレトリックの伝統に立つ一六世紀後半に活躍した文人である。ここでディアレクティケーとレートリケーという二つの方法がその目的において鋭く対立することに注意しよう。ディアレクティケーは真実在へと至るための方法である。ゆえにそれは厳密な手続き、すなわち「論理」（＝線形性！）を必要とする。それに対してレートリケーは主張内容の真偽、善悪を問わない。それは説得の技術であり、読者や聴衆に及ぼす「効果」（effect）のみを問題とする。すなわち、コンテンツやメッセージではなく、それを表現するスタイルやメディアに注目するのである。ここにはすでにマクルーハンメディア論の萌芽が認められる。

トロント大学で同僚となったH・イニスのコミュニケーション理論はマクルーハンの着想を別のア

ングルから補強すると同時に、より広い範囲に適用可能な一般理論へと拡張する勇気をも彼に与えたはずである。マクルーハンが赴任したときにはイニスはすでにカナダの特産品に関する経済史の研究者として名をなしていた。彼のアプローチの特徴は特産品そのものというより、その輸送手段や輸送路への着目であった。一九四〇年代に入るとイニスは、特産品を知識に置き換えた上で「知識輸送」すなわちコミュニケーションの問題に取り組み始める。そして知識輸送の物質的手段の変化が、それを統治に利用する帝国の命運を決するという大風呂敷を広げ始めた。イニスがこのとき「知識」というコンテンツやメッセージではなく、その輸送手段としてのメディア技術に止目していることを見過ごしてはならない(12)。イニスの経済史的な観点からのこの洞察が、マクルーハンのレトリック研究における洞察と完全に同型的であることは誰の目にも明らかであろう。

0-2-5 マクルーハンにとって「メディア」とは何か

さて、ではマクルーハンが自らのレトリック研究とイニスのコミュニケーション研究とを〝化合〟させることで獲得した「メディア」とはいかなる概念なのか。結論から言えば、それは自らが〈不可視／透明-なもの〉となることによって、ある体験を可能ならしめる（広義の）技術的「環境」のことである。卑近な例で考えてみよう。われわれはテレビ番組を視聴する際に、決してブラウン管の走査線や液晶画面のドットを見ない。またテレビ受像機本体のデザインやフレームを気に留めない。もちろん、それらが無ければそもそも物理的にテレビ番組は受信できない。にもかかわらず、それらが見えたのではテレビ番組を見ることはできない。それらは〈不可視／透明‐なもの〉となることによってのみ、コンテンツへのアクセスを可能ならしめるのであり、メッセージを伝達可能にする。すなわち体験をそれとして成立させる。書籍というメディアの場合も同様である。われわれが書籍を紙を束ねた物体として、あるいは、インクの染みの連鎖として認識するときには、書籍の内容へのアクセスは遮断されている。紙やインクが〈透明なもの〉となり〈不可視なもの〉となるときにのみメッセージへの通路が開かれる。マクルーハンはこうした「体験」を「体験」として可能ならしめる不可視で透明なものを「メディア」（medium）ないし「環境」（environment）と呼ぶ。

さて、問題はここからである。マクルーハンは、あたかもゲシュタルト心理学における「図‐地」の反転現象の如く、内容《コンテンツ》をではなく逆にこの〈不可視／透明‐なもの〉＝「メディア」を敢えて見ようとする。つまり先の例で言えば、番組をではなく走査線や受像機そのものを見、作品内容をではなくインクの染みや紙の束を見るのである。文学で言えばストーリーではなくスタイルやレトリックに、経済史で言えば生産物／商品ではなく流通手段に、通信で言えば情報ではなく送信路に、料理で言えば調理された御馳走ではなく皿や盛り付けにそれぞれ焦点を合わせるのである。このとき、眼差しの対象は反転し、それまで透明であった不可視なものが内容を持ったメッセージとして視界に浮上してくる。こうした反転の操作、それまでのネガがポジとなる事態をメタフォリカルに表現した惹句こそが有名な「メディアはメッセージである」（The Meduim is the Message）にほかならない。

ただし、それまで不可視であったメディアが、可視化されメッセージとなった際にも依然として別の「何か」が透明で不可視なメディアとして機能していなければならないことに注意しよう。コンテンツやメッセージそのものへの直接的な通路は存在しない。それらはメディアという（見えない）回り道を介することなしにはアクセス不可能なのである。だからこそ「テレビ」という新しいメディア技術の登場によって初めて、それまで透明であった「映画」や「書籍」が可視化されるとともに、それらが旧「環境」における「メディア」であったことが回顧的に暴露され得たのである。謂わば、メディアとは認識における〝盲点〟、それもコンテンツ＝メッセージへのアクセスに伴う不可欠の〝盲点〟だといえよう。そしてマクルーハンは、この〈不可視／透明-なもの〉である「メディア／環境」がわれわれの「体験」の質と枠組みを決定するという。

0-2-6　汎感覚としての汎メディア

さて、では「メディア／環境」が可能にする「体験」（experience）とは何だろう？　マクルーハンが考える「体験」とはわれわれの感覚が可能にする主体と対象との係わり、という事態である。例えば「視覚」という感覚によって「形や色を見る」という「体験」が可能となり、「嗅覚」によって「匂いを嗅ぐ」という「体験」が可能になるといった具合である。もちろんわれわれ人間は視聴嗅味触の五感を持っており実際には「体験」はこうした五感による複合的な感覚体験となる。

だが本来それぞれの感覚はバラバラであって何の共通性もない。このようなバラバラの感覚がなぜ一つの纏まりとして体験されるのだろうか？　ここで登場するのがトマス・アクィナスの「共通感覚《センスス・コンムーニス》」（sensus communis）である。共通感覚はバラバラな五感を比較秤量し一つのものへと纏め上げる高次の格別な感覚、〝第六番目の感覚《シックス・センス》〟である。マクルーハンはこのトマス由来の共通感覚を「感覚配合比率《センス・レイショ》」（sense ratio）として我田引水的に換骨奪胎する。「感覚配合比率」とは複数の感覚の間で平衡状態を生み出しメディア間のバランスが取れた生態系を維持する機能のことである。例えば、視覚を失ったときには、「感覚配合比率」が動的に組み替えられ、聴覚や触覚が研ぎ澄まされ視覚の欠損を補うことで新たな感覚平衡が恢復される。ここまではまあ、よい。だが、マクルーハンの発想は更に飛躍を重ねる。

人間がこれまで発明・開発した技術はすべて人工的な感覚器官、感覚の延長物である。例えば衣服や住宅は皮膚の延長物であるし、自動車や飛行機は足の延長物である。メガネは眼の延長物であるし、ハンマーは手の延長物である。われわれはこうした新しい人工の感覚器官を次々に開発し、それを生来の五感に付加してゆくことで自らの「体験」の質と枠組みを拡大し変容させて来た。そして、人工のものも含めた感覚器官がわれわれの「体験」をそれとして可能にする〈不可視／透明‐なもの〉である以上、それらは全て「メディア／環境」である。これがマクルーハンのメディア論の特性描写として流布している「メディア＝延長せる身体」説の実質である。この「延長せる身体」をも「感覚配合比率」が司っていることは言うまでもない。こうしてマクルーハンの理説は汎メディア論となり汎感覚論となる。

0‐2‐7　史観としてのメディア論

さて、マクルーハンによれば身体の延長=汎感覚体系である各時代の技術環境は、感覚配合比率によって平衡状態にもたらされておりそれぞれ一つの閉じたメディア生態系を構成している。あるメディア生態系においてはその生態系全体を特徴付ける支配的なメディア技術が常に存在する。これをひとまず「主導的メディア技術」と呼んでおこう。マクルーハンは人類史においてこれまで三度の主導的メディア技術の交代が生じており、それに伴って人類は四つのメディア生態系を経験してきたという。すなわち、〈声〉というメディアが主導する生態系、〈(手書き)文字〉メディアが主導する生態系、〈活字〉メディアが主導する生態系(すなわち「グーテンベルク銀河系」)そしてテレビに代表される〈電気〉メディアが主導する生態系である。先に述べたとおりメディア生態系とは「体験」の条件でありその必須環境である以上、メディア生態系の組み替えは、人間の「体験」の枠組みをドラスティックに変容させざるを得ない。この主張はメディア技術が人間の体験の質を決定する基底的要因である、とする極めて過激な見解である。マクルーハン理論が技術決定論的であるという批判がしばしばなされるのはこうした点を巡ってである。また、この主張によってマクルーハンのメディア論は一つの歴史把握、「メディア史観」とでも呼ぶほかない歴史観ともなる。

ところで、このメディア史観にはマクルーハン特有のバイアスが認められる。すなわちそれは露骨な宗教的救済史観であり、しかもカトリック護教的な福音の教説である。マクルーハンにとって原初的な〈声〉を主導的メディアとする生態系は、皆が小規模な共同体内部で直接対面的に「触れ合う」ことができた触覚優位の「体験」を保証していた理想的なメディア環境だった。ここでモデルとなっているのは信者が教会に集って、説教を聴き、祈禱を捧げ、讃美歌を歌いながら、一体感に埋没してゆくカトリシズムの原始キリスト教団である。現代であれば、アイドルの歌〈声〉とファンの歓〈声〉によって会場全体が陶酔的な一体感に包まれてゆくコンサートでの体験を思い起こせばよい。このように〈声〉というメディアは一体化を実現する共同体形成的なメディアなのである。実は、続く〈(手書き)文字〉メディアも〈声〉メディアの特性を引き継ぐのだが、この論点については省略する[13]。

問題は〈活字〉というメディアである。〈活字〉は複製技術であることによって、厳密に同一のコンテンツを大量に産み出す。したがって〈声〉の場合のようにコンテンツを共有するために特定の「場所」に大勢が集まる必要はない。こうして共同体は「場所」を失うことで寸断され、「内面」を持ったバラバラな個人へと解体される。また、〈活字〉メディアにあっては、〈声〉の生態系において発話者と聴取者とが文脈を共有していた「場所」が失われ、コンテンツが作者の手から離れ自立する。その結果、「場所」の不在を埋め合わせるかのように、対象の「独自の法則」に基づいた詳細な描写を特徴とする、自己完結的で首尾一貫した作品世界が創造されるようになる。〈活字〉メディアによる作品が依拠せざるを得ないこの「独自の法則」がマクルーハンのいう「線形性」(linearity)にほかならない。

以上の簡単な特性描写からも察せられるとおり、〈活字〉メディアは、共同体解体的で個人主義促進的、「内面」形成的で対象描写的な、視覚が突出したメディア環境を生み出す。

0-2-8 共同体論としてのメディア論

ここで読者の注意を喚起しておきたいのは、マクルーハンが〈声〉メディアの主導する共同体形成的なメディア環境を理想視したのとは逆に、〈活字〉メディアが主導する個人主義的なメディア環境すなわちグーテンベルク銀河系を憎むべきもの、忌避すべきものとみなしていることである。これにもまた宗教的な動機がある。グーテンベルクが発明した活版印刷術によって最初に出版されたのは聖書である。そして印刷された聖書を携えて教会とミサと偶像崇拝と共同体を否定し、個人の内面における信仰を唱道したのはルターでありプロテスタントである。マクルーハンが〈活字〉メディアを嫌忌するのは、それがもたらしたカトリシズム的共同体の破壊と個人主義の蔓延を嘆くがゆえなのである。

そして新しいメディア技術であるテレビをマクルーハンが讃美するのもまた、テレビが新たな〈声〉のメディアであり、それが触覚優位の感覚配合比率を再度人類にもたらすことで、旧き善き共同体が復活することを待望するゆえである。しかも、新メディアは電気の力によって〈声〉を増幅し地球規模の共同体、すなわち「地球村《グローバル・ヴィレッジ》」（global village）を創り出す可能性すら秘めているとすればテレビにはなおのこと大きな期待がかかる。

われわれは、マクルーハンメディア論のポップなスタイルの裏にはいかにも抹香臭い宗教的な動機が秘められていること、またメディア論がカトリシズムの護教論的な側面を色濃く持ちながら成立したディシプリンであって、謂わば〝メディア神学〟とも呼べる一面を有することを知っておく必要がある。

マクルーハンメディア論が、原初的な〈声〉の共同体の理想視と現代におけるその復活の目論見であることが判明したとき、それは歴史観のみならず共同体論としての相貌を現してくる。マクルーハン界隈の符牒《ジャーゴン》として知られる「ホットvs.クール」の対概念もメディアの共同体形成機能の指標であって、コンテンツの完成度が高く作者以外の者はその鑑賞のみが許されるものが「ホット」と（例えば、スタジオジブリのアニメを考えよ）、逆にコンテンツの完成度が低いゆえに、制作と鑑賞との役割分化や権威が成立せず、不特定多数の者が制作に参与する結果として協働的共同体の形成を促すものが「クール」と（同人誌サークルやコミケを考えよ）呼ばれることになる。(14)

0-2-9　マクルーハンにおける〈不可視なもの〉

以上を踏まえた上で、インターネットという新しいメディア環境に対してどこまでマクルーハンの理論が有効か、それを最後に考えてみたい。

まず言えること、それは一九九〇年代後半から二〇〇〇年代前半にかけて再燃したマクルーハンブームにおいて主張されたこと、すなわち「地球村」は実はマクルーハンが唱えたのとは異なりテレビによってではなく新メディアであるインターネットによって実現される、という触れ込みがまったくの見込み違いだったことである。もし現行の「情報社会」を〝地球村〟と呼びたいのであればそう呼んでもよいが、だがそれはマクルーハンが待望した「地球村」とは似ても似つかぬものである。(15) これは、「祭り」や「炎上」と呼ばれるインターネット上での個人の吊るし上げ、故意の集中アクセスによってサーバをダウンさせる「DoS」攻撃、「コンピュータ・ウィルス」といった共同体阻害的な反証例を盾にとっての後知恵ではない。そうではなく、先のような主張はマクルーハンの考える「共同体」なるものを端的に誤解している。マクルーハンがその復活を待望したのは、全成員が一つの意識へと融合する一体化的な原初的で部族的な共同体、いやむしろ神秘的共同体なのであって、マクルーハンリバイバルの際に（おそらくは暗黙裏に）想定されていたであろう、自立した個人を前提した上で、全員参加の直接民主的な討議プロセスで得られた合意、あるいは電脳化された〝一般意志〟によってネット上でヴァーチャルな公共圏を構築する、といった類のいかにもハーバマス風なあるいはルソーの紛《まが》い物風の共同体イメージとは何の関係もない。

　おそらく、ある種のインターネット上のサービス（例えばTwitterやfacebook、LINE）がテレビ以上に〈声〉メディアに近いことは確かである。にもかかわらず、マクルーハンの考えるような「地球村」は現時点で出現していないし、おそらく今後も出現しないはずである。なぜならメディアは一般的に言って、「融合」と同時に「分断」と「差別化」をも果たすからである。電話というメディアは、単に人と人とを〈つなぐ〉技術ではない。それは、「いつでも電話で話せるから」という理由で人と人とを〈切り離す〉技術でもある。またある人と〈つながる〉とは、その人を選別したことであり、したがってそれ以外の人を〈排除〉したことを意味する。マクルーハンは、メディアの理想形態を〈声〉に求めた結果、「融合」の契機ばかりを過度に強調し、「分断」と「差別化」の契機を蔑ろにしてしまっている。「マクルーハンをインターネット時代に活かす」というとき、まずはマクルーハン流の〈メディア〉の理解を一度根底から疑い、批判的に検討するという手続きが必要となろう。

第二。筆者はマクルーハンの「メディアはメッセージである」というテーゼを高く評価する。だが、というよりも、であるがゆえに、このテーゼはマクルーハンの主張それ自体にも自己言及的に適用されるべきであると考える。つまり、マクルーハンの「主張」が「コンテンツ」「メッセージ」である以上、そこにはその成立の条件として〈不可視／透明‐なもの〉＝「メディア／環境」がなければならない。すなわちマクルーハンには自明であり過ぎて見えないのだが、現在のわれわれには見えるマクルーハンにとっての〝盲点〟の存在である。それは「マスメディア」という〝盲点〟である。

マクルーハン理論はマスメディアを「メディア／環境」とすることで成立している。すなわちマスメディア＝「メディア」であることがマクルーハンの〝盲点〟を構成している。マクルーハンには、〈活字〉が「メディア」であることは見えた。だからこそ〈活字〉という旧「メディア」環境＝グーテンベルク銀河系を自明視するアカデミズムを時代遅れとみなし虚仮にもできた。そうはいうが、マクルーハンには自らが依拠した〈テレビ〉という「メディア」がちゃんと見えていたではないか？ところが、ここに落とし穴がある。マクルーハンは自らが依拠するメディアが〈テレビ〉に代表される「電気メディア」だと考えた。だが、実際はそうではない。マクルーハンが自明なものとして依拠し（したがってマクルーハンには決して見えなかった）「メディア」とは——繰り返すが——マスメディアである。

〈インターネット〉という新しいメディア技術の登場と普及によって判明したことは、〈活字〉メディアの生態系の後に成立をみたのは、マクルーハンが主張するような「電気メディア」ないし「電子メディア」の生態系ではなく、権威としてのプロフェッショナルが制作した情報コンテンツが大量に複製され、それが大衆という不特定多数の受容者に対して情報「商品」として一斉同時送信される「環境」すなわち「マスメディア」の生態系だったという事実である。

現在、「マスメディア」生態系とは全く原理を異にする生態系、すなわち原理上あらゆる情報の受信者が同時に発信者となり、鑑賞者が同時に制作者となることで、情報の平面的連鎖が無制限に延伸し、特権的な情報発信を無化してしまうような新しい生態系（これを筆者が「ネットワークメディア」生態系として特徴づけることは既に述べた）が徐々に姿を現しつつある。この新「メディア」環境の成立によって初めて、これまでわれわれが――そしてマクルーハンでさえ――自明視してきた不可視／透明な「マスメディア」という旧「メディア／環境」を、「メッセージ」として解明する手筈が整ったことになる。そして、その作業の遂行こそが、マクルーハンへの最善の手向けともなるはずである。

0-3 「情報社会」における「知識」と〈学〉

0-3-1 〈ネットワーク〉パラダイムとしての「情報社会」

マクルーハン謂うところの「グーテンベルク銀河系《ギャラクシー》」は主導的メディアである〈活字〉が他の様々なメディアを率いて構成したメディアの生態系＝〝星座〟的布置であった。マクルーハンは、次なる生態系＝メディア・パラダイムである「マスメディア銀河系《ギャラクシー》」に依りつつ（ということはつまり「グーテンベルク銀河系」の〈外部〉から）〈活字〉メディアのメッセージ性を洞見し、それに引導を渡した。

だが、マクルーハン自身は自らが依って立つ「メディア」が〈電気=テレビ〉であると思い込んでしまっており、それが実は「マスメディア銀河系」であること、そのメッセージ性に気付くことはなかった。今や、その「マスメディア銀河系」が存亡の淵にある。〈インターネット〉を主導的メディアとして他の諸メディアを次々に下位帰属させながら膨張を現在も続ける新たなメディア生態系、〈ネットーワーク〉の生態系が、メディア・パラダイムの主導権を「マスメディア銀河系」から簒奪し、覇権を握りつつあるからである。本書のタイトルにもある「情報社会」とは、この〈ネットーワーク〉が構成するメディア・パラダイム、マクルーハンのジャーゴンを引き続き使うとすれば「ネットーワーク銀河系」を指す。したがって以下の諸章において「情報社会」の語が使われるとき、それは原則的にインターネットを技術的ベースとする〈ネットーワーク〉パラダイムを意味していることに読者は留意されたい（それ以外の意味において「情報社会」の語を使用する場合には、それと断わるか、もしくは文脈からそれと分かるように配慮してある）。

さて、「はじめに」で予告したとおり、次章以下でわれわれが事とするのは〈ネットーワーク〉メディア・パラダイムとしての「情報社会」の対自化（すなわち「メディア」の「メッセージ」化）とその存立構造分析である。だが、こうした立言は先に指摘した〈メディア〉の本質的な自己言及性によって、直ちに立言した当人に跳ね返って来ざるを得ない。読者は当然以下のように借問することができる。分析者本人も現行の〈ネットーワーク〉パラダイムの〈内部〉にある以上、その枠組みに制約され、それに絡め取られているのではないか？　パラダイムの外に出たつもりが、御釈迦様の掌中の孫悟空のように結局はパラダイム内部での超出の錯覚だった、ということになりはしないか？　マクルーハンが陥ったのと同じ轍を踏まないという保証はどこにあるのか？ この至極尤もな疑問に対してわれわれは次のように応じたい。

以下暫く、若干哲学的に煩瑣な議論に入り込むが、本書全体の方法論的な権利づけに係るばかりでなく、われわれがこれから携わる「情報社会」の存立構造分析、すなわち「情報社会」〈批判〉の内実にも関係する事柄であるため束の間のお付き合いを願いたい。

〈メディア〉論というディシプリンは、宿命的に「自己言及《ゼルプストレフェレンツ》」(Selbstreferenz)の十字架を背負わされている。なぜなら〈メディア〉論の考究対象が、その当の時代において広汎に流通《プレヴァレント》している(prevalent)というばかりでなく、他に選択肢がない、という意味において支配的《プリヴェイリング》でもある(prevailing)「主導的メディア」だからである。そのどこが問題かといえば、対象の観察・分析・記述を、当の対象である「主導的メディア」を使って行うしかないからである。数学者L・レフグレン[16]の言葉を借りて〈メディア〉論とは〈自己記述的《オートロジカル》〉(autological)ディシプリンであると言ってもよいし、あるいは、R・バルトの顰に倣って、〈メディア〉は「記述《デクリール》」(décrire)の〈零度《ドゥグレ・ゼロ》〉(degré zéro)である、と言うこともできる。〈活字〉メディアのパラダイム(すなわちグーテンベルク銀河系)から〈声〉メディアのパラダイムを回顧的に分析したり、新興の〈ネットワーク〉メディアの立場から、滅びつつある〈マスメディア〉パラダイムの意義を総括する場合には何の問題も生じない。検討対象であるメディア・パラダイムの「外部」に「観察」視座を構えることが可能だからである。だが、マクルーハンの〈TV〉メディア分析や、これからわれわれが行おうとしている「情報社会」の〈批判〉的考察は、パラダイム内部において、当のパラダイムを問題にする以上、それは「自己言及のパラドックス」を自ら招来するに等しい行為である。マクルーハンの場合、〈活字〉に依拠した論理的(＝線的《リニア》)分析を批判することで、実質上分析を自らに禁じてしまった上に、彼自身が感性的でモザイックとみなす〈TV〉(だが〈学知〉的水準からの観察においては、すなわち für uns には、そんなことは全く無いのだが)のパラダイムに同一化することで、自らの逃避的態度を正当化までしてしまった。われわれには、ダンディズムを気取ったマクルーハンのような露悪趣味はないし、〈活字〉メディアを貶める気も、手放すつもりもない。ではどうすればよいのか?

われわれが採用するのは、「情報社会」における個々の現象や要素をその個別性においてではなく、それらを契機とする関係性において観察し、更にその関係性のネットワークを介しつつシステム総体へと至る途である。それはシステムの〈内部〉からシステム全体の把握へ至る途であるが、ある意味でシステムの〈外部〉へと至る途でもある。もちろんそれは全くの「外部」――神の場合の如き超越的な高処《たかみ》――からシステムを捉えることを意味しない。そんなことは予め不可能であることが分かっている。そうではなく、それは〝下向的《アプシュタイゲント》〟(absteigend)分析を経た後に、「上向的《アウフシュタイゲント》」(aufsteigend)総合へと進むことでシステムそのものの存立構造を内側から叙述的に描き出す、マルクスが「資本《ダス・カピタル》」(das Kapital)というシステム運動の〈批判〉的叙述のために採用した方法である。この方法を採用することで、内部にいながら〝外部〟的にシステムを観察することが可能となる。システム外部の「対象」を認識するために、ではなく、システムの〝自己〟認識(＝〝自己〟〈批判〉)のためにシステム〈外部〉に出る、という意味でそれを、カントの「超越論的《トランスツェンデンタール》」(transzendental)な視座の採用と言うこともできよう。

ヘーゲル＝マルクス＝廣松渉(17)の系譜を引くこの方法は、〈日常的な意識《フュア・エス》〉（für es）すなわち「常識」にとっては断片的・分節化的な様相で仮現する具体的事物や現象（例えば「商品」「貨幣」）が、実はそれらを〝変項〟として組み込む高次の〝函数〟的関係態であるシステム（すなわち「資本主義」）、の自己言及的運動が「物象化」的に錯認されたものであることの〈学知《フュア・ウンス》〉（für uns）水準での「観察《ベオバハトゥンク》」（Beobachtung）――実は同時にそれがシステムの「即自《アン・ズィヒ》」（An-sich）態でもある――による解明、というかたちをとる。この場合の「即自《アン・ズィヒ》」態とは、〈学知《フュア・ウンス》〉による「観察《ベオバハトゥンク》」が、諸現象の〝本当〟の姿、その「真理《エピステーメー》」（επιστήμη）として対象に帰属化的に投影される結果、それが対象の真実態として〝実体化〟される謂《いい》である。ここは具体的な事例を引きながら説明するのがよかろう。日常的な経験において（すなわち〈日常的な意識《フュア・エス》〉にとって）自明なものと思いなされている例えば、「星辰の日周運動」という現象は実は、仮現的な「臆断《ドクサ》」（δόξα）に過ぎず真実にはその現象の本体（＝実体）は「地球の公転と自転」であるとされる。このとき対象についての「真理《エピステーメー》」である「地球の公転と自転」が、天文学者という〈学知《フュア・ウンス》〉による「観察《ベオバハトゥンク》」に媒介された認識であることに留意されたい。すなわち、こうした高次の〈認識〉が対象に帰属化的に〈存在＝実体〉化される事態、それが右に謂うところの「即自」態の意味である。

さて、〈学知〉などというと直ぐに「何を偉そうに」といった類の反感を買いそうだが、この場合の〈学知〉は、「制度的権威」を何ら含意しない。右の同じ例を引き続き使えば、われわれが「星辰の日周運動が実は地球の公転と自転である」ことを認めるとき、そのときすでにわれわれは〈日常的な意識《フュア・エス》〉を超出し〈学知《フュア・ウンス》〉の立場に立っている。つまり、そのとき〈日常的な意識《フュア・エス》〉は

「それ以上《エトヴァス・メア》、それ以外《エトヴァス・アンデレス》」(etwas Mehr, etwas Anderes)の〈学知《フュア・ウンス》〉へと蟬脱を遂げている。言い換えれば、〈個=孤〉的な〈われ《ダス・イッヒ》〉(das Ich)の臆断的思いなし(=〈日常的な意識《フュア・エス》〉)が、メタレベルの高次的認識へと発展するとき、〈われ《ダス・イッヒ》〉は〈学知《フュア・ウンス》〉(für uns)の一員として既に〈われわれ〉(Wir)の見地へと至っており、それを僭称している。このときヘーゲルの所謂〈われわれとして《イッヒ・ダス・ヴィア・》のわれ=われとしてのわれわれ《ウント・ヴィア・ダス・イッヒ・イスト》〉(Ich das Wir, und Wir, das Ich ist)という境位が、「〈学知〉としての〈個我〉=〈個我〉としての〈学知〉」という形で成立をみている。つまり〈学知〉とは日常知におけるバラバラの諸現象を体系的〈学《ヴィッセンシャフト》〉(Wissenschaft)の水準において「関係付ける態度」あるいは端的に「体系《システム》(System)への意志」のことである。

右の〈叙述=認識〉の構造は、「情報社会」の体系的〈批判〉を目指す本書においても貫徹される。それがすなわち〈著者=読者〉の分裂化的統一の境位としての〈われわれ《ヴィア》〉(Wir)である。〈著者《われ》=読者《われ》〉は協働しつつ、システム内部にあってシステムをトータルに把握するために、ないしシステム「内部」にありながらその〝外部〟に出るために、〈日常知《フュア・エス》〉と〈学知《フュア・ウンス》〉の両つの観点を往還しながら、システムとしての「情報社会」にアプローチをかけることになる。マクルーハンが揶揄する単なる〈線的《リニア》=悟性的《フェアシュテントリヒ》(verständlich)〉な〝下向的〟分析のみを事とするのではない(かといって、マクルーハンが推奨し実践する寄木細工《モザイック》的な直観でもない)、システム総体を「概念的に把握《ベグライフェン》」(begreifen)する〈全体的=理性的《フェアニュンフティヒ》(vernünftig)〉な、すなわちマルクスが言う意味での「上向的《アウフシュタイゲント》」(aufsteigend)かつ「体系的《ズュステマーティッシュ》」(systematisch)な〈学《ヴィッセンシャフト》〉(Wissenschaft)が本書において要請される所以である。

こうした〈学〉に依拠する限りにおいて、以下で行う〈われわれ〉の「情報社会」〈批判〉は、フランクフルト学派に典型的にみられるが如き〝外部〟からの超越的で「啓蒙的《アウフクレーレント》」(aufklärend) な(そして「高踏的」で「頭ごなし」な) それとは明確に異なる。〈われわれ〉にとって〈批判〉とは、〈日常的な意識《フュア・エス》〉と〈学知的観察《フュア・ウンス》〉の往復を繰り返しながら、システムを内在的に〝超越〟し、依って以って〈日常的意識〉に仮現する具体的で断片的な素材《ヒュレー》的事物や現象の、システム全体における布置と意義とを〈学知〉的水準から与え返してゆくが如き、システムの、システムによる、自己言及的〈反 省《レフレクスイオーン》〉(Reflexion) としての〈批判〉である。そしてそれは、荒言《こうげん》の謗りを承知で言えば、カントによる理性〈批判〉、マルクスによる経済学〈批判〉の衣鉢を継ごうとするものでもある。われわれの「情報社会」の存立構造分析が、「グーグル」「ビッグデータ」「SNS」「人工知能」「ロボット」「情報倫理」といった如何にも時尚を追い、俗受けを狙ったと思われても致し方ないトピックや現象を考察の「糸口《アンファング》」(Anfang) =「端緒《アルケー》」(ἀρχή) として据えるのも以上の方法論的理由――すなわち〈日常的意識《フュア・エス》〉を出発点とした〝下向〟的〝素材《ヒュレー》〟(ὕλη) 分析 (その後に初めてシステム〈全体〉の「上向《アウフシュタイゲント》」的総合に俟《ま》つ〈学知〉的水準での〝質料《ヒュレー》〟への〈形相《エイドス》〉(εἶδος) =システム的意義〉付与が可能となる) ――に因る。

0-3-2 「知識」と〈学〉

さて、ここまでの議論を踏まえた上で、本章前半で取り上げた「知識人」と「学者」との対立関係に話を戻そう。マクルーハンは「学者」を、アカデミズムという〈活字〉メディア・パラダイム（＝グーテンベルク銀河系《ギャラクシー》）という閉じた世界に棲息し、〈線的《リニア》＝悟性的《フェアシュテントリヒ》〉思考しか能のない〝種族〟とみなして扱《こ》き下ろす一方で、〈テレビ〉を使った扇情的パフォーマンスも演じられる、モザイックな情報処理・編集能力に秀でた「知識人」を、マクルーハン自身も含めて、持ち上げる。だが、このときマクルーハンが気付いていないのは（あるいは――こちらの方がありそうなことだが――気付いていながら隠しているのは）、「知識人」がその「知識」において「〈学〉者」に依存している、という事実である。これは直ぐ後で見るとおりマクルーハンについても例外ではない。「知識人」は、時宜に適った言説を独自のセンスで選択し、あるいは平易に、あるいは軽妙洒脱に、あるいは面白可笑しく「大衆」を啓蒙し「世論」を先導する。だが、「知識人」がその際に前提している、言説リソース・言説プールとしての「知識」は「〈学〉者」たちがアカデミズムにおいて積み上げてきた成果にほかならない。もちろん、むのたけじや石牟礼道子、小林秀雄や吉本隆明、大島渚や野坂昭如、大江健三郎や小田実といったいわゆる「在野の知識人」の系譜は存在するし、いかにも怪しげな〝知識〟を弄《もてあそ》び、振り回す自称〝知識人〟も存在する。だが前者は、その対抗的存在として、後者も、それを「騙《かた》る」存在として、やはり正統的権威としての「〈学〉者」を予想している。マクルーハンや、日本では加藤周一のように、「知識人」と「学者」とを兼ねるケースもあるが、こうした場合は当人の専門分野外にまで依拠する「〈学〉者＝〈学〉問」領域が広がっている。したがって、この場合にも「知識人」は「〈学〉者」の存在を前提している。

　以上からも分かるように「知識人」の社会的機能は「〈学〉者」のアカデミックな言説を「大衆」

向けに「要約」「翻訳」「解釈（あるいは改釈）」することである。「知識人」とは「〈学〉者」と「大衆」との中間に位置して両者を仲介する謂わば「知識」頒布の〝仲介業〟にほかならない。そしてその際、頒布に利用されるのが〈マスメディア〉である。「〈学〉者」がバベルの塔に籠もり自分の研究領域のことしか知らぬ〝専門馬鹿〟と揶揄される一方で、「知識人」がバランスのとれた世間知＝知恵の持ち主として賞讃されたことも慥かにあったが、それもまた〈マスメディア〉が主導的メディアとして〈批判〉能力を有していた時代においてであることに注意されたい。〈マスメディア〉を利用することで「知識人」の言説の影響力は、その範囲においても実践的な〈力《ゲヴァルト》〉への転化という意味においても絶大なものとなる。結果としてそれは最盛期においては、その政治・経済的な影響力によってアカデミズムと異なりはするが、同時にその威光に与りもすることでアカデミズを優に凌ぐ〝権威〟（いわゆる「第四権力」）を誇り得たのである。

だが今や〈ネット-ワーク〉パラダイムの成立と軌を一にするように、「マスメディア」-「大衆」というヒエラルキカルな円錐構造は終焉の秋《とき》を迎えつつある。そして、〈マスメディア〉の終焉とともに〈大衆＝塊《マッス》〉（mass）もまた、均質化された受動的なあり方から、「情報」を自ら「検索」し、「発信」する——ただし後に（第三章）それが実は「情報発信」ではなく「情動露出」であることが判明するのだが——能動的「孤人」たちからなる「群衆《クラウド》」（crowd）へと、すなわち「連合体《コレクティーヴ》」（collective）へと変容を遂げつつある。[18] そうなれば単なる〝仲介業〟に過ぎない「知識人」は御役御免となるほかない。「コマース」シーンに限らず「知識」分野でも流通における「中抜き」が「情報社会」の大原則だからである。一九六〇年代にマクルーハン自らがその先頭に立ちつつ、華々しく登場をアピールした「知識人」はこうして今や〝風前の灯火〟状態である。「知識人」に代わって現在「知識」の蒐集・流通・加工をコントロールし、〈学〉の社会におけるあり方や位置取りを含め、「情報社会」時代の「知識」をめぐる〝権力〟関係の再編を主導しているのは、「学者」出身の創業者たちが率いる検索サービス企業「グーグル」である。

注

（1）日本文藝家協会編『文藝年鑑 2011』（文藝春秋社）
（2）日本文藝家協会編『文藝年鑑 2012』（文藝春秋社）
（3）これについては前掲拙著『「情報社会」とは何か？——〈メディア〉論への前哨』第一章「テクノロジーからテクネーへ」1-5「『一億総白痴化』をめぐって」を参照。
（4）門林岳史『ホワッチャドゥーイン、マーシャル・マクルーハン？』（NTT出版、二〇〇九）
（5）Mcluhan, Marshall & Eric, *Laws of Media: New Science*, Univ of Toronto, 1988.（邦訳『メディアの法則』NTT出版）この草稿でマクルーハンは、今となっては古色蒼然たる感のあるK・ポパーの「反証可能性」（falsifiability）を科学であることの基準として設定した上で、相当にいかがわしい「右脳と左脳との神経生理学的な機能の違い」によって自説を〝科学的〟に基礎付けるという大胆というより、無謀な試みに手を染めている。だが、実際に読んでみると相変わらずメタファーとコラージュとカリグラムと独断のオンパレードで安心する。結局、マクルーハン理論を〝科学的〟に基礎付けることなどできない相談なのである。
（6）Id., *The Mechanical Bride: Folklore of Industrial Man*, Vanguard Press, 1951.（邦訳『機械の花嫁』竹内書店）
（7　Id., *The Gutenberg Galaxy: the Making of Typographic Man*, Univ of Toronto, 1962（邦訳『グーテン

ベルクの銀河系――活字人間の形成』みすず書房）

（8）マクルーハンのこの〝でたがり〟の性分が遺憾なく発揮されているのは、ウッディ・アレン監督・主演、ダイアン・キートン共演の『アニー・ホール』（一九七七）への出演だろう。これには呆れるほかないのだが、気に留めるべきは、マクルーハンが登場する映画館での入場待ちシーンにおける演出の妙である。入場待ちの列に並ぶウッディ・アレンとダイアン・キートンのカップルの背後で聞こえよがしに恋人に得々と映像に関する蘊蓄を傾ける人物（直後に彼がコロンビア大学で「テレビメディアと文化」を講ずる大学教師であることが判明する）が、マクルーハン理論に言及し始めるや、ウッディ・アレンが突如カメラ目線になり、物陰に潜んでいたマクルーハンを彼に引き合わせる。この対面でのマクルーハンの科白が揮っており、件《くだん》の先生にむかって「君は僕の仕事が何一つわかっていない。それでよく教師が務まるね」と辛辣な言葉を浴びせている。この掟破りの演出にはマクルーハンやウッディ・アレンというマスメディアに依拠した「知識人」のアカデミズム（学者）に対する嘲弄と悪意がはっきりと窺える。

（9）竹村健一は『マクルーハンの世界――現代文明の本質とその未来像』（講談社、一九六七）『マクルーハン理論の展開と応用』（同、一九六七）『マクルーハンとの対話――日本文化とマクルーハニズム』（同、一九六八）のマクルーハン三部作、大前正臣には『マクルーハン――その人と理論』（大光社、一九六七）『百万人のマクルーハン――ビジネスから家庭教育まで』（徳間書店、一九六八）がある。こうしたいわゆる〝アンチョコ本〟の類は避けて通るのがアカデミズムにおける美徳であるが、マクルーハンブームの時期に彼の思想がどう紹介され、またどう受け止められたのかを示す資料的価値も含めて一読をお薦めする。特に竹村の『マクルーハンとの対話』はマクルーハンとの会見記やフォーダム大でのジョイント講義の様子のルポルタージュ風の記述もあってマクルーハンのパーソナリティーを知る上で必読である。彼らの理解の水準も現在の解説書と比べても（いくつかの致命的誤解もあるとはいえ）そこそこの水準に達しており、そう馬鹿にしたものではない。

（10）ただし、筆者はある文脈においては、マクルーハンの線形性の頑な否定を重大視する。それは〈身体メディア〉の文脈である。この論点に朧げであっても気づいているのはトロント学派の中では間違いなくマクルーハンただ一人である。

(11) Mcluhan,M., *The Classical Trivium: The Place of Thomas Nashe in the Learning of His Time*, Gingko Press, 2009. ちなみに、マクルーハンのこのレトリック論を引き継ぎ発展させた研究が、W・オングの大著『ラムス、方法、対話の衰退』(Ong, W., *Ramus, Method and the Decay of Dialogue : From the Art of Discourse to the Art of Reason*. Cambridge, Mass. : Harvard University Press, 1958.) である。

(12) イニスのメディア思想については拙著『〈メディア〉の哲学――ルーマン社会システム論の射程と限界』(NTT出版) 1・1・1・1~7を参照。

(13) この論点については前掲拙著『〈メディア〉の哲学――ルーマン社会システム論の射程と限界』1・1・1・13~15を参照。

(14) ただし、「ホット vs. クール」の区別は飽くまでも相対的なものに過ぎないことに注意。すなわち比較対象が変わることで、「クール」なものが「ホット」に、「ホット」なものが「クール」になりうる。例えば本文で「ホット」なものの例として挙げた「アニメ」というジャンル自体が、「小説」というジャンルと対比させるときには「クール」なものとして性格づけられることになる。

(15) 後に(第三章)われわれは、このマクルーハンの期待に背くかたちで成立を遂げた慮外の〝地球村〟を「世界社会《ヴェルトゲゼルシャフト》」(Weltgesellschaft) として捉え返すことになる。

(16) Löfgren, L., "Life as an Autolinguistic Phenomenon," in *Autopoiesis: A Theory of Living Organization*, ed. Milan Zeleny, 1981.

(17) 廣松渉『弁証法の論理—弁証法における体系構成法』(1980、青土社) を参照。

(18) この点については前掲拙著『「情報社会」とは何か?』3-20「『群衆《クラウド》』と『孤人』」の節を参照。

第一章　グーグルによる「汎知」の企図と哲学の終焉

1-1　「グーグル」という問題

ウェブ検索エンジンの開発から出発した一ベンチャーに過ぎなかったグーグルが、一九九八年の創立から僅か十年余りで目を見張る成長を遂げ、現在も破竹の勢いで伸長を続けていることは周知の事実であって、今更喋々するまでもない。だが、グーグルの業態を通観してあらためて驚かざるを得ないのは、手がける分野の広汎さとほとんど無差別と言ってよい多種多様さ、まるでアメーバのような融通無碍ぶりである。高速かつヒット率の高いウェブ検索技術は創業時以来現在でも依然同社の看板であるが、これをコアとしつつ、パソコンやモバイル端末のプラットフォーム（Chrome《クローム》 OS および Android《アンドロイド》 OS）開発、その一方でプラットフォームを問わない SaaS《サース》（Software as a Service）ないしクラウド・コンピューティングサービスの提供、大学図書館を巻き込んだ書籍コンテンツの電子アーカイブ化（Google Books）、地図情報とＧＰＳと検索との連動（最近では更に、その交通システムへの導入による、実用化目前と伝えられる自動車の運転自動化への取組み）、時々刻々ランキングが変化するニュース記事見出しの動的な自動インデックス生成によるジャーナリズムのアルゴリズム化（Google News）、検索連動広告による新しい広告モデルの案出、YouTube買収による動画データベースの構築と検索への組み込み、風船を使ったインフラを張り巡らすことによる地形の如何を問わない全地球のネットワーク化計画（Project Loon《ルーン》）、眼鏡型端末の開発による強化現実《オーグメンテッド・リアリティ》（Augmented Reality, AR）の実現（Google Glass）[1]、ディープ・ラーニング技術を使用した人工知能（Deep Mind）の開発――二〇一六年三月、この人工知能技術を搭載した「アルファ碁」（AlphaGo）が、人間に勝つのは困難とされてきた囲碁対局でイ・セドル九段を破ったとの報が世間の耳目を驚かせた――と東京大学からのスピンアウト・ベンチャー「SCHAFT《シャフト》」を含む世界中のロボット・ベンチャーの矢継ぎ早の買収、果ては個人向けにゲノム情報をウェブ上で提供するバイオベンチャー「23 and Me《ミー》」への出資と老齢化社会を見据えたバイオ企業「Calico《カリコ》」の設立を足掛かりとした遺伝子工学と医療情報分野への進出、と、その業態拡大は留まるところを知らない。その「貪欲」を超えて「純粋《イノセント》」とさえ形容したくなるグーグルの拡張と征服の意志は、こうしたプロジェクトの多くが、創業者の一人S・ブリン自らが率いる「Google X《グーグル・エックス》」と名付けられた何やら陰謀めいた秘密開発部署の発案に端を発したものであることからも窺える。

その一挙手一投足に厭でも世間が耳目をそばだて、興味を掻き立てずにはおかないグーグルのこうした活動に人は様々な意味と兆候を読み取ることができる。例えば、フォーディズム以降の、認知活動すらも労働に包摂し搾取の対象とする資本主義の新たな様相としての認知資本主義の最前線をグーグルに見定め、認知労働の搾取という高度情報社会における資本主義の新段階をグーグルをモデルに定式化することもできるだろう。[2] また同じ問題意識に立ちながらも、ジョナサン・ベラーが映画の分析において採用したメディア技術を利用した〈視線／注意《アテンション》〉コントロールの理論である「〈視線／注意〉の経済《エコノミー・オブ・アテンション》」(economy of attention)をネットワークメディアに拡張的に適用しつつ、より微視的でメディア論的な観点から〈視線／注意〉という有限な資源の独占の現状をグーグルを引き合いに出しつつ告発し、その再配分を要求することも可能であろう。[3] あるいはグーグルを、その広告ビジネス戦略と併せて「無料化《フリー》」というビジネスモデルの確立者とみなし、ネットワークメディアとそこに流通する「情報」商品が惹起した消費と流通を含む商業《コマース》のパラダイム・チェンジを言い立てることもできよう。[4] 更には、世界各地に散在し自社製サーバ群が蝟集するデータセンターという「ハード」と高度の並列分散処理技術という「ソフト」によって可能となったデータ収集の極大化と、ネットワークによって実現されるいわゆる「群衆の叡智《ウィズダム・オブ・クラウド》」(wisdom of crowd)を利用した最適解の発見というグーグル独自の〝哲学〟が潜在的に有する意味を解きほぐしてゆく作業も必要となろう。[5]

　われわれとしても、今ここに挙げた諸課題が〈グーグルという問題〉にアプローチするにあたって有効な視角を提供することを疑わないし、とりわけベラーによって提起された〈視線／注意《アテンション》〉という問題構制《プロブレマティーク》は、映画やインターネットといった特定のメディアの分析を超えて、身体というメディアも含めた〈メディア〉一般の解明にとって極めて重要な知見をもたらし得る広がりと可能性を秘めているとも考えており、いずれわれわれ自身の議論と然るべき仕方で接続させたいとも思う。にもかかわらず、本章では、その重要性と有効性とを認めた上で、さきの諸課題にいちいち直接向き合うことはしない。それはわれわれがグーグルという現象に「現在《いま》」という共時系における個別の問題群をみるのではなく、〈技術〉という観点ないし〈メディア〉という観点から「現在《いま》」を通時系に位置づけ相対化するための手掛かりとなし、因って以て「情報社会」の本質解明への通路を開鑿したいと考えるからである。したがって、以下で行うグーグルの分析と評価は、哲学的・思想史的水準においてなされることになる。

1-2 「汎知」の思想史

グーグルがこれまで行ってきたこと、現在行っていること、そして、もちろん方針・路線の変更や変心はあり得るが、現時点で表明されている企業ポリシーから察せられる限りにおいて、これから行おうとしていること、全てを含めて、そのトータルな活動を思想史的な文脈に位置づけてみるとき、そこからは新しさと旧さとの同居というグーグルの奇妙な相貌が浮かび上がってくる。新しさとは言うまでもなく、グーグルが最新のテクノロジーを引っ提げて、二〇世紀いっぱいにわたってその栄華を極めてきたマスメディア・パラダイムに替って今まさに成立をみようとしているネットワークメディア・パラダイム、すなわち「情報社会」(6)という新パラダイムを先導するトップランナーとしてその突破口を切り拓いてきたことである。だが、一方でグーグルが掲げる「あらゆる情報を収集し、整理し、誰もが活用できるようにする」(7)という一企業が標榜するにしては青臭くもあり些か理想主義的にも過ぎる目標は、実は極めて旧く長い知的伝統に連なるもので、古色蒼然たる響きをすら伴う。われわれは、現在のグーグルの試みにまで繋がる知的伝統を差し当たり「汎 知《パンソフィー》」(pansophy)と呼んでおきたいのだが、まずはこの「汎知」の歴史を辿ってみることから考察を始めよう。

1-2-1 汎知としての神話

汎知の歴史は古典古代に「神話」というかたちですでに始まっている。神話に対して今日われわれは「著者によって創作された作品」というマスメディア・パラダイムにおいては自明であっても歴史的相対性を免れない図式《シェーマ》を普遍化しつつ宛てがってカテゴライズし、「説話形式の文学作品」として了解しがちである。だが、古典学の碩学にしてトロント学派のメディア論者でもあるE・A・ハヴロックがホメロス作とされる『イリアス』『オデュッセイア』を引き合いに出しつつ『プラトン序説』(8) および『ギリシアの正義の概念』(9) の両著で喝破したとおり、神話とは一般に文学作品などではなく、ある共同体の起源や英雄譚を含む歴史的事績、従うべきしきたりや規範、先人から伝えられた知恵や技術など諸事百般の知を含んだ百科事典的なコスモロジーであった。もちろん神話が、グーグルの社是や企業理念のような自覚的な目標を掲げて創作されたものであるはずはなく、おそらくは共同体の成員間で何世代もかけて古老から若者へと語り継がれてゆく間に堆積した結果として成った、それは自然発生的な知の体系ではあったろう。にもかかわらず「あらゆる知識を収集し、整理し、誰もが活用できるようにする」という理念を潜在的にではあれそれが含んでいる限りにおいて、やはり神話が「汎知」の一つの形態であることは覆せない。

この際に二点、注意する必要がある。一つは、神話が〈声〉というメディアパラダイムにおいて成立した汎知であるがゆえに、口誦という形式をとらざるを得ず、したがって人間の生理的機能としての個体的な内部記憶を超えた集団的記憶として共同体に汎知を定着させるために、それが「物語《ナラティブ》」(narrative)と「定型表現《フォーミュラ》」(formula)というテクノロジーを産み出すに至ったことである。「物語」は劇や祝祭などの「儀式」(ritual)という外部記憶を可能にし、他方、「定型表現」はその繰り返し《リフレイン》がリズムを創り出すことで身体的動作という外部記憶を可能にした。第二は――これもまたハヴロックが強調するところなのだが――神話が共同体成員の社会化(socialization)の手段、すなわち教育教材の機能を果たしていたことである。プラトンが『国家』篇において理想国家からの詩人の追放を強硬に主張するのも、詩人が神話という物語をリズムに乗って演じ吟誦することで、伝統に若者たちを無批判に浸し込み、プラトンがソクラテスから受け継ぎ推進していた新たな教育、すなわち哲学《ピロソピア》(φιλοσοφία)――それはイデア界の真実在のみを憧憬し伝統の旧弊を批判する――の企図を挫く存在であったからにほかならない。

1-2-2 〈文字〉メディアパラダイムにおける三つの汎知

〈文字〉というメディアの発明によって汎知の試みは第二段階を迎える。文字メディアは汎知に物質的な支持体《シュポール》(support)を提供する。汎知が、確固たる外部記憶である「書籍」のかたちでパピルスや羊皮紙、紙に顔料や染料などによって定着されるのである。ここで汎知は三つの現象形態をとる。すなわち、①博物誌(natural history)②百科事典(encyclopedia)③教科書(textbook)である。

1-2-2-1　汎知としての博物誌

博物誌からみていこう。博物誌の最初の試みはローマの政治家にして文人である大プリニウスが紀元一世紀に纏めた『博物誌《ナトゥラーリス・ヒストリアエ》』（*Naturalis Historiae*）を以って嚆矢とするのが世界史の常識であるが、この書はプリニウス本人による序文からも明らかなとおり既存の書籍からの抜粋集という性格が濃厚で、汎知の試みと称するには原理を欠き、記載された知識がセカンドハンドのものであることも問題となる。むしろ、われわれがここで念頭に置きたいのは一八世紀の博物学者C・v・リンネが分類学としての博物学を確立して以降の博物誌である。ここにおいて汎知は、まずモノを蒐集し、次いで分類し、最後に名付けることで記述するという手続きを確立することで、或る意味ルーティーン化された作業となった。もちろん知ってのとおり、リンネその人はあらゆる被造物を蒐集し分類することで隠された「自然の体系《スュステマ・ナトゥラエ》」（Systema Naturae）を明らかにし、造物主=神の事績を理解し讃えようという〝自然神学〟的な目論見を有していた。にもかかわらず、その試みが意図せずして汎知の世俗化とルーティーン化を結果として招来したことは留意されてよい[10]。

　実際、産業革命後の一九世紀には博物誌は次第に通俗化しつつ人口に膾炙し、ビクトリア朝イギリスに顕著にみられたように、一種の流行現象をすら生み出すに至る。世俗化された博物誌は分類や記述よりもむしろ「モノ」とりわけ珍品・希少品への執着と蒐集へと向かい、それはほとんど時代を挙げてのオブセッションの域にまで達した。本質的に蒐集という行為は、いわゆる好事家やコレクターを思い泛かべれば分かるとおり極めてパーソナルで秘匿的な営みである。この私的性格と秘匿性とが蒐集を汎知へと高めることを妨げてもいる。蒐集の熱狂が一段落して、博物館というかたちで蒐集の営みが公開されるとき漸くそれは公共性を獲得し、社会教育的な機能をも果たし始めることで汎知の性格を帯びるようになる。

1-2-2-2　汎知としての百科事典

次は百科事典である。百科事典と博物誌には或る種の連続性があり、博物誌の発展形として百科事典を解することも不可能ではないのだが、汎知の一形態として百科事典を博物誌と比較するとき次の三つの点で両者の間にはやはり断絶が認められる。第一に、博物誌という形をとった汎知では際立っていたモノへの固執は、百科事典においては鳴りを潜め、重点が〈記述〉へと移されること。第二に汎知の対象ないし領域が、博物誌ではいわゆる「自然《ナートゥーラ》」(natura) に限られていたのに対し、百科事典では「技術」「工芸」はもちろん「思想」をも含めた人事全般へと拡張され、「世界《ムンドゥス》」(mundus) 概念が自然以外に文化的領域、精神的領域をも包含するに至ること。第三に――これは第一の点とも絡むが――〈記述〉が単なる分類の結果の記述ではなく、検索性を顧慮したスタイルを採ること。

第一の点から見ていこう。重点がモノの蒐集から記述へと移行したことはすなわち、汎知の試みが、フーコー的な意味で「記号《シーニュ》」(signe) と「表象《ルプレザンタスィオン》」(représentation)(11) による世界把握の企図にほかならないことが、百科事典において顕在化したことを意味する。すなわち百科事典における汎知とはモノそのものの把捉ではなく、世界に存在するあらゆるモノに記号ないし表象という謂わば〝投網〟

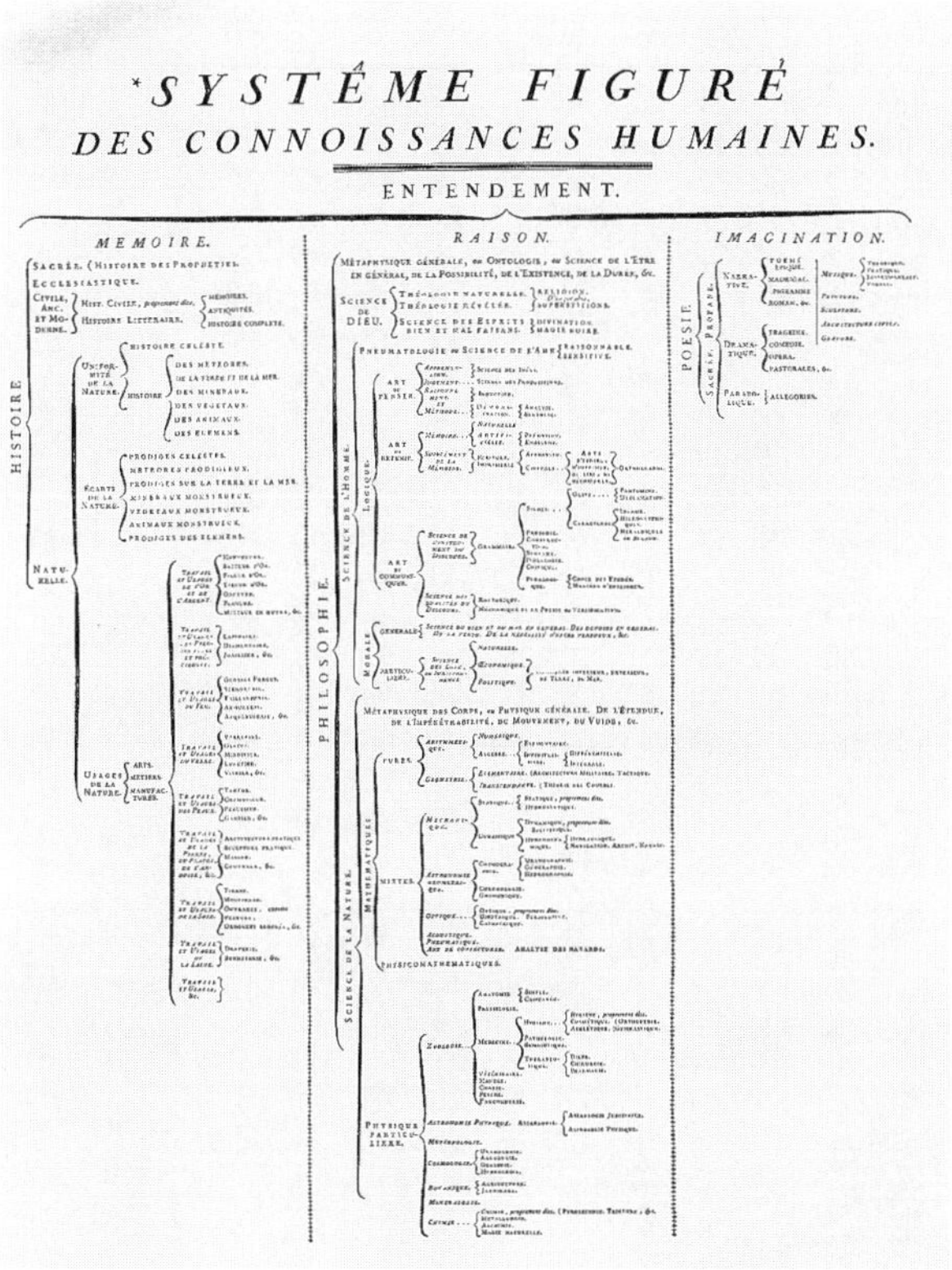
*SYSTÊME FIGURÉ
DES CONNOISSANCES HUMAINES.
ENTENDEMENT.
MEMOIRE.
RAISON.
IMAGINATION.
HISTOIRE
PHILOSOPHIE.
POESIE.

「人間知識の系統図」

を投げかけることであり、モノを記号によって分類することで諸存在に分割線を入れること、記号と表象によって世界の全存在者の「表《タブロー》」(tableau)を作成する営為なのである。ここでわれわれが百科事典のモデルとして念頭に置いているのは、一八世紀後半のフランスで刊行された、そして今日われわれが「百科事典」の語によってイメージする基本形を初めて提示した『百科全書《ランスイクロペディ》』(*L'Encyclopédie*)であるが、その編集理念を示すものが、ダランベールによって作成された「人間知識の系統図」と呼ばれる一葉の「表《タブロー》」であることは注目に値する。

第二の点はわれわれの本来の考察対象であるグーグルにおける汎知を考える上でも重要である。生物学におけるダーウィンの進化論や地質学におけるライエル卿の斉一説が市民権を得て、自然観の定説の座を占める以前にあっては自然とは循環的な再帰的変化はあっても基本的に万古不易で不動の被造物であった。だからこそ自然の秩序に神の計画を見ようとするリンネの博物学のような汎知の企図も可能であったし、汎知が自然分類学としての博物誌である間は、その知を一度確立してしまえば、その後は半永久的に有効であり得た。だが、汎知の対象に文化事象が入ってくるとなれば話は別である。技術や工芸、制度や思想は「進歩」を遂げる。その知は飽くまでも、ある時点、ある時代における知に過ぎず、時が移れば、当然「進歩」に応じた改訂作業が必要となる。百科事典という汎知の形態は、知の永遠性を放棄した上で、通時的な知の生成の運動を共時的《サンクロニック》な断面で切り取ったときに現れる同時代の知の集大成であって、そこには「知《サヴォワール》(savoir)は生成《ドゥヴニール》(devenir)である」という認識が伏在している。このことはダランベールが書いた百科全書「序文」において、先に示した同書の原理である「人間知識の系統図」とはまた別の秩序である「観念の生成史」として示されている。

第三の点もグーグルの汎知の企図と密接な関わりを持つ。百科事典の濫觴でもあり典型でもある『百科全書』は、第一の、汎知の対象領域の分類による謂わば〝空間的〟秩序、第二の発生論的、生成史的な謂わば〝時間的〟秩序のほかに、項目のアルファベティカルな「機械的排列」という純粋に外在的・形式的で意味排除的な第三の秩序を有する。この意味中立的な第三の秩序によってこそ百科事典はランダムアクセスが可能となり、ユーザーのその都度の用途に応じたインデックスによる「検索」をその中核的な機能として組み込むことができた。

検索性というこの最後の論点は「汎知」そのものの基本性格の変容をも示している。すなわち汎知が、対象そのものの存在論的原理に即した対象の秩序に従うよりは、むしろ汎知を使用するユーザーの側での便益の論理に従うようになったからである。これは汎知が対象そのものの把捉や理解ではなく、日常的生に「役立ち」「用立てられる」プラクティカルな知となったことを意味する。『百科全書』が同時代の広汎な実用的技術を項目に含んでいることは決して偶然ではないのである。

百科事典の持つユーザー志向性はその教育的機能とも連動している。「百科事典」のラテン語「encyclopaedia《エンキュクロパエディア》」は元来ギリシア語の「ἐγκύκλιος《エンキュクリオス》 παιδεία《パイデイア》」に由来する。「ἐγκύκλιος《エンキュクリオス》」の原義は「環状」であって、これを強調するときには encyclopedia の語によって「様々な知が円環状に組織された統一体」のイメージが使嗾される。おそらく今日のわれわれはこの語をこうしたイメージで理解し使用しているはずである。だが「ἐγκύκλιος《エンキュクリオス》」には「周期的」から転じた「日常・通常」の意味もあり、「ἐγκύκλιος《エンキュクリオス》 παιδεία《パイデイア》」はギリシア時代には専門教育以前の一般教育、入門教育の意味で用いられた。この場合、重点はむしろ「παιδεία《パイデイア》」つまり「教育」のほうにある。哲学者のライプニッツやヘーゲルもまた独自の汎知の企図としての百科事典を構想し、また執筆しているが、彼らの場合には「普遍記号法《カラクテリスティカ・ウニウェルサーリス》」(characteristica nuiversalis) による原理からの演繹」(ライプニッツの場合[12]) や「部分の全体との不可分離性」(ヘーゲルの場合[13]) といった汎知の統一性のほうに重点が置かれている。これに対して『百科全書』は汎知の統一性よりもその教育性のほうに重点がシフトしている。柔軟な検索システムによって獲得されたその普遍的教育性によってこそ『百科全書』は知の〈光《リュミエール》〉(lumière) によって暗愚の闇を一掃する「啓蒙《リュミエール》」(Lumières) のメディアたり得たことを忘れてはならない。

1-2-2-3　汎知としての教科書

最後の教科書を見よう。汎知の企図としての教科書は、一六世紀の人文主義者であるペトルス・ラムスと彼の思想を奉じるラムス主義者（ラミスト）たち、および一七世紀に活躍したチェコの実践的思想家コメニウスによって具体的な形を与えられた。

ラムスによる汎知の独自性は、対象への徹底した「方法」の適用にある[14]。ここでいう「方法」とは概念の下位二分割のことである。例えば、ある名辞的項目の説明にあたって、まずそれを二つに下位分類し、これらの下位分類の各々を更に二分割し、以下分類の可能性が尽くされるまで下位二分割を延々と続けるのである。ラムスとラミストたちはこの「方法」を諸事百般、あらゆる学芸科目に適用することで膨大な「教科書」を産み出していった。ラムス研究者のW・オングが作成した『ラムス＝タロン著作目録』によればその数は一一〇〇種を超える。

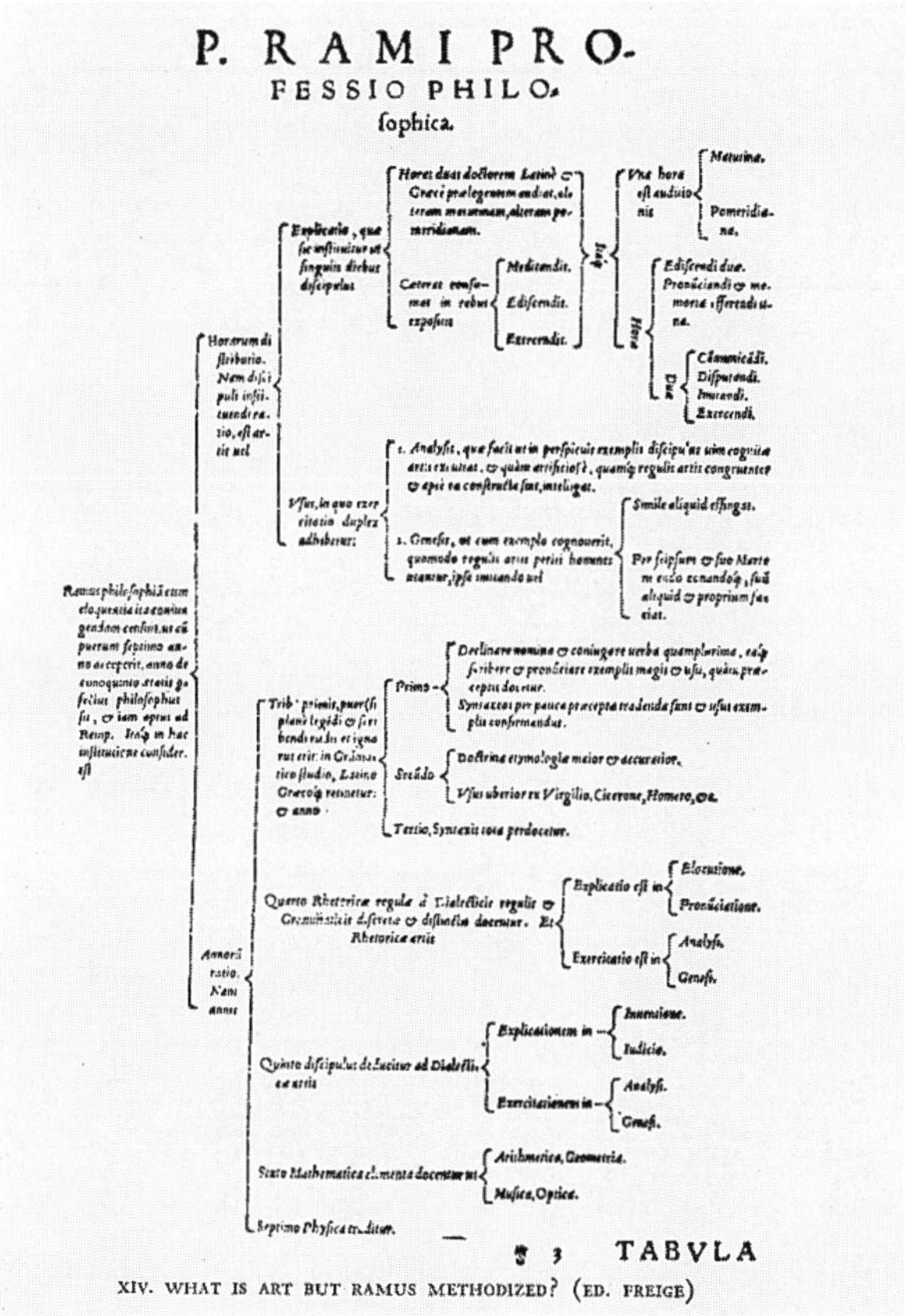
P. RAMI PRO-
FESSIO PHILO-
sophica.
TABVLA
XIV. WHAT IS ART BUT RAMUS METHODIZED? (ED. FREIGE)

ラムスの「二分法」

さて、汎知の試みへのラムスによる「方法」の導入はグーグルの企図にも繋がる二つの効果を産んだ。一つは、知識の生成と整理の自動化あるいはアルゴリズム化である。二分法という「方法」が森羅万象に適用されることであらゆる対象を分類的・定義的に教科書に封じ込めることができ、世界全体の分類目録作成への途が拓かれたが、これは「方法」の「内容」からの分離・純化によって初めて可能となった。

それまではアリストテレスの論理学体系にしろ、キケローの修辞学体系にしろ、あるいはトマス・アクィナスの神学体系にしろ、いずれも対象の内容が方法を制約しており、飽くまでも方法は対象依存的である。ところがラムスは内容の如何に関わりなく、二分法を実質とする唯一の「方法」をあらゆる対象領域に融通無碍に適用してゆく。つまり「内容」に対して二分法が機械的手続きとして反復的に適用され、これが思考の自動化と技術化を進める。オングはラムスの「方法」をコンピュータ・プログラムになぞらえて、二分法とは「バイナリ」、「デジタル」の先駆であるとすら述べている(15)。

第二には、教科書が二分法を基本原理とした首尾一貫性と完結性を持つことで、テクストが外部への参照を不要とする一つのミクロコスモス、閉域を形作るに至ったことである。ラムスの二分法による「方法」一元論は、一種の分類のテクノロジーであるが、これはたくさんのファイルをファイル・ボックスに分類整理する行為に近い。つまり、教科書がこうしたファイル・ボックス、容れ物としてイメージされ、そこに知識や思想が投げ込まれてゆくことになる。こうした発想の下では、知識や思想は在庫商品化されるに至る。すなわち、固有の「方法」と分離されることでモノ化した「内容」としての知識に〝ラベル〟が貼られ、教科書という〝倉庫〟に〝在庫〟としてストック・管理されるわけである。

　教科書というかたちをとった汎知は、コメニウスによって更に技術化とアルゴリズム化の度を高めてゆく。コメニウスはその修学時代にドイツはヘルボルンのギムナジウムに留学を許されたが（一六一一～一三）、この地は当時、ラムス主義の中心地の一つであった。コメニウスはここでラミズムの洗礼と薫陶を受けながら、独自の汎知の構想を育んでいった。

　コメニウスは自らの汎知の企図をまさしく「汎智学《パンソフィア》」（pansophia,pansofia）と呼ぶのだが、その最大の特徴は、汎知と教育との「方法」による一体化である。ラムスの教科書編纂においては「方法」が汎知の対象編制原理として採用されたが、コメニウスにあっては「方法」が対象のみならず更に「教授‐学習」という教育実践にも拡張的に適用され、それが「教授学《ディダクティカ》」（didactica）として定式化される。汎知はけっして一部の特権階級の独占物であってはならず、「あらゆる人《オムネス》が、すべてのこと《オムニア》を、徹底して《オームニーノ》」（omnes omnia omnino）学んでこそ汎知はその使命を全うすることができる。ここに汎知を如何に教授するか、また汎知を如何に学ぶかという実践的な汎知教育の方法論が要請されることになる。それこそが「教授学」にほかならない。「教授学」は汎知の全範囲にわたって万人が効率よく、しかも愉しみながら学ぶための「方法」を呈示する。それは具体的には、「生涯のどの時期に、何を、どのような順序で、そしてどういった手法で、しかも遺漏無しに、教え、また学ぶか」についての具体的かつ詳細なマニュアルであって、現在でいう「カリキュラム」にあたる。コメニウスにとって「汎智学」はその本質上どうしても「教授学」によって補完されなければならない。両者は同じコインの裏表であり、汎知駆動のための欠かすことのできない両輪なのである。

こうして教科書という形をとった汎知においては、一元化された「方法」が対象ばかりでなく教育実践までをも包含し、あらゆるプロセスを主宰してゆく。もちろんコメニウスにあっては汎知の教授方法である「教授学」と、教授内容である「汎智学」とはなお内的で有機的な連関を保っている。にもかかわらず、コメニウスによって教育における「方法」の覇権の端緒が開かれたのであって、ラムスの場合と同様、教授「方法」もまた次第に教授内容の如何とは無関係に技術化され、自動化され、ルーティーン化され、アルゴリズム化されてゆく。そしてその行き着いた先が現在の「教育工学」(educational technology)と各大学が血道を上げ、鎬を削る「F D《ファカルティー・ディヴェロップメント》」(faculty development)である。これらの企図は、今教育界で流行の「CAI《キャイ》」(Computer Assisted Instruction)も含めて、現場の教員に仮令《たとい》どのような意図や理念があろうとも、歴史的・思想史的にみて上で辿った「教育の自動化」思想——すなわち、教育から人格的な影響力を極力排除し、教師のスキルに関係なく「プログラム」どおりに教授オペレーションを遂行する——の流れを汲んでいる。

　教科書という汎知に関して、もう一点だけ指摘しておく。ラミズムにおいては——すでに指摘したとおり——知識を実利的な〝在庫商品〟とみなすプラグマティックな思想がみられ、そのことがラミズムがカルヴィニストたちに広汎に受け容れられる背景をなしてもいるのだが、コメニウスにおいてもまた知識の「実用《ウースス》」(usus)が強調される。汎知は単なる観照の対象ではない。それは「行為《オペラーティオ》」(operatio)の指針となり、それ以上に「実用」に役立たれなければ何の意味もない。『大教授学』[16]冒頭の章においてコメニウスが汎知の究極目的として現世を超えた存在や価値を立てるにもかかわらず、個々の具体的記述や提案からは「実用」を「行為」や「知識《ノーティティア》」(notitia)よりも優位に置くコメニウスの現世主義[17]がはっきりと窺える。

1-2-3　汎知の三つのモメント

以上、〈文字〉メディアによる汎知の物質的定着の三つの様態——すなわち博物誌、百科事典、教科書——を概観してきたが、あらためて文字メディアによる汎知の特性を整理しておこう。われわれは先に汎知を「あらゆる知識を蒐集し、整理し、誰もが利用できるようにする」試みとして定義したが、この定義には三つのモメントが潜在している。第一に、謂う所の「知」が、何についての知なのか、という知の「対象」的モメント。第二に、その知は誰が誰の使用に供するのか、という知の「設計者《デザイナー》」と「利用者《ユーザー》」のモメント。そして最後に、その知は如何なる存在性格を有するのか、という「知」そのもののモメントである。さて、文字メディアにおける汎知は、三つのそれぞれのモメントにおいてどのような特徴を持つのか？

〈声〉メディアのパラダイムにおいて成立した神話という汎知の場合、ある共同体についての諸事百般の知が、当該の共同体に属する成員の〈声〉によって語り継がれていく中で、成員自身の行動規範や生活の智恵として事あるごとに想起され参照されたわけで、汎知は共同体の各成員を共同体に結びつける紐帯の役割を果たした。つまり汎知は共同体に溶け込み、共同体と一体化することで存在し得た。したがって先に挙げた汎知の三つのモメントは共同体という場において相互に緊密に絡み合っており、単離不可能である。

ところが〈文字〉メディアパラダイムにおいて、汎知の緊密な一体化は次第に緩み、三つのモメントが解離してゆく。まずは、対象のモメントからみよう。リンネの博物学や啓蒙期の百科全書、あるいはコメニウスの汎智学に顕著にみられるとおり、〈文字〉パラダイムの汎知は当初「神（的秩序）」や「自然」「世界」という実在を「知」の対象として有していた。すなわち、汎知とはこうした実在の模像にほかならない。ところが、対象の模像であり、模写であるはずの「知」が膨大してゆき、次第に対象を凌駕し圧倒し始める。リンネの分類学やラムスの二分法から明らかなように、〈文字〉メディアの「知」とは実際には記号による対象の分節化であり、対象に「区別」という〝メッシュ〟を被せる営みである。区別が進めば進むほど対象は細分化され、対象の数は膨れ上がってゆく。対象の豊富さとは実のところ〝メッシュ〟の網目の細かさであり、記号の解像度の高さにほかならない。こうして当初は「対象」の模像であったはずの汎知が、むしろ「対象」の構成原理、あるいは存在根拠となり、主客が逆転するに至る。

次に「設計者《デザイナー》‐利用者《ユーザー》」のモメントである。われわれは、博物誌、百科事典、教科書を〈文字〉メディアに特有の汎知の形態として考察したわけだが、実際にはいずれの汎知の企図も〈活字〉メディアが主導的メディアの座を占めた後に初めて本格化していることに注意しなければならない。この事実は極めて重大な意味を持つ。神話という汎知は、叙事詩や英雄伝説の口演というかたちで発表され、参照され、伝承されるが、このことは〈声〉の汎知においては口承の過程で演者と聴者とが順次交替し、またそれぞれの演者が汎知に独自の知を次々と付加してゆくために、汎知の設計者と利用者とは一致し、また未分化であったことを意味する。と同時に、汎知は〈声〉というメディアの容量内に納まるスケールの知、すなわち共同体の個々の成員それぞれが暗記可能なサイズの知でなければならなかった。ところが〈文字〉メディアにおける汎知はその膨大なボリュームからして個人が記憶するには相当な困難を伴う。だからこそ、〈文字〉メディアのパラダイムにおいて「記憶術」というテクノロジーが誕生したともいえる。だが「記憶術」は訓練と特殊な技能を必要とする秘術であるがゆえに、〈声〉メディアにおいては広く共有されていたはずの汎知が〈文字〉パラダイムにあっては少数の特権的な、汎知の「設計者」たちの占有物と化し、秘教的な「霊智《グノーシス》」(Γνῶσις)と化す事態まで招来してしまう。

こうした事態を打開し、秘教的「霊智」となった汎知を一般の「利用者」に開かれた「知識」として取り戻したものこそ〈活字〉メディアであった。〈活字〉の登場が膨大な汎知の暗記や記憶術を不要なものとし、また汎知を「書籍」のかたちで大量に複製し、個人の手許に常時置くことを可能にしたことで記憶を外部化することが容易になったからである。ただし、記憶が外部化されることで別の不都合が生じる。何十巻にも及ぶ浩瀚な書物の中から、目当ての項目や記述を探し出す作業を行った経験がある者ならば分かるように、外部化された記憶は汎知の迅速な参照や運用に困難をきたすのである。この困難を解消する技術こそ、百科全書派やラムスが万民の教育のために開発したインデックスという「検索」テクノロジーにほかならない。こうして〈活字〉メディアにおいて汎知の「設計者」と汎知の「利用者」との役割分化とその固定化が生じる。

最後に「知」それ自体のモメントをみよう。〈声〉パラダイムにおける神話という汎知は、口誦の過程で多少の〝揺らぎ〟が生じることがあっても基本的には同一の知が伝承され語り継がれていく。

その意味では神話はネガティブな言い方をすれば停滞的な汎知である。しかし、停滞的であることが神話のような「伝統」と「伝承」をその本質とする知にとっては決定的な重要性を持つともいえる。それに対して〈文字〉メディアそして〈活字〉メディアのパラダイムにおける汎知は、百科事典の特性描写においてすでに触れたとおり、成長し進化すること、あるいは「生成」することがその本質に属している。記号体系、表象体系としての汎知は、その対象および参照者という繋留点に辛うじて繋ぎ止められてはいても、すでに〈自律=自立〉的な独自の閉域を形成するに至っている。剰《あまつさ》え、閉鎖領域としての汎知は、ラムスの二分法に典型的にみられるとおり、独自の〝アルゴリズム〟に基づきつつ、自己組織化的に知を増殖させてゆくものとなっているのである。

1-3 電脳汎知

〈文字〉（精確には〈活字〉）メディアにおいて、「対象」と「設計者-利用者」という二つのモメントの軛《くびき》を脱して〈自立=自律〉化的な「生成《ヴェルデン》」(18)（Werden）を開始した汎知は、〈電子〉メディアの勃興と覇権に乗じて、オートポイエティックな自己組織化と増殖の運動の、勢いと速度とを増してゆく。〈電子〉メディアは、その「デジタル」性と「ネットワーク」性という二つのメディア特性によって、汎知の存在性格を更に組み換えてもゆく。ここでも「対象」「設計者-利用者」「汎知」そのものという三つの参照枠に沿いつつ考察を進めたいのだが、〈電子〉メディアでは順序を逆にして、まず汎知それ自体の特性から見ていこう。

〈電子〉メディアのデジタル特性は、汎知を二つの点で大幅に強化する。それはまず「知」から「意味」を捨象してバイナリ・データからなる〈情報〉[19]へと還元することで、「文字」のみならず「図像」「映像」「音声」更には「価値」といったあらゆる形象を並《な》べて汎知の内へと取り込む。「意味」と引き換えに汎知は膨大な対象領域を手に入れるわけである。デジタル化は更に汎知を〝透明〟にもする。〈文字〉や〈活字〉メディアの場合、汎知にはどうしても支持体《シュポール》の物質性が伴った。逆に言えば、物質としての支持体抜きに汎知は存在し得ない。また支持体の物質性によって汎知は特定の場所を占有するモノのかたちを取らざるを得なかった。ところが〈電子〉メディアにあっては、支持体は「電子《エレクトロン》」という不可視の素粒子となる。もちろん物理学的には電子《エレクトロン》もまた物質ではある。だが、それはわれわれが日常的に接し見ている個体的同一性を持ったモノではもはやない。それは量子力学における観測問題が示すとおり個体的同一性を持たない特定不能《アノニム》の支持体である。支持体のこうした特性を汎知もまた引き継ぐ。それはどこにも存在し且《か》つどこにも存在しない。個体的同一性がないため厳密に同一のものが同時刻に別の場所に出現する。それはモニター上にも揮発性メモリの中にも、ハードディスク上にも変幻自在に形を変えて現れる。それはエーテルの如く透明で世界に瀰漫する存在となる。もちろん〈声〉というメディアもまたその支持体は不可視であり、したがってそこにおける汎知もまた透明であった。だが、その汎知は明確に然々《しかじか》の共同体という特定の「場所」に存在した。それに対して電子《エレクトロン》を支持体とする汎知は惑星規模で瀰漫するがゆえに「非・場所《メー・トポス》」（μή-τόπος）的な存在である。あるいは強いて言うなら、それは地球という一つの場所に存在する。こうして汎知は地球大《グローバル》に広がる「全面化《アルゲマインハイト》」（Allgemeinheit）のための基盤を獲得する。

支持体としての電子《エレクトロン》が「不特定性《アノニミティ》」(anonymity)とともに有するいま一つの特性である「流動性《フルイディティ》」(fluidity)(20)を基礎にして、〈電子〉メディアパラダイムはネットワーク化をも進めてゆくが、これによって遍在していた情報が次々に合しながら唯一の汎知へと帰一してゆく。こうして結果的に〈電子〉メディアパラダイムにおいて汎知は、①透明性、②全面性、③唯一性、という特性を獲得するに至る。

1-3-1 電脳汎知における〝反対の一致〟

次に「対象」のモメントをみよう。このモメントにおいても〈電子〉メディアの汎知は二つの新たな特性を加える。〈電子〉メディアの黎明期においては汎知は、電脳空間《サイバースペース》やVR《ヴァーチャル・リアリティ》という形をとった。つまり、先に指摘した汎知の「非・場所《メー・トポス》」(μή-τόπος)性が「現実空間の内部にはどこにも場所を持たないもの」=「現実空間《リアルスペース》とは異なるどこか別の〝場所〟に存在するもの」=「無・場所《ウー・トポス》」(οὐ-τόπος)すなわち電脳「ユートピア」として実体化され、現実空間/電脳空間、RR《リアル・リアリティ》/VR《ヴァーチャル・リアリティ》との間に画然たる一線が引かれた上で、後者は理想的公共空間に祭り上げられた。また、この段階では未だ現実空間やRRは、仮想空間やVRに対して優位を保ってもいた。だが、〈電子〉メディアパラダイムが第二段階を迎えた現時点においては汎知の「非・場所《メー・トポス》」性は「汎・場所《パン・トポス》」(πάν-τόπος)性となってあらわれている。汎知は現実全体に瀰漫し、現実世界を囲繞《いにょう》し、現実世界を自らのうちに浸し込んでゆく。もはや汎知は現実を模写した、現実とは別の存在性格を持つ単なる

「記号」体系や「表象」体系ではなく、電子マネーやGPS、マイナンバーや電子政府として、現実に重ね合わされ、現実に喰い込み、実在に嵌入し、現実を構成する、現実世界の一斑となった。〈電子〉メディアの第二段階において汎知は、現実から逃避するVR《ヴァーチャル・リアリティ》や現実を批判するための避難所《アジール》としての電脳空間《サイバースペース》から、現実を増幅し強化するAR《オーグメンテッド・リアリティ》（Augmented Reality）に変じたのであり、現実世界の「可能性の条件《ベディングンク・デア・メークリヒカイト》」（Bedingung der Möglichkeit）ないし〈社会的《ゾツィアーレス》アプリオリ〉（soziales Apriori）となった。[21]〈電子〉メディアが、往時の〈声〉メディアが有していた「現前《プレザンス》」（présence）を取り戻すことで、今や汎知は実在の単なる〝影〟ではなく現実世界の歴とした構成要素として——既存の現実にオーバーラップされつつ——登録される。こうして世界は二重化された。[22]

対象モメントのいま一つの新たな特性は、先にわれわれが指摘した「知」の〈情報〉への還元と関わっている。[23]〈文字〉や〈活字〉メディアにおいてのように「知」がまだ「知識」として「意味」を必要としていた場合には、対象が「意味」の重要性の軽重をメルクマールとしつつ、模写と記録に値するか否かの取捨選択が行われた。だが、「知」が〈情報〉に還元されることで、「意味」という尺度は消失し選別は不可能となる。すなわち「知」の対象は無差別となり手当たり次第にデジタル化されて〈情報〉として汎知に登録される。この際、重要なことは、われわれが普段何気なく行っている日常的なコミュニケーションまでもが「おしゃべり《チャット》」や「呟き《ツイート》」を含めて汎知に登録されることである。ここにみられるのは、本来汎知を参照する側であるはずの利用者までもが汎知の対象になり、更にはその生成に参与するという自己言及性、知られる対象と知る主体との汎知における合一、哲学に謂う

「反対の一致《コインツィデンチア・オポジトールム》」（coincidentia oppositorum）の事態である。ただし汎知は登録した莫大な〈情報〉をそのまま残しはしない。「ログ」という登録の痕跡を一時的に保存することはあるにしても、ほとんどの〈情報〉は、新たな〈情報〉を登録するために〝ゴミ〟として忘却・抹消される。〈電子〉メディアの汎知は〈情報〉を常時更新することで「生成《ヴェルデン》」することにその本質があるからである。いずれにしても、こうして汎知は対象のモメントと利用者のモメントを両つながら自らに組み込みつつ肥大化的に自己生成を遂げてゆく。

1-3-2　iGodとしての電脳汎知

さて、ここであらためて「設計者《デザイナー》-利用者《ユーザー》」の契機を考えてみよう。われわれはすでに前項で、〈電子〉メディアの汎知が肥大化の果てに利用者までをも汎知の対象として自らに組み込んでゆく事情を見た。だが、そればかりではない。われわれは〈電子〉メディアの汎知が広大な対象の版図を手に入れたことの代償が「意味」の放棄であったことを想起しなくてはならない。それは「バイナリ」という機械語で〝書かれ〟ており、そのままでは利用者は汎知を参照できない。〈電子〉メディアにおいては汎知の無際限性は、その無意味性と結び付いており、両者は裏腹の関係にある。汎知を利用するためには、汎知と利用者の間に横たわるこの「無際限」と「無意味」（したがって「無差別」）という二つの深い溝を何とか埋める「策」が講じられなくてはならない。そして、その「策」が「ユーザーインタフェース」（ＵＩ）の設計である。

UI《ユーザーインタフェース》によってバイナリという機械語は日常言語（ないし日常言語に近い「高級言語」）や「アイコン」という直観的図像、「デスクトップ」「ファイル」「フォルダ」という馴染みのある日用文具《ステイショナリ》のメタファー、「スクロール」や「クリック」といった身体的動作、へとリアルタイムで〝翻訳〟され（「無意味」に対する「策」）、また「情報」の〝大海〟の中から必要なものだけが瞬時に検索され探し出されることで（「無際限」に対する「策」）、利用者と汎知の深い溝に橋が渡される。実は〈活字〉メディアの汎知においても、「見出し」や「索引」、「タブロー」や「クロスレファレンス」といった一種の〝UI《ユーザーインタフェース》〟がすでに考案され実装されてはいる。だが〈電子〉メディアにおけるUIと〈活字〉メディアにおけるそれはある点において本質的に異なる。「ある点」とは、「知能」更には〝主体性〟のUIへの実装である。

〈電子〉メディアパラダイムにおける汎知のUI設計《デザイン》は、情報科学とコンピュータの黎明期である一九四〇年代にすでにその雛型がV・ブッシュによって与えられている[24]。エンジニアにして有能なテクノクラートでもあったブッシュは、際限なく増え続ける情報の膨大に直面して「連想」を軸とした情報検索システム「メメックス」（memex）を構想する。この構想で特筆すべきは、西垣通が炯眼にも指摘するとおり[25]、UIに「知能増幅《インテリジェンス・アンプリフィケイション》」[26]（IA）の機能どころか「人工知能《アーティフィシャル・インテリジェンス》」（AI）を実装しようとする志向が窺えることである。ここには利用者の「知能」と「主体性」のいくぶんかを汎知に譲り渡すことで、利便性を確保しようとする発想が認められる。ブッシュの構想に共鳴したT・ネルソンとD・エンゲルバートが一九六〇年代に入って計画を発表した電脳汎知の構想であるXanadu《ザナドゥ》とNLS（oN-Line System）の核心部分にあるアイデアは、ブッシュの「メメックス」構想における「連想」原理を、〈電子〉メディアのデジタル性とネットワーク性とを活かしつつ、利用者《ユーザー》から汎知の側へと移植したＵＩ、すなわち「ハイパーテクスト」である。「ハイパーテクスト」は電脳空間《サイバースペース》内に散在する断片的な「情報」を「ハイパーリンク」によって網状に繋ぐことで成立する汎知であるが、ＵＩとしてみたとき、「リンク」が利用者《ユーザー》の側ではなく、汎知の側にあることを見落としてはならない。すなわち「連想」という知的能作が汎知に実装されているのである。一九七〇年代から八〇年代には、Ｅ・ファイゲンバウムが嚮導《きょうどう》した知識工学の隆盛を背景に、電脳汎知は「エキスパートシステム」のかたちをとる。[27]「エキスパートシステム」のＵＩモデルは、その名のとおり「専門家《エキスパート》」（expert）すなわち「人間」である。ここにおいて電脳汎知のＵＩ設計思想を主導してきた「知能」と〝主体性〟の実装は一応の完成を見る。

だが電脳汎知の肥大化と〈自立＝自律〉化の運動はこれで終わったわけではない。「エキスパートシステム」においては汎知の巨視的支持体《シュポール》（微視的支持体は当然のことながら「電子《エレクトロン》」）は単独の「マシン」であったが、世紀末から新世紀にかけて支持体は「ザ・ネットワーク」としての「インターネット」に急速にシフトしてゆく。ここにグーグルに象徴され代表される「汎知としてのWeb」、人間をその〝素子〟とする地球規模の巨大ＡＩ、「知能」と〝主体性〟を備えた汎知が成立をみることになる。グーグルの代名詞ともなっている「ペイジランク」というアルゴリズムや、ハイパーテクストをWebに移植したＴ・Ｂ・リーが提唱し近年頓《とみ》に注目されつつある「セマンティック・ウェブ」の思想などはまさにこうした流れに沿うＵＩであろう。この際注目すべきは汎知のＵＩモデルが、人間を超え、人間を包含する存在、すなわち「神」とならざるを得ないことである。Ｎ・カーがいみじくも

喝破したとおり電脳汎知はiGodを目指すのである。(28)

電脳汎知のUI設計者《デザイナー》たちは、利用者《ユーザー》の利便性に託《かこ》つけつつ汎知のUIに「知能」と〝主体性〟を付与していった。ビジネスマインドとやらに冒された者たちはそこに営利主義を勘繰り、また人間中心主義《ヒューマニズム》を奉ずるアナログ人間たちはそこに邪悪な意図を嗅ぎ取ろうとするが、それは彼らに対して酷であろう。おそらく設計者《デザイナー》の側には何ら悪意などなく、むしろ彼らの営みを先導しているのは無垢の善意と、高邁な理想、自分たちは人類の進歩に貢献しているのだという自負の念のはずである。それはグーグル創業者であるL・ペイジとS・ブリンも共有する理念であろうし、グーグルという企業を駆動するエンジンでもあろう。だが、そうであったとしても「知能」と〝主体性〟（＝「意志」）を手中に収めてiGodとなった電脳汎知は、そうした設計者の意図や思惑とは関係なく、「設計者–利用者」を共々巻き込みながら〈自立＝自律〉的に「生成」の運動を今後も続行してゆくはずである。

1–4　ハイデッガーの〝予言〟

本章をここまで読み進められた読者は、右の如き見立てを誇大妄想的SFの類として一笑に付されるであろうか？　だが、この見立ては決してわれわれの独り善がりではない。ここで想起されるべきはハイデッガーがその晩年に行った謎めいた〝予言〟である。

ハイデッガーは一九六六年に『シュピーゲル』（*Der Spiegel*）誌との対談において、現代における技術の本質が、彼が「配備＝集立《ゲ・シュテル》」（Ge-stell）と呼ぶ、あらゆる存在者を総動員してゆくテクノロジーの自己目的化的運動にあること、既存の哲学はこうした事態に何の為す術もなくその使命を終えようとしていること、従来の哲学に代わって思想的な影響力を行使しているのは技術時代の〝自己意識〟であるサイバネティックスであること、をほとんど予言者のような趣で語っている[29]。またハイデッガーは戦中から戦後にかけて、近代形而上学が優れて技術的性格を有し、その完成者がニーチェであることを折に触れて表明してもいる。

ここでハイデッガーが「哲学」といい、「近代形而上学」と呼んでいるものはデカルトに端を発する、cogito《コーギトー》を中心とし、世界の全存在者をその周りに「表象《フォアシュテルンク》」(Vorstellung)のかたちで掻き集め「世界像《ヴェルトビルト》」(Weltbild)へと構成する物心二元論の世界了解枠組みそのものである。ハイデッガーはこうした世界了解の核心部分に「意志《ヴィッレ》」(Wille)を見る。ただし、この「意志」は何らかの具体的な対象を志向する意志ではない。それは「意志そのものへの意志《ヴィッレ・ツム・ヴィッレン・ゼルプスト》」(Wille zum Willen selbst)である。もし意志が具体的な然々《しかじか》の何物かや何事かへの意志であれば、その何物かが獲得され、何事かが達成されればその意志は終わる。だが、意志そのもの、意志することへの意志であるならば、意志は自己目的化し永遠に持続する。近代形而上学の核心にハイデッガーが看取した意志とは、したがって人称的な意志ではあり得ない。それは非人称的な意志そのもの、自己組織化的意志であり、そしてそうであるがゆえに、その意志は「全面化」せざるを得ない。ハイデッガーは、この意志の形而上学の頂点をニーチェに見る。だからこそハイデッガーは、そのニーチェ解釈において「権力意志《ヴィッレ・ツーア・マハト》」(Wille zur Macht)を「意志への意志」とパラフレーズし、ニーチェを形而上学の完成者とみなしたのである[30]。

では、謂う所の「全面化」する「意志への意志」は一体何を遂行するのか？　ほかでもない、世界の全存在者を「役に立つもの」として「在庫品《ベシュタント》」（Bestand）化し（そこにはもちろん「人的資源」も含まれる）、「役に立つ」ことの重層的なネットワークを自己組織化的に紡ぎだしてゆく「配備＝集立《ゲ・シュテル》」の運動以外にはない。デカルトを源とする近代形而上学の根底には、「技術」すなわち「配備＝集立《ゲ・シュテル》」の運動が密かに〝プログラム〟されており、その〝プログラム〟が数世紀をかけて徐々に自己展開していった結果の、現代はその爛熟期にあたる、というのがハイデッガーの根本にある認識である。哲学は「配備＝集立《ゲ・シュテル》」を〝プログラム〟し、その〝実行《エクスキューション》〟を「技術」が受け持ったが、「技術」が「意志への意志」のみを哲学から引き継いで〈自立＝自律〉化し〝実行〟が再帰的・自動的に行われるようになった現在、哲学の出番はもはやない。ハイデッガーは一九六六年の時点で、こうした事態の兆候を自然破壊や公害、兵器戦や核開発といった情況に嗅ぎ取り、その思想的表現をサイバネティックスに看取した。

二一世紀に入り〈電子〉メディアが社会の基盤をなす情報社会時代を迎えて「配備＝集立《ゲ・シュテル》」の運動は平面的拡大の段階を終え、われわれの生活のより深部へと版図を拡大しつつある。そして、その最前線の一つが、われわれが本章においてその歴史を辿った汎知の領域にほかならない[31]。デカルト哲学の枠組みにあっては、本来「知」は純粋な〝プログラム〟として「技術」をコントロールするはずの存在であった。だが、実際にはすぐに「知」そのものが「技術」と化した。われわれは、まさにデカルト哲学がそれに見合う世界観を形成していった一七〜八世紀に、汎知が〈活字〉というメディア技術を基礎にしながら、博物学や百科事典、教科書のかたちで、〝アルゴリズム〟化と自動化、そして

〈自立＝自律〉化を開始していたことを想起しなければならない。〈電子〉メディアの時代になって、「知」の「技術」化は、汎知がコントロール不能に陥って暴走を始めるところまで昂進したように思われる。二一世紀に入ってすでに十余年が過ぎた現在、われわれはハイデッガーが半世紀前に察知した事態の更なる進展と深化を、グーグルに代表される電脳汎知（非人称的な〝主体性〟すなわち「意志への意志」と「知能」を付与され全面化へと向かう汎知＝iGod）に認め、また、その思想的表現を知識工学において目撃する。

事態《こと》はハイデッガーの〝予言〟がなされて以来何も変わっていない。「配備＝集立《ゲ・シュテル》」の運動は今なお進行中であって、電脳汎知がその最新の現象形態《ヴァージョン》である。哲学はといえば、情報社会の現実と向き合うことを回避した処世訓や見当違いの人生論が幅を利かせ、また昨今では、数学を絶対性の基準に据えた〝実在〟についての「思弁的《スペキュラティヴ》」ファンタジーも流行する有様で[32]、結果として情報社会の現状を追認し、それへの適応（でなければ遁世）を促しているのが現状であって、残念ながらハイデッガーの〝予言〟を未だ覆すには至っていない。体系的な〈学《ヴィッセンシャフト》〉としての〈哲学〉の再生が強く庶幾《しょき》される所以である。

注

（1）二〇一五年一月に試作段階を終え、現在製品化プロジェクトが進行中。また本書第四章4-1-1小節を参照。

（2）例えば、P・ヴィルノ（『ポストフォーディズムの資本主義』人文書院）やC・マラッツィ（『現代経済の大転換——コミュニケーションが仕事になるとき——』青土社）らの議論を参照。

（3）Beller, J., *The Cinematic Mode of Production: Attention Economy and the Society of the Spectacle*, Dartmouth College, 2006. の特にエピローグを参照。

（4）例えば、Anderson, C., *Free: The Future of a Radical Price*, 2009.（邦訳『フリー——〈無料〉からお金を生みだす新戦略』日本放送出版協会）を参照。

（5）例えば、Surowiecki, J., *The Wisdom of Crowds*, Anchor, 2005.（邦訳『「みんなの意見」は案外正しい』角川書店）を参照。

（6）マスメディア・パラダイムとネットワーク・パラダイムについてのコノテーションについては拙著『「情報社会」とは何か？——〈メディア〉論への前哨』第三章を参照。

（7）http://www.google.com/intl/ja_JP/about/

（8）Havelock, E. A. *Preface to Plato*, Harvard Uni. Press, 1963.（邦訳『プラトン序説』新書館）

（9）Id., *The Greek Concept of Justice*, Harvard Uni. Press, 1978.

（10）もちろん、リンネが主唱した分類学としての博物誌を否定し、哲学的な説明に没頭するビュフォンのような博物学者も存在したが、結局はリンネの側に軍配が上がっており、またビュフォンもリンネとは別のかたちで博物誌が広範な層に人気を博し浸透するのに貢献している。

（11）Foucault, Michel, *Les mots et les choses*, Gallimard, 1966.（邦訳『言葉と物』新潮社）を参照。

（12）Leibniz, G. W., *Die Philosophische Schriften*, hg. von C. Gerhardt. VII. 中の「普遍学」関連の諸論文、例えば「Praecognita ad Encyclopaediam sive universalem」（邦訳『ライプニッツ著作集』10、工作社）を参照。

（13）Hegel, G.W., *Enzyklopädie der philosophischen Wissenschaften im Grundrisse*, Einleitung §16. ただし、ヘーゲルのいわゆる『エンチュクロペディー』には元来の「入門」的な含意もあることに注意。

（14）本小節のラムスについての記述は、拙著『〈メディア〉の哲学』——ルーマン社会システム論の射程と限界』1・1・1・14–15からの自己引用である。

(15) Ong, W. J., *Ramus, Method, and the Decay of Dialogue: From the Art of Discourse to the Art of Reason*, paperback edition, 2005. preface ti the paperback edition.
(16) Comenius, J. A., *Didactica Magna*, 1633-8（邦訳『大教授学』明治図書出版）第二〜三章。
(17) この点については堀内守『コメニウス研究』（福村出版、一九七〇）参照。念のために注記しておくと、コメニウスは熱心なプロテスタント、具体的にはチェコ兄弟教団の指導者である。
(18) オートポイエーシスについては本書第三章3–2節に必要最小限の概要を記した。また、第二章2–6節も参照のこと。
(19) バイナリデータとしての「情報科学」的な〈情報〉と、何らかの〈目的=形相〉的契機を有する「情報」との違いについては、本書第二章2–4節を参照。
(20) 「流動性」の定義については前掲拙著『「情報社会」とは何か?』最終章を参照。
(21) 「社会的ア・プリオリ」（soziales Apriori）については、終章の注（35）を参照のこと。
(22) 世界の二重化については前掲拙著『「情報社会」とは何か?』第三章「二重化された世界」も参照。
(23) 「知識」「情報」そして「データ」の概念的な区別については、次章2–4節を参照。ここで問題になっている「情報」は――前注（19）の復唱となることを厭わず言えば――「データ」との連続的な推移関係から解離され、〈目的=形相《エイドス》〉的契機を欠くものとして、「通信」という物理的次元において〝素材〟化した〈情報〉であり「情報科学」的な水準のそれであることに注意。にもかかわらず社会的な次元では「情報」は必ず〈目的=形相《エイドス》〉的契機を孕んで存在する。
(24) Bush, Vannevar, "As We May Think", in *The Atlantic Monthly*, 1945.
(25) 西垣通『思想としてのパソコン』（NTT出版、一九九七）P. 16参照。
(26) 「人工知能」の情報社会における意義と、その本質的にインタフェイシャルな性格については、本書第四章で「ロボット」の問題とともにあらためて主題的に考える。
(27) エキスパートシステムについては、本書第四章4–2–1–2項「AIの社会化」も参照のこと。
(28) Car, N., *The Big Switch: Rewiring the World, From Edison to Google*, W. W. Norton & Co Inc.

2008.（邦訳『クラウド化する世界』翔泳社）第11章を参照。

(29) Heidegger, M. "Aufklärung meines Falles", in *Der Spiegel*, 1976.（邦訳「ハイデッガーの弁明」『理想』五二〇号）

(30) Id., "Überwindung der Metaphysik", in *Vorträge und Aufsätze*, 1954.

(31) それ以外に「コミュニケーション」領域と「身体」領域および「コミュニティ」領域が別の最前線を構成するが、これらの論点については、それぞれ第三章（コミュニケーション）、第四章（身体）、終章（コミュニティ）において「配備=集立《ゲ・シュテル》」の運動を更に「システム論」のアングルから捉え返してゆく中で考えたい。言うまでもないことだが、この四つの最前線は相互に連動し絡み合っている。

(32)「思弁的実在論」については、終章の注（100）で改めてメンションしたい。

第二章　ビッグデータの社会哲学的位相

2-1　ビッグデータへの視角

このところいわゆる「ビジネス・インテリジェンス」シーンを中心にビッグデータをめぐる議論が喧《かまびす》しい。ビッグデータ活用の草分けであるグーグルやアマゾンの劇的でかつ圧倒的な成功に触発されるかたちで、多くの既存企業や起業家達《アントレプレナー》が戦略立案や顧客ニーズの動向把握、新たな商品やサービスの開発といった目的でビッグデータ利用の方向に一斉に舵を切りつつある。こうした動きと連動しつつ、ビッグデータ分析のための技術的基盤も急速に整いつつある。すなわちフレームワークにおいては、グーグルのMapReduce《マップリデュース》、更にアパッチのHadoop《ハドゥープ》によって大量の汎用サーバを駆使しながら大規模なデータを高速に分散処理できるアーキテクチャが現実のものとなり、これがすでに開発段階を終えて普及段階に入っている。ソフトウェア面においても、従来の規格化されたデータの処理に特化された問い合わせ言語であるＳＱＬ《エス・キュー・エル》を使うリレーショナル・データベース管理システム（RD-BMS）に替わって、音声や画像、テクストといった非構造化データを扱えるＮｏＳＱＬ《ノー・エス・キュー・エル》データベース・システムが注目を集めており、実用段階を迎えつつある。こうした技術上の進展を踏まえて、オラクルなどデータベース・システムを売る企業は勿論、ＩＢＭや日本電気、日立といったコンピュータ・システム大手も商機到来と見てビッグデータ分析のためのパッケージ商品を企業向けに開発し、大々的に売り込みを始めた。人材面においても、ビッグデータの分析・活用を生業《なりわい》とする「データサイエンティスト」なる職種まで誕生し、しかも各方面で引く手数多《あまた》と聞く。つい何年か前に一世を風靡した「クラウド」は今や鳴りを潜め、世は「ビッグデータ」全盛の観がある。こうした〝ビッグデータ景気〟に便乗するかたちで、データ分析を事とするディシプリンである「統計学」こそが、現在の高度情報社会に必須のリテラシーであり、「最強」の学問であるとの御託宣までが登場する始末である。

他方、こうしたビジネス界隈で叫ばれるビッグデータ礼讃の声の裏側で、データの主《しゅ》たる生成源である顧客、ユーザー、一般市民などの個人の水準では、ビッグデータ収集とその利用を巡って危惧と不安が表明されている。勿論われわれとしても、ビッグデータ時代の到来を囃し立てる昨今の風潮をそのまま無批判に追認したり合理化したりする心算《つもり》は毛頭ない。だが一方でビッグデータが、米オバマ政権が「ビッグデータは重大案件である」（Big data is a big deal.）と公式に認め[1]、その分析に二億ドルを注《つ》ぎ込むほどの社会現象となっていることは紛れもない事実であって、そうである以上、ビッグデータという問題を単なる一過性のトレンドに過ぎないとして矮小化することもまた拙速の誹りを免れまい。むしろ、われわれの本章での目論見は、「社会にとってビッグデータとは何か？」という問いを立てた上で（決して、「企業（ないしビジネス）にとって」でも「個人や市民にとって」でもないことに注意されたい)、この問いをメディア論的、思想史的そして哲学的なアングルから考究することで、ビッグデータを高度情報社会の現況分析・存立分析のための、一つの、だが極めて重要な指標・戦略拠点として役立てることにある。

2-2　ビッグデータの「3V」

これほど一世を風靡し、人口に膾炙しているにもかかわらず「ビッグデータ」という語には明確な定義が存在しない。それは、「業界」で何とはなしに使われるうちに、次第にメンションされる機会と頻度が増し、遂には業界を超えて使用されるキャッチワードとなってしまったという、この語の履歴に依るところが大きいのだが、この語義の曖昧さによってビッグデータは二つの大きな誤解に曝されている。

第一は、如上の経緯によって助長される、ビッグデータが結局は、暫くすれば収束する流行現象、言葉の一人歩きに過ぎず、その背後に何ら社会的実体は無いとする誤解である。われわれも、この語が数年後には人々の口の端に上らなくなることを認めるのに吝かではないが、それは決してビッグデータが実体の無い名ばかりの流行現象であるという認識を有するが故ではなく、飽くまでも「IT革命」や「Web2.0」「クラウド」の場合と同様、インフラとして社会に組み込まれた結果、誰もが取り立ててその存在を意識しなくなるほどにそれは陳腐化・透明化するであろうという予測によってである。これは、ビッグデータが、社会的ア・プリオリとして〈環境=メディア〉化することを意味している。

第二は、ビッグデータの語に或る実体の裏付けがあることは認めるものの、既存のデータと本質的な相違はない、すなわち精々「程度の差」であるとする誤解である。この二番目の誤解は、ビッグデータという語の元々の出所であるビジネス・インテリジェンスの分野も含めてかなり広範囲で見受けられる。おそらくビッグデータ分析に特化された高価なサーバ群や高額のソフトウェアを購入せずとも、また専門のデータサイエンティストを雇い入れずとも、情報社会に対応した経営戦略は立案可能だとする多分にプラクティカルな理由が介在していると思われるが、こうした誤解はビッグデータが指し示している社会の基底的次元での構造変動から目を逸らすことでしかない。インターネットという新たなメディアの出現を目の当たりにしながら現実を見ようとせず「情報社会など存在しない」と嘯《うそぶ》いていた一昔前の教条主義者たちと同様、こうした主張はいずれ現実によって論駁されるはずである。

われわれは、一つには上の如き誤解を避けるためにも、更には以下で展開されるはずの議論の出立点を設定するためにも、暫定的にわれわれなりの観点からビッグデータの本質とその独自性を予めその大枠において摑んでおかなければならない。さて、われわれがまず議論の手掛かりとしたいのは、しばしばビッグデータの指標として挙げられる「3V」、すなわち「規模《ヴォリューム》」(Volume)、「速度《ヴェロシティ》」(Velocity)、「多様性《ヴァライエティ》」(Variety)である。ビッグデータは、その「規模」「速度」「多様性」の観点から明確に既存のデータとはパラダイムを異にする。われわれとしては、ビッグデータのこの三つの指標をそのまま受け容れたいのだが、ただしそのためには次に述べるように当該概念の哲学的権利づけと若干のエクスキューズを要する。

2―2―1 「規模《ヴォリューム》」

一般にはビッグデータの「規模」は単純にデジタル化された場合の情報量の嵩と考えられており、汎用コンピュータによっては迅速な解析が困難なＴＢ《テラバイト》（10^{12} byte）～ＥＢ《エクサバイト》（10^{18} byte）オーダーの容量ないしそれ以上のものをビッグデータと呼ぶようである。だが、ムーアの法則を持ち出すまでもなく、技術革新が日進月歩どころか〝秒進分歩〟が当たり前のコンピュータ・テクノロジーの進展を考えたとき、処理能力を指標とする「規模」のこうした物理的定義はほとんど意味をなさない。かといって、それは統計上の標本数や度数を意味するわけでもない。ある種の論者は、「規模」を標本数・度数と解した上でビッグデータを、部分的な標本調査ではなく、Ｎ（標本数）＝all であるような母集団全体にわたる全数調査、少なくともそれを目指す試みと捉えている(2)。この場合、標本調査には避けられない仮説設定（検定）の手続きが不要となるわけだが、このようなビッグデータ理解では従来のデータ理解との間に認められるはずの質的断絶が却って程度の差に矮小化されてしまう。

これらの理解に対してわれわれは、ビッグデータの「規模」を、情報量の夥多や標本の全数性としてではなくデータ生成における「無際限性《エントロージヒカイト》」（Endlosigkeit）として捉え返したい。つまりビッグデータの「規模」における特性とは決して止むことのない絶え間なきデータ生成だとわれわれは考えたいのである。読者は、あまりに我田引水の肆意的定義ではないかと眉を顰められるだろうか。だが、地球規模で昼夜の別なく呟かれる「ツイート」データ、スマホ搭載カメラによる「スナップショット」データ、地図検索やルート探索、ナヴィゲーションばかりか、最近ではあらゆるオペレーションと同時に参照されるGPSデータ、商品購買や発言・投稿を支持する際になされる「クリック」データなどなどのデータ特性が「無際限」以外の一体何であるというのか？ おそらく今後データ採取〝メッシュ〟の〝解像度〟は確実に上がっていくはずで、半導体集積密度とデータ処理能力の更なる向上によって情報量レベルの嵩もうなぎ登りになっていくことが予想されるが、この情報量の増大とデータの「無際限性」は（並行して生じはするが）基本的に別の事柄である（したがって、情報量は「規模」の本質的尺度にはなり得ない）。また、データが「無際限」に生成され続けるためそもそも母集団が確定できない(3)。換言すれば、ビッグデータの特性はその全体の輪郭が恒に、しかも原理的にぼやけておりブレている（つまりデータ精度を上げていっても明確な輪郭を確定することは不可能）という点にある。繰り返すが、ビッグデータの「規模」において特筆すべきは、データの「多さ」ではなく、飽くまでもデータが「絶え間なく生成され続ける」点である。

2-2-2 「速度《ヴェロシティ》」

一般にはビッグデータの「速度」とは、データの更新頻度が既存のデータの場合と比べて高いことを指している。だが、このままではやはりビッグデータと既存のデータのパラダイムがそもそも異なることが昭示されない。ここで重要なことは、データの更新頻度そのことではない。ビッグデータにとって個々のデータの値やその帰属先は謂わば〝どうでもよい《グライヒギュルティヒ》〟（gleichgültig）のであって、むしろ焦点は、その〈生成《ヴェルデン》＝運動《ベヴェークトハイト》〉（Werden=Bewegtheit）にこそある。ショーンベルガーとクキエは、ビッグデータに関する著書において、「無数のデータドットからぼんやりと泛かび上がってくる絵柄」という直観的に分かりやすい比喩を用いて説明しているが、[4] こうした絵柄の譬えも、統計学の度数分布のパターンと原理上の違いはない。だがわれわれがここで強調したいのは、ビッグデータが静的《スタティック》（static）な記述的状況《ステイタス》（status）ではなく、動的《ダイナミック》な運動性をその本質としているという点である。先の比喩に仮託して言うなら、ビッグデータにおいては、データドットから絵柄が泛かび上がるだけでなく、それが変容しながら動く、しかも絶えずそれが起こる点が焦点となる。[5]

ビッグデータの〈生成＝運動《ヴェルデン＝ベヴェークト》〉性《ハイト》に関連して一言メンションしておきたい。本章冒頭でビッグデータに対する危惧の動向に触れたが、ネガティブな評価の理由の筆頭にしばしば挙げられるのは、データのトラッキングや個人の属性情報の収集によるプライヴァシー権の侵害、いわゆる「個人情報」保護に対する不安である。もちろんわれわれもこの問題それ自体の重大性を否定するつもりはないのだが、こうした「監視」の問題はビッグデータの問題系に本質的には属さない。[6] なぜなら先に指摘したとおり、ビッグデータにとって個々のデータの値やデータの帰属先である個々の標本は本来、関心の埒外だからである。ビッグデータを使って個人の特定や〝下衆の勘ぐり〟を行う不心得者は当然いつも存在するし、今後も跡を絶たないであろう。にもかかわらず、そうした「監視」はビッグデータ以前のパラダイムの行動原理に属する時代錯誤の行為であってビッグデータ・パラダイムの本質とは無縁である。[7]

2-2-3 「多様性《ヴァライエティ》」

ビッグデータはその大半が、データ構造が未定義のためにリレーショナル・データベースに格納できないいわゆる「非構造化データ」であるが、そのため逆にデータの内容はフレキシブルとなり、扱える対象の種類と範囲が一挙に広がる。このことがビッグデータの「多様性」を担保している。例えばYouTubeの「動画」データやTwitterで呟かれる「テクスト」データ、Instagramにアップされる「画像」データなどは典型的な非構造化データであり、これらは従来のデータベースでは扱えない。だからこそ冒頭で触れた、非構造化データの格納・分析・クエリ処理を可能とするNoSQLデータベースの開発が強く要請されたのである。

だが、問題はその哲学的含意である。データ構造が定義されているということは、データの使用目的が事前に決まっていることを意味する。データベースに予め設定された様々なフィールドに、規格化され構造化されたデータが格納され、発行されたクエリが所期の目的に応じて設計されたプログラムに基づいて処理される。この場合、データが目的に従属しており、それに適合させられている。

ところが、ビッグデータの場合は全く事情が異なる。先に述べたとおり、ビッグデータの実体は構造が定義されていない非構造化データの塊であるが、このことはビッグデータの使い途が事前には決まっていないことを意味する。すなわち、ビッグデータとは、全く無目的にではないにしても、明確な目的なしに（精々のところ〝当たりを付けて〟）内容を問わず手当たり次第に集められた（もしくは、集まってしまった）データである。データ収集の〝目的〟は「データマイニング」によって事後的に「発見」される。こうしてビッグデータにおいては、既存のデータの場合とは逆に、目的の方がデータに従属し、それに適合させられる。こうして、ビッグデータの「多様性《マニヒファルティヒカイト》」（Mannigfaltigkeit）は、データの「無差別性《ヴァールロージヒカイト》」（Wahllosigkeit）とデータの「無目的性《ツヴェックロージヒカイト》」（Zwecklosigkeit）さもなくば、データの「目的に対する優位《フォアラング・フォア・デン・ツヴェッケン》」（Vorrang vor den Zwecken）を同時に含意することになる。

以上を勘案するとき、プライヴァシー侵害への不安と並んで表明されているビッグデータに対するいま一つの懸念、すなわち「一体データが何に使われるのかわからない」という不安はビッグデータの本質に関わる事柄であり、間違いなくビッグデータの問題系に属する。

2-3 ビッグデータとは〝ゴミ〟である

実は、前節で検討した三つの特性以外に、最近になってビッグデータの更なる特性としてもう一つの「V」が加えられることが多くなっている。それが「正確さ《ヴェラシティ》」（Veracity）ないし「価値《ヴァリュー》」（Value）である。だが、われわれの見地からするとき、これらは何らビッグデータの特性ではない。なぜなら、「正確さ」や「価値」という四番目のものとされる特性は、先の三つの特性と矛盾するばかりか、真っ向から対立する規定性だからである。ビッグデータの第一の特性である「規模」は、「無際限」を含意していたが、これはビッグデータの母集団ないし全体の〝輪郭〟が恒にそして本質的に暈《ぼ》けていることを意味する。このような恒に本質的な不確定性に付き纏われているデータが「正確」であり得ようはずがない。

これに対して、いやいや例えばＧＰＳデータを考えれば分かるように個々のデータの値は極めて「精確」ではないか、との反論がなされるかもしれない。だが、「速度」の項で分析したとおりビッグデータにとって個々のデータ値は、それ自体としては本質的に「無価値」である。データが〈生成〉されたその瞬間に「無価値」化され、次のデータが〈生成〉される。こうして次々に生じる「無価値」化されたデータの集積、しかも留まることを知らぬその増殖の〈運動〉こそがビッグデータの本質である。

こうしたビッグデータが本来的に有する「不正確」性と「無価値」性とは、ビッグデータの第三の特性である「多様性」に淵源している。ビッグデータは「無差別」に掻き集められたデータの集積物であり、そこには予め定められた「目的」は無かった。確たる「目的」の無いところに、データの「正確さ」や「価値」を量る指標や尺度が存在し得ようはずがない。そもそもビッグデータそのものに対して「正確さ」や「価値」を述語づけようとすること自体がカテゴリーミステイクなのである（したがって、先の「不正確」「無価値」としたビッグデータについての規定は、より精確には「〈無〉正確」、「〈非〉価値」となる）。ビッグデータにおいて注目すべきはむしろ、それ自体は「〈非〉価値」でしかないデータの集積から、事後的に「データマイニング」というオペレーションによって「価値」を捻《ひね》り出してゆくという「手続き」(8)にある。

顰蹙を買うことを承知で敢えて挑発的な比喩を使うならば、ビッグデータとは〝ゴミの山〟である。

より比喩の精度を高めるとするならば、時々刻々生成されては廃棄され増殖し続けるそれは〝生ゴミ〟である。そして「データマイニング」とは、こうした〝生ゴミ〟の山の中からレアメタルの如き「価値物」を探り当てようとする〝ゴミ漁り〟の営みにほかならない。ビッグデータの四つ目の「V」とは、本質的に〝ゴミ〟であるビッグデータと〝ゴミ漁り〟であるデータマイニングの行為を粧飾し商品化するためのセールストークの類、でなければ精々のところ単なる「要請」に過ぎない。

重要なことは、ビッグデータを必要以上に飾り立て持ち上げることではなく、われわれが今、この〝ゴミ〟に注目せざるを得ず、また現に世を挙げて「データマイニング」という名の〝ゴミ漁り〟に熱中しているという事実と向き合うこと、高度情報社会の特質を「液状化《リキディティ》」（liquidty）の概念で捉えた（そして、その把握は現在でも有効であると〈われわれ〉は考えるが）社会学者Z・バウマン[9]が強調した「廃棄《ウエイスティッド》」（wasted）の概念[10]が現在、殊《こと》「データ」に関しては当て嵌《は》まらず、これまでは何の躊躇もなく廃棄されてきたはずのデータがビッグデータのかたちで逆に溜め込まれる新たな段階に情報社会が突入した、そのことの意味を解明することでなければなるまい。

2-4　知識・情報・データ

ここで「データ」の存在論的な身分を、後論のためにも確定しておきたい。われわれは前章で、情報社会における「知識」の再編とそれによる存在論的意味の変容を、グーグルの「検索」サービスの意義を探るなかで明らかにした。〈汎知〉としての「知識」は、〈声〉が「主導的メディア」であった時代の「神話」から、〈インターネット〉がメディア・パラダイムの基礎をなす現在の情報社会における「電脳汎知」に至るまで、様々にその姿を変えてきた。にもかかわらず、それが時代の変遷を通して或る〝同一性〟を保ち、一貫して「知識」（Wissen《ヴィッセン》, savoir《サヴォワール》, knowledge《ノレッジ》——孰《いず》れも「知る」という意味の動詞と同形ないし、それを語幹に持つ）と呼ばれてきたのは、ただ単に〈「知る」-対象〉という、その時々の主観的能作の相関物たることを示すことに尽きるわけではない。「知識」にはそれ以上《エトヴァス・メーア》・それ以外《エトヴァス・アンデレス》（etwas Mehr. etwas Anderes）の〈不変／普遍〉的な何か、独立自存的な〈自体性〉が潜んでいる。その〈自体性〉の源にあるのが「体系性《ズュステマティーク》」（Systematik）にほかならない。「孤立した知識」「断片的な知識」といった立言は自己矛盾的であり、意味を成さない。後者は表現としては有り得るが、ネガティブな文脈でのみ意味を持ち得、しかもその場合にも「体系的な知識」の存在が前提されている。すなわち、「知識」とはその編制のあり方が〈類比〉的であるか、〈層序〉的であるか、〈分肢〉的であるか、にかかわりなく必ず何らかの「体系性」「包括性」を予想する。[11]

これに対し「情報」そして「データ」は、その定義的本質に「体系性」や「包括性」は属さない。それらは本質的に断片的であり、それぞれが孤立して存在するアトミスティックな在り方をしている。さて、「情報」と「データ」は屢々《しばしば》同義語として使われる。これにはそれなりの理由と道理があるのだが、われわれとしては慣例に盲目的に従うことはせず、両者をまずは概念的に明確に区別したい。

「情報《インフォメーション》」（information）が元来軍事用語であって「諜報《インテリジェンス》」（intelligence）と同義であることは広く知られているが、この語源的《エチュモロジカル》事実から窺えるのは、「情報」が、「目的」を想定した「実践的《プラクティカル》」（practical）というよりもむしろ「実用的《プラグマティック》」（pragmatic）含意を多分に帯びていることである。実際「情報収集」という言い回しには、ある「目的」が前提されているし、「情報の取捨選択」とは、「使える情報」と「使えない〝情報〟」（すなわち、それは「情報」ではない）との選別作業であることから、ここでもまた「目的」が想定されている。一方の「データ」は、必ずしも特定の「目的」を予想しているわけではない。例えば、市場調査やデジタル写真画像における「生《ロー》データ」（raw data）の例が示しているように、そこには「目的」に対して中立な「素材性」が認められる。もちろん「データ」もまた然るべき「目的」に用立てることは可能なのだが、この場合特定の「目的」が「データ」の存在にとっての必須条件になるわけではない。

以上のようなわけで、「知識」「情報」「データ」の三者は順に「体系性」（知識）、「実用性」（情報）、「素材性」（データ）をそれぞれの定義的本質とするものとしてひとまず規定できる。だが実際には「情報」と「データ」は相互に連続的に推移・交替し得、「情報」がその実用的「目的」性の契機を前景化させるのに対して、「データ」のほうは逆に「素材」性が強調される。こうした事情を哲学的なタームを用いてより厳密に定義しよう。

「情報」も「データ」も、〈素材=質料《ヒュレー》〉（ὕλη）的契機と〈目的=形相《エイドス》〉（εἶδος）的契機の両契機からの混成態であるが、「情報」は〈目的=形相〉的契機が確定的である（したがって「目的」の契機が前面に出る）のに対し、「データ」はそれが不確定ないし未確定である（その結果として「素材性」が目立ってくる）。すなわち、「情報」は「データ」がそれへと転成する「現勢態《エネルゲイア》」（ἐνέργεια）であり、逆に「データ」は「情報」にとって、潜在的「目的」を〝素質〟として有する「潜勢態《デュナミス》」（δύναμις）ということになる。つまりは「データ」⇅「情報」の連続的な推移・交替関係は、「潜勢態《デュナミス》」⇅「現勢態《エネルゲイア》」

のそれと相覆う。そしてそうである以上、〈データ⇅情報〉の〈潜勢態《デュナミス》⇅現勢態《エネルゲイア》〉関係は、上方にも下方にも延伸可能であって、階層的な系列をなす。

厄介なのは、「情報科学」や「情報量」といった場合の〈情報〉が、上の定義にもかかわらず完全に〈目的=形相〉的契機を欠落させたものとして立てられていることである。この場合の〈情報〉は、「通信」の場面において、n次元のビット列空間である「情報源《インフォメーション・ソース》」(information source) から構成される「メッセージ」の表現可能性を問う概念であり、したがって「データ」⇅「情報」の系列上にはその位置を得ない。それは、存在論的身分としては〈データ⇅情報〉の階層的系列における最下層に位置する、〈目的=形相〉的契機を欠いた謂わば〝第一質料《プローテー・ヒュレー》〟(πρώτη ὕλη) である。ただし、「情報」における〝第一質料〟は、アリストテレスの説明とは違って、関係から切り離されたとき〈無《ウーデン》〉(οὐδεν) と化すわけではないし、また、古典力学における「質点《マテリアル・パーティクル》」(material particle) の如き単なる仮想的な〝限界概念〟でもない。それは、「通信」という物質的過程《プロセス》において「電子《エレクトロン》」(electron) という支持体《シュポール》(support) を得ることで物理的実在として〝実体〟化される。われわれは、物理的実在として〝実体〟化されたこの水準の情報を〈情報〉と表記することで、〈目的=形相〉的契機を有する「情報」との違いを明確化したいのだが、この〈目的=形相〉的契機、すなわち「意味」的契機の、「物質」的素材への縮減の操作によって情報の「量化《クォンティフィケイション》」(quantification) そのことも可能となり、また本来不可能なはずの情報の「転移《トランスファー》」(transfer) も可能となる。いや、精確に言おう。「情報」の〈目的=形相〉的契機=「意味」は、〈システム〉相関的であるがゆえに決して当該〈システム〉の「外部」には「転移」されることがない。にもかかわらず、〝素材《ヒュレー》〟

的契機のみが「通信」過程において物質化することで、あたかも「情報」そのものが「転移」したかの如き見掛けを呈する。だが実際には、「転移」しているのは「情報」そのものではなく、その〝トークン〟に過ぎない〈素材=質料〉的契機である。「情報」の〈素材=質料〉的契機は、社会的水準では必ず〈目的=形相〉的契機とペアをなして存在し、〝裸〟で存在することはあり得ない(12)。したがって、「情報は転移しない」というわれわれの原則もまた依然有効であり微塵も揺らぐことはない。以上の考察に基づきつつ今後われわれは「情報」の相補的関係における〈素材=質料〉的契機を、「情報」の「データ」性（もくしは端的に「データ」）と、〈目的=形相〉的契機を「情報」の「意味」（もしくは端的に「情報」）と呼ぶことにする(13)。

2-5 「社会のデータ化」の思想史

われわれはそろそろ冒頭の課題、すなわち「社会にとってビッグデータとは何か?」という問いに立ち帰りたいのだが、その前に、「これまでデータとは社会にとって何であってきたのか」を思想史的に辿り直し、それぞれの社会におけるデータの位置価と機能を跡付けておきたい。こうした社会データの歴史的「展相《ポテンツ》」（Potenz）に接続してやることで、ビッグデータ登場の歴史的必然性とまで言わないにしても、現象の背後に潜む内的論理を炙り出せるとわれわれは考えるからである。

さて、歴史的にみたとき、社会的データは「統計学」というディシプリンと切り離すことができない、というより両者が歴史的にはもちろんのこと、事実の問題としても表裏一体の存在であることは否定のしようがない。したがって、データの思想史は実質上、統計学の発展の線に沿うかたちで展開せざるを得ない。にもかかわらず、以下で行う考察は、いわゆる「統計学史」と相掩うわけではない。すなわち、われわれは定評ある統計学史のスタンダードを提示したS・スティグラーのように、統計の数学的起源を詮索する気は毛頭ない[14]。また、I・ハッキングの如く「偶然性」の概念を軸に、「決定論的世界観から確率論的世界観へ」という世界観の変容を統計学史の中に探る意趣もない[15]。強いて言えば、社会認識と統計との並行関係・相互依存関係を実証的に炙り出そうとするM・ポーターの問題意識にわれわれのそれは最も近い[16]。にしてもわれわれは、ポーターとは違ってデータの「数値」性・「数量」性を殊更に強調しようとは思わない[17]。

しばしばデータ化と数値化・数量化とは等置される。この等置は結果として間違っているわけではもちろんない。だが、逆に言えばそれが正しいのは飽くまで「結果として」であって、「データ化」の本質が数値化や数量化にあるわけではない。例えば「感覚与件《センス・データ》」(sense data) という言葉がある。これはそこに「意味」が懐胎され確たる認識の「対象」が出現する以前の混沌たる感覚の多様(それが原子的存在であるかゲシュタルトであるかはここでは問わない)を指す。この「センス・データ」はそれ自体は「数値化」も「数量化」も蒙っていない純然たる原初的知覚体験の質である。それは「結果として」数量化・数値化され得るが、「センス・データ」そのものは「数値」でも「数量」でもない。

「データ」(datum) の語が元来ラテン語で「与えられたもの」を意味する(「与える」を意味する動詞 dare の完了分詞中性単数形) ことはよく知られているが、「データ化」とは、この語源が示すとおり、社会分析の出発点《アルケー》(ἀρχή) をわれわれの手許に「与えられてある《ダートゥム》」(datum) もの、直接われわれに接触可能なものに置くという態度、したがって、不可視の超越的な原理からの演繹的推論を拒否するという態度の採用にほかならない。つまり、ア・プリオリ（a priori）な「それ自体において先なるもの《プロテロン・テイ・ピュセイ》」（πρότερον τῇ φύσει）ではなく、「われわれにとって先なるもの《プロテロン・プロス・ヘーマース》」（πρότερον πρὸς ἡμᾶς）としての経験から出立しようとする社会的合意こそが「データ化」の濫觴をなすとわれわれは考える。

2-5-1 「国勢」と「政治算術」

データ化の歴史を概観するに際してわれわれが着目したいのは、「数値」化や「数量」化ではなく、「主体」—「対象」—「目的」というデータ化における〝三位一体〟である。「データ」のオリジナルな語義は先に触れたとおり「与えられてあるもの」＝「所与」だが、それは決して独立自存する究極の実在を意味するわけではない。それは原理上「われわれに与えれられてある」という「われわれ」との関係を抜きにしては何ものでもなく、端的な〝無〟である。したがってデータには、それを収集し計測する①「主体」が必ず存在する。また、その「主体」は、必ず何事かを計測し、何物かを収集する。すなわちデータ収集・計測には常に②「対象」がある。そして、この「主体」による「対象」のデータ化は、何事かを目指して行われる。すなわちそこには③（潜在的）「目的」が前提されている。[18]要するに、データとは右の如き社会的関係態の一結節であって、必ず歴史的・社会的文脈の中に埋め込まれて存在する。われわれはこうした、データがそこに埋め込まれた社会的関係態の変容を歴史的に辿りたいのである。

社会のデータ化の試み自体は、遠く古代ローマ帝国の時代にまで遡ることができる。そのことは「国勢調査《センサス》」（census）の語が、元来ラテン語の「census《ケーンスス》」（ローマ帝国で行われた税額算定のための人口登録調査）を起源として有することからも分かる。だが、一般には一七世紀後半にイングランドで興った、J・グラント、W・ペティらヴェルラム卿フランシス・ベーコンを奉じる〈経験-帰納〉主義者たちの「政治算術」学派、およびその衣鉢を継ぐE・ハレーやJ・P・ズュースミルヒらの人口統計がその嚆矢とされる。実はほぼ同時期にドイツでも大学を拠点とするH・コンリング、G・アッヘンヴァルらの「国勢学派」ないし「国状学派」と呼ばれた社会統計学が存在した。この学派が今日の「統計学《スタティスティクス》」（statistics）の〝名付け親〟であるという事実にもかかわらず、統計学史上での扱いは冷淡である。それは国勢学派の関心が専ら精神性や文化、習俗も含めた国力の記述にあり、データの「数値」化および「数量」的表現は二の次とされた点に理由がある。数量化の極致とも言える今日の統計学を基準にしつつ、その〝先祖探し〟が行われるとき、数値化と図表化を駆使した政治算術学派が採用され、国勢学派が黙殺される運命にあるのは仕方がないとも言える。

だがわれわれがひとまず問題としたいのは、両学派の相違であるよりは、むしろそれらが共有している社会的文脈のほうである。政治算術学派も、国勢学派も、データ収集の「主体」は、絶対主義国家の君主である。実際に収集に当たるのは議員や官僚、大学教授であるが、彼らは君主の家臣・下僕であり、その実行エージェントに過ぎない。また、データ収集の「目的」も両者で共通している。それは明け透けに言って、君主の所有物であるところの国家の財産目録作成である。この時期の統計において、地勢・地誌データと人口データがほぼ区別されずに並べて記載されているのは、それが等しく国王の財産だからに他ならない。

ただし、データの「対象」に関しては両者の相違が顕著となる。この時期のデータのパラダイムを画しているのは疑いの余地なく「国家」であって、だからこそ、国勢学派は「統計学《シュタティスティーク》」(Statistik)を明確に「国家の〈状態=記述〉《シュターツ・フェアファッスンク》」(Staatsverfassung)と規定した。[19] また、「政治算術《ポリティカル・アリスメティック》」(political arithmetic)とは端的に、重商主義《マーカンティリズム》政策を採る絶対主義国家群の総合的国力測定と国力比較の手法である。したがって、両学派ともにデータの対象が「国家」であるという点では共通している。だが、国勢学派が静《スタティック》的な財産の在庫目録の算定と記述に只管《ひたすら》没頭しているのに対して、政治算術学派は、国家の基底で蠢く、そして後には国家という枠組みを喰い破ることになる「社会」の存在に目を留め、その動態《ダイナミズム》を記述しようとした。それが、グラントに始まって、ハレーからズュースミルヒへと受け継がれ一八世紀半ばに『神の秩序』として結実することになる人口統計分析に他ならない。[20] われわれは、政治算術学派のデータ思想史における画期性を認めることに何ら躊躇を覚えないが、それは手法におけるデータの「数値」化・「数量」化のゆえではなく、偏《ひとえ》に動態的「社会」の発見という〝功績〟によってである。

2-5-2 「道徳」と「衛生」

絶対主義が退潮しヨーロッパ各地でいわゆる「市民社会」が成立すると、データ化の「主体」-「対象」-「目的」もまた連動しつつ構造的な変容を蒙る。その変容を象徴し、また集中的に表現しているのが統計学を武器とした社会把握であるA・ケトレーの「社会物理学《ラ・フュズィーク・ソシアル》」（La physique sociale）である。

言うまでもなくケトレーは、ガウスによるいわゆる「誤差の確率分布」を、離れ業的に社会集団の分布に読み込むことによって、確率論的統計を社会統計に導入したことで知られる。だが、われわれがむしろ注目したいのは、データ化へのケトレーの関心が向かう「対象」である。それは、単なる「出生」や「死亡」といった社会を舞台として生じる〝自然現象〟ではもはやなく、「犯罪」「自殺」といった個人の意志を伴う道徳現象である。ケトレーはこうしたいわゆる「道徳統計」において法則性を見出していったわけだが、ここには表裏一体の関係をなす二つの重大な問題が孕まれている。一つには、「政治算術」においては発見され予感されただけの、「国家」とは異なる運動体としての「社会」が、その独自の存在をより明瞭に浮かび上がらせてきたことである。〝個人の代数和〟であるはずの「社会」が、個々人の意志には還元されない「統計法則」に従う以上、「社会」は〈自立=自律〉的存在と考える他ない。ここに、「社会」が統計学（=「社会物理学」）によってのみ解明され得る独自の法則に貫徹された一領域として姿を現す。だが、これは直ぐに第二の深刻な問題を生む。すなわち「統計法則」が、個人における意志の自由と対立し、それを脅かすものとして立ち現れて来るのである。この問題は、統計学を高く評価した歴史家H・T・バックルの『イングランド文明史』(21)の影響もあり、ドイツで一大論争まで惹き起こす。だが、重要な事は「社会vs.個人」という対立の構図そのことよりも、むしろそうした対立を生む可能性の条件、つまり、「社会」の〈自立=自律〉化によって、「個人」と「社会」とが両極化した独立自存する実体として人々に意識されるに至ったという点にある。

　この時期、すなわち一八世紀半ば以降一九世紀半ばに懸けての時期におけるデータ収集・分析にあって「道徳統計」と並んで目立つのが「公衆衛生」に関するデータ化、すなわち「医療統計」である。医療衛生改革に献身したF・ナイチンゲールは、ケトレーに私淑し彼を信奉する統計学徒でもあったし、また疫学の創始者とされるJ・スノウが、統計学的手法を用いてロンドンで大流行したコレラの感染経路を特定したのもこの時期である。われわれは、「道徳統計」と「医療統計」の流行から、この時期のデータ化の「主体」であった特権的ブルジョワ市民が手掛けたデータ収集・分析の潜在的「目的」が、ブルジョワ革命を経た市民社会における「理想的平衡状態《ホメオスタシス》」(homeostasis) の創出と維持であったことを読み取れると考えるが、その最も率直な表明は、やはりケトレーの有名な「平均人《ロム・モワイヤン》」(l'homme moyen) の思想において止めを刺す。ここには極端を忌避し、統計的「平均」を理想化・実体化した上で、アリストテレスの「中庸《メソテース》」(μεσότης) と重ねあわせる、特権的ブルジョワのイデオロギーが余す所なく表れている。

2-5-3 「優生」と「科学の文法」

　一九世紀半ばを転機として、データ化における「主体」-「対象」-「目的」の〝三位一体〟は更なる構造的変容を遂げる。まずダーウィンの「進化論」登場が与えたインパクト[22]が何よりも大きい。更にそれに続いたH・スペンサーによるいわゆる「社会進化論《ソーシャル・ダーウィニズム》」(social Darwinism) が追い打ちをかけた。

ケトレーのパラダイムにおいて、大量のデータ収集と分析によって動態的「社会」が独自の〈自立=自律〉的な存在として発見された。だが、この場合の「動態」とは正規分布における「平均」値を軸とした〝ブレ〟であって、「社会」はこうした〝揺らぎ〟を通じて平衡状態を維持する、あるいは維持することが理想とされたのだった。だが、進化論の主張によれば、生物種は長い年月を掛けて形質の「平均」値を右方向に移行させることで「進化」を遂げてきた。とすれば、「人間という種」の集団においても育種をモデルにしつつ特定形質の「平均」値を右方向に移行させることを考える者が現れても不思議ではない。実際そのように考え、それを実行に移したのがダーウィンの甥にあたるF・ゴールトンであった。

ここにデータ収集と分析の「対象」がこの時代に「生物」へと向かい、また「生物測定《バイオメトリックス》」(biometrics)が統計学の主流となった理由がある。ゴールトンは植物種子に関する大量のデータ収集と分析とから、有名な世代経過を通しての「凡庸への退行《リグレッション・トゥオード・ミディオクリティ》」(regression toward mediocrity)、現在謂うところの(そしてゴールトンの明け透けな言い回しに含まれる〝毒〟を消し去った表現である)「平均への回帰」現象を発見し、同一種集団における「平均」への膠着の執拗さと種の自己保存の強固さを確認したにもかかわらず、こうした自然の〝凡庸さ〟に対抗するかのように、統計学を武器としつつ人間「種」の人為的〝改良〟を企てる「優生学《ユージェニックス》」(eugenics)を立ち上げてゆくのである。

ゴールトンの跡を襲ったK・ピアソンも、ピアソンと対立したR・フィッシャーもまた優生学に手を染めてゆくが、彼らの根底に認められるのは、生物学的形質の遺伝的操作によって〝社会改良〟が可能だとするナイーヴな信念とオブセッションであり、これが彼らの、そしてこの時代のデータ収集と分析の主流をなす「目的」を構成している。

一九世紀半ばが、マスメディアの勃興期であることにわれわれは敏感でなければならない。ケトレーの「平均人」とは、理想化されたブルジョワ市民の統計学的な投影であり、その〝代理表象〟である。したがってケトレーにとって「平均」から逸脱せず社会を〝平衡〟状態に保つことこそが理想的「市民社会」実現への唯一の途であった。だが、マスメディアの登場によって「市民」は「大衆」へと変じ、「平均」は「中庸」どころか「衆愚」へと転じた、少なくともこの時期の統計学を先導した社会改良主義者たちの眼にはそう映ったはずである。ここにそれまで「社会」観察に徹していた統計学が、人間の遺伝的形質を育種的方法によって物理的・生理的に〝改良〟する「優生学」という名の社会〝実践〟に乗り出す背景がある。「優生学」の根底には、統計的データによって可視化された現実の「社会」=「平均という凡庸」への敵視と否定が存在しており、しかも、その評価規準が遺伝的形質に求められる点に特徴がある。そして、現実の「社会」に代わって理想化されるのが例えばゴールトンや〝犯罪人類学〟を興したC・ロンブローゾの「天才」[23]、ニーチェの「超人《ユーバーメンシュ》」(Übermensch)であり、後のナチスへと繋がる個人の代数和としての「社会」を超えた次元に捏造された〝人種〟を基礎としたフィクショナルな超個体としての「民族《ダス・フェルキッシェ》」(das Völkische)である。

いずれにせよ、この時期におけるデータ化の「主体」が「社会改良主義者」たちであり、その「目的」が、生物学的・遺伝学的な「社会改造」「社会改良」にあったことは覆せない。われわれは、ピアソンが自称〝社会主義者〟であって、生前のマルクス本人に『資本論』の英訳まで申し出ていることを単なる一笑話で済ませてはなるまい。だが、その同じピアソンによって、データ化の歴史は一大転機を迎えることになる。

ピアソンは、統計学研究に専心する前の一八九二年に、われわれに直接与えられるデータ的要素感覚から出発して、それらからの構成物を外界に投射することによって現象世界を編制するという、マッハ主義的現象論の主張を展開した『科学の文法』を世に問うが、これを二度にわたり一九一一年まで改訂し続け、統計学をも含む普遍的な科学方法論として彫琢していった(24)。すなわち、経験的データから出発して、〈思惟経済《デンクエコノミー》〉（Denkökonomie）的な整合的記述のための概念形成へと進むという方法を採れば、何事であれ科学の対象とならないものはない、とする、極端な言い方をすれば、「データ一元論＋《プラス》統計的記述」万能の主張である。

ここにおいて統計学は、特定の対象から切り離され、「方法」としての精緻化と純化を遂げることになる。すなわち、統計学がその「対象」を問わず様々な相関分析に適用される無色透明な「ツール」となり、それとともに、それまで統計学に付き纏っていたイデオロギー性は脱色される。まさに「科学の文法」へと統計学は蟬脱を遂げたわけである。

2-6　液状化する社会と「データ」の覇権

フィッシャー、ピアソンの息子エゴン、J・ネイマンと続く、その後の統計学の歴史は、現実にピアソンが『科学の文法』で指し示した「方法」への純化、更には「仮説検定」という名の「手続き」

化、「制度」化、「形式」化への途を辿ることになる。実際に量子物理学、分子生物学を始め様々な分野で「統計という方法」は絶大な威力を発揮し、赫々たる成果を収めた。だが、殊《こと》「社会」に関しては、状況はむしろ悪化したと言わざるを得ない。それは社会の巨大化・複雑化・機能的分化によって、その全体像がこれまでになく茫漠化・不透明化し捉えにくくなった、ということには尽きない。

差異の創出をその存続の糧とし本質とする資本主義は、空間的・時間的な差異を消尽しつくし、高度情報社会において遂に「構造」そのものを差異化する段階に突入した。すなわち社会の構造変動を常態化させることで「構造変動」をメタ構造へと組み込む、バウマン謂うところの「液状化」段階を現在、資本主義は迎えている。このことは、「ビジネスモデル」が短期間で陳腐化し、更に新たなビジネスモデルが模索される、しかもそのサイクルの間隔がどんどん短期化するという昨今の状況を考えれば誰しもが首肯するはずである。こうした状況下では、全数調査が基本のいわゆる「記述統計学」は固《もと》より、標本からのモデル構築による母集団への間接的アプローチである「推測統計学」を含めた、既存の統計学の枠組みによっては動態的な〝液状社会〟には到底アプローチできない(25)。〝最強〟どころの話ではないのである。

〝液状社会〟においてはそもそも、社会の「データ」との関係の取り結び方が、大きく変わる。われわれは前節で、それなりの紙数を割いて、いくつかの歴史的パラダイムにおける「データ」の社会的機能と位置価とを概観したわけだが、そこから分かるのは、収集・分析の「主体」や「対象」、「目的」が変易しつつも、常に「データ」が、社会という〝外的〟実在を〝模写〟するための手段として存在してきた、という事実である。すなわち「データ」は、国家や社会の全貌を把握(「政治算術」の場合）するための、ないし社会をモデルとして対象化した上で、理想化（ケトレーの場合）あるいは改良（ゴールトン、ピアソンの場合）するための謂わば媒介という意味での「メディア」の機能を果たしていた。そしてそこには国王や特権的ブルジョワ市民、社会改良主義者といった社会の〝外部〟に身を置く「観察者」が必ず存在した。だが、今やデータは社会「内部」で、個人の日常的意思決定のために日々利用される必須の資源と化している。

インターネットという新たなメディアの登場と普及によって、地縁的な小規模コミュニティ社会や組織が相対化され、これらが意思決定の規準を提供する権能を喪失して久しい。それまでは、地縁的社会や組織に組み込まれていた個人は、インターネットというメディアの登場とともに電脳空間の中に〈孤人〉(26)として分断され放り出された結果、意思決定の規準を自ら調達するほかない。従来、マスメディアが提供してきた規準も、もはやインターネットによって相対化され機能不全に陥っている。特に日本では二〇一一年の原発事故報道以降、マスメディアが提供する規準の信頼性と権威は地に堕ちた状態である(27)。頼りになるのはインターネットに接続されたパーソナルコンピュータや〝スマホ〟上の様々なサービスが提供する「データ」以外にはあり得ない。「おすすめ」「いいね！」「ひょっとして」……といった惹句とともに時宜を捉えて提示される様々な「データ」を頼りに〈個人＝孤人〉は日々の意思決定を行う。〈孤人〉ばかりではない、ビジネス・シーンにおいてもまた、多くの企業が社会の液状化をフォローアップし、迅速な意思決定を行うために、生き残りをかけて「データ」収集に奔走する。

ここに、①統計「理論」や「仮説」ではなく「データ」そのものへ、そして②〝外部〟からの社会の全貌把握、ではなく、社会〝内部〟における意思決定、という二つのシフトに要約される「データ」におけるパラダイム・チェンジが生じる〝必然性〟がある。高度情報社会においては「データ」は、意思決定をサポートないしナヴィゲートするための必須素材という基本性格を持たざるを得ない。こうした「データの覇権」ともいうべき趨勢を考えたとき、近時の「統計学からデータサイエンスへ」というキャッチフレーズは強ち《あながち》空言とは言えず、また「データサイエンティスト」なる職種の流行にもそれなりの根拠がある。

2-7　データのオートポイエーシスと「配備=集立《ゲ・シュテル》」の全面化

読者は、ビッグデータの「3V」における最後の「V」すなわち「多様性《ヴァライエティ》」、が「無目的性《ツヴェックロージヒカイト》」(Zwecklosigkeit) を含意するとした本章冒頭でのわれわれの認定を盾に取りつつ、「データ」が現在、〈孤人〉や企業の日常的「意思決定」という「目的」に用立てられているという主張との齟齬を指摘するかもしれない。また、社会「内部」での「データ」利用、というが、グーグルに代表されるデータ分析を事とする企業は、社会を「データ」によって、その〝外部〟から「観察」しているのではないか? そう借問《しゃもん》するかもしれない。だが、その孰《いず》れの疑問に対してもネガティブに返答せざるを得ない点にこそ、現段階における「データ」の特異性がある。

指摘しておきたいことは、「主体」はもはやデータ利用者《ユーザー》でもデータ分析者《アナリスト》・提供者《プロバイダ》でもなく、「データ」そのものである、という点である。データ利用者《ユーザー》は、提供者《プロバイダ》から提供された「データ」

(Data) から、必要な「情報」(Information) を抽き出し自らの意思決定に役立てる。利用者《ユーザー》が〝ゴミ〟として排出した意思決定の履歴を提供者《プロバイダ》が「データ」(Data) として回収し分析者《アナリスト》へと回付する。分析者《アナリスト》によって新たな「情報」が付加された「データ」が再び利用者《ユーザー》に送り届けられる。以下この繰り返しである。データを排出する者も、データマイニングによってそこから「情報」を得る者も、彼らの側では(für es)《フュア・エス》十分〝主体的〟に意思を決定し、行動しているという意識を持っているではあろう。だが、第三者的にみるとき(für uns)《フュア・ウンス》、彼ら人間的諸〝主体〟は「データ」という運動する「主体」を構成する契機に過ぎず、たかだかそのエージェントに過ぎない。「主体」は、飽くまでもD→I→D′と、「データ」から「情報」そしてまた「データ」へと自己言及的・循環的に形を変えながら、〈自律=自立〉化的に運動する中で主体化を遂げる「データ」の方であって、決して人間的〝主体〟ではない。

〈データ(D)↔情報(I)〉の往還プロセスを再帰的、かつ、無際限に繰り返しながら〈生成−運動〉する、このデータの〝オートポイエーシス〟[28]こそが「ビッグデータ」にほかならない。人間的諸〝主体〟はこうしたデータの〝オートポイエーシス〟の〝環境〟に過ぎない。意思決定という〈孤人=個人〉の「目的」も、データのオートポイエーシスの運動に組み込まれることで、確率論的な不確定性を伴いつつ〝自動〟化へと向かう。〈孤人〉の意思決定は、こうして脱「目的」化され、主体化を遂げた〝ゴミ〟であるビッグデータの〈自己目的〉に吸収されてゆく。意思決定に際して、知らず識らずのうちにデータを〝搾取〟されている「ユーザー」はもちろん、〝主体的〟に行動しているはずの「プロバイダ」「アナリスト」さえもその例外ではない。それは、マルクスが慧眼にも洞察した、

「資本《ダス・カピタル》」（das Kapital）という〈主体《ズブィエクト》（Subjekt）＝実体《ズブスタンツ》（Substanz）〉による〈物象化《フェアザッハリッヒュンク》〉（Versachlichung）の運動に組み込まれた労働者や〝主体的〟資本家の場合と何ら事情は異ならない。

そして別のアングルから言い直せば、これはまた後期ハイデッガーが夙《つと》に強調し警告する「配備＝集立《ゲ・シュテル》」（Ge-stell）、すなわちあらゆる存在者を「役に立つもの」として徴発・総動員してゆくテクノロジーの自己目的化的運動、の最新段階でもある。われわれは、ビッグデータの大半を占めるのが、〝ソーシャルデータ〟と〝センサーデータ〟、すなわち「コミュニケーション」と「身体」（位置情報も含む）に関するデータである点に注目したい。旧来のメディア、例えば、〈活字〉メディアの場合には、データは保存か廃棄かの選択が予めなされることで、内容的に選別されたもののみが〈活字〉化され、保存される。これに対してビッグデータの場合には、本章2−1−3小節で指摘したとおり、内容を問わず無差別に収集・保存がなされる。本来〝ゴミ〟でしかない〈孤人〉の「呟き」や位置情報までが「役に立つもの」のネットワークである「配備＝集立《ゲ・シュテル》」に吸い上げられ、〈孤人〉や組織体の意思決定へとフィードバックされてゆく。近い将来「Apple Watch」、「Google Glass」といったウェアラブルが、スマートフォンに替わるネットワーク端末になったとき、ビッグデータは、われわれの「コミュニケーション」と「身体」とを、今以上の深度と精度とで「データ」化（具体的には「視線」「体温」「脈拍」といったかたちで）し、その〈生成＝運動〉に組み込んでいくことが容易に予想される[29]。あらゆる外部的存在を「内部」化し、万物を唯一のネットワークに取り込んでゆく「配備＝集立《ゲ・シュテル》」の運動に抗して、敢えてその〝外部〟に立ち「観察」するという困難な課題が現在の〈哲学〉に課されている。

注

（1） http://www.whitehouse.gov/blog/2012/03/29/big-data-big-deal（二〇一六年七月一五日現在）

（2） Mayer-Schönberger, V. & Cukier, K. *Big Data: A Revolution that will Transform How We Live, Work and Think*, Eamon Dolan / Mariner, 2013.（邦訳『ビッグデータの正体――情報の産業革命が世界のすべてを変える』、講談社）

（3） 勿論、ある時点以降のデータ生成を「見ない」ことで肆意的に母集団を設定することは可能であるが、これではビッグデータの本質を損ねる仕儀となる。次項でみる通りビッグデータの本質が〈運動＝生成〉に存するからである。

（4） Mayer-Schönberger, V. & Cukier, K. *ibid*.

（5） 実は、ビッグデータには更なる、しかも極めて重要な特性があるが、この点については本章の掉尾で触れる。

（6） 「監視」とその〈ネット-ワーク〉パラダイムにおける機能的等価物である「環-視《ウム・ズィッヒト》」（Um-sicht）についての主題的論究については、次章3-2-3小節を参照。

（7） 本章（初出稿）を執筆している時点（二〇一四年四月二八日）で、Twitter上での呟きの内容を解析することで犯罪予防が可能、という研究が発表され話題となっている（http://www.businessinsider.com/twitter-crime-predict-2014-4）。だが、このショッキングな内容の研究もまた、データのトラッキングによる「監視」や、スピルバーグとトム・クルーズのコンビで映画化され話題となったフィリップ・K・ディック原作の『マイノリティー・リポート』で描かれたような犯行の事前予測と犯人の特定といったＳＦ懸《が》かりの話ではない。それは飽くまでも過去の膨大なTweetデータと実際に起こった犯罪データとの照合によって、或るパターンを抽出し、「警邏《けいら》警官という資源」配置の最適化を図る意思決定のアルゴリズムに過ぎない。

（8） この「手続き」を担うのが、データサイエンティストやＡＩである。ＡＩによる「価値」創出については第四章4-2-3小節を参照。

（9）Bauman, Z., *Liquid Modernity*, Polity, 2000.（『リキッド・モダニティ——液状化する社会』大月書店）

（10）Id., *Wasted Lives: Modernity and its Outcasts*, Polity, 2004.（邦訳『廃棄された生——モダニティとその追放者』昭和堂）

（11）知識の体系性が採り得る形態の多様性については、J・L・ボルヘスの短篇小説集『伝奇集』（邦訳、岩波書店）、とりわけ、その中の一篇「トレーン、ウクバール、オルビス・テルティウス」が大きな示唆を与えてくれる。

（12）この点については「情報」の「意味」の場合も事情は同じであって、質料的契機を欠いた純粋な「意味」なるものも存在し得ない。

（13）事を厄介にしているのは、われわれが日常的には、抽離された形相的契機、および抽離された質料的契機、更にはその合成態のいずれをも「情報」としばしば呼んでおり、更には「データ」の語でもまたそれらのいずれを指すこともできるという事実である。こうした「情報」「データ」の日常的使用における多義性、というより融通無碍にもかかわらず、「情報」そして「データ」は、それが社会的文脈に置かれたその瞬間に〈目的=形相〉的契機を——仮令《たとい》それが「潜在的」なものであったとしても——必ず〝懐胎《プレグナント》〟（prägnant）するという点を改めて強調しておく。

（14）Stigler, S. M., *The History of Statistics: The Measurement of Uncertainty before 1900*, Belknap Press, 1990.

（15）Hacking, I., *The Taming of Chance*, Cambridge Univ. Press, 1990.（邦訳『偶然を飼いならす——統計学と第二次科学革命』木鐸社）

（16）Porter, Th. M., *The Rise of Statistical Thinking 1820–1900*, Princeton Univ. Pr., 1988.（邦訳『統計学と社会認識—統計思想の発展 1820–1900年』梓出版社）

（17）Id., *Trust in Numbers: The Pursuit of Objectivity in Science and Public Life*, Princeton Univ. Pr., 1996.（邦訳『数値と客観性——科学と社会における信頼の獲得』みすず書房）

（18）現在の文脈においては、われわれは「情報」と「データ」とを連続的なものとして扱っている。本章

2−3節を参照。

(19) Achenwall, G., *Statsverfassung der heutigen vornehmsten Europäischen Reiche und Völken im Grundrisse*, 1752.

(20) Süssmilch, J. P., *The Divine Order in the Changes in the Human Sex from Birth, Death and Reproduction of the Same*, 1741（邦訳『神の秩序』粟田出版会）

(21) Buckle, H. T., *History of Civilization in England*, 1884.

(22) ただし、スペンサーの「社会進化論」は、N・ルーマンの「社会システム論」などに繋がってゆく社会の「機能分化」を軸とした有機体モデルの社会把握であり、「社会生物学」のような生存戦略理論をイメージするとゲシュタルト把握を大きく誤ることになる。

(23) Galton, F., *Hereditary Genius*, 1869（邦訳『天才と遺伝』岩波書店）、Lombroso, C., *Genio e follia*, 1864（邦訳『天才論』春秋社）

(24) Pearson, K., *The Grammar of Science*, 1^{st}ed. in 1892, 2nd ed.in 1900, 3rd, revised, ed. in 1911.

(25) これまで、〝鬼門〟〝邪道〟扱いされてきた、ベイズ統計の復権もこうした背景の下で了解可能となる。

(26) 〈孤人〉概念のコノテーションおよび権利づけについては拙著『「情報社会」とは何か？ 〈メディア〉論への前哨』（NTT出版）第3章3−19節を参照されたい。

(27) 二〇一一年が、一月にはインターネットが主導したジャスミン革命、七月には鳴り物入りでの大々的キャンペーンにもかかわらず不発に終わったTVの地上波完全デジタル化の年でもあったことを想起されたい。本書の序章を参照。

(28) オートポイエーシスについては第三章3−2節を参照。

(29) 「コミュニケーション」の組み込みについては次章で、「身体」の組み込みについては第四章でそれぞれ検討する。

第三章　SNSによるコミュニケーションの変容と社会システム論

3-1　SNSという新たな〈コミュニケーション〉の登場

今世紀の初頭から、〝爆発的〟と形容しても決して大袈裟ではない勢いで、インターネットという〈ネットワーク〉メディアが世界的な規模で普及し、従来のマスメディアが占めてきた地位を襲ったことは既に論じた。実際インターネット上では、「電話」「手紙」「テレビ」「映画」「ラジオ」「日記」「新聞」「チラシ」「掲示板」といった旧来のメディアを擬し、それに準えたサービスが次々に登場したが、「SNS」（Social Network Service）と総称されるサービスはとりわけ注目に値する。なぜなら、それらのサービスは従来のメディア・パラダイムにはなかった独自のコミュニケーションのかたちを実現しているからである。

SNSには（二〇一六年夏）現在、テクストをベースとした「Twitter《ツイッター》」や「mixi《ミクシイ》」、写真をベースとした「Instagram《インスタグラム》」や「Tumblr《タンブラー》」、音声をベースとした「LINE《ライン》」や「Skype《スカイプ》」、動画をベースとした「ニコニコ動画」や「Vine《ヴァイン》」、それらの複合形態である「facebook《フェイスブック》」などが代表的サービスとして存在するが、そのサービスの多様性にもかかわらず、それらはいくつかの共通した特徴を持っている。まず、SNSは原則的に〈声〉という原初的メディア、すなわちいわゆる「対面的相互行為《インタラクション》」(interaction)を擬しつつも、①原理的な匿名性がコミュニケーションの〝規定値《デフォルト・ヴァリュー》〟(default value)となっており、したがって「実名」や「コテハン(固定ハンドル・ネーム)」の場合も、それが事実である保証はネット上においては何処にもないことが挙げられる。(1) その結果として、SNSによるコミュニケーションにおいては、対面的相互行為には付き物の「権威主義的なもの言い」や「敬語表現」、すなわち発言者の地位や属性のコミュニケーションへのフィードバックは馴染まず、いわゆる〝タメ口〟に象徴される②コミュニケーションにおける関係の対等性・対称性が実現される。この事態を、発言者における属性の無化、あるいは「権威」の崩潰、とパラフレーズすることも可能である。次に、これは「出会い《エンカウンター》」(encounter)としての「相互行為《インタラクション》」や、電話を使っての「通話《テレフォン・コール・カウンター》」(telephone call counter)という準〝相互行為〟には見られない〈ネットワーク〉上の擬似〝相互行為〟に固有の特性なのだが、回線が常時繋がっている状態(「待ち受け《スタンバイ》」あるいは〝つなぎっぱ〟)にあることで、③コミュニケーションが目的《ゴール》のないまま涯《はて》しなく連鎖的に接続してゆく。(2) ①〜③の特性に加え、SNSにおけるメッセージの「送信情報量制限」(Twitter の場合「一四〇字」ルール、Vine 動画の場合「六秒」ルール)や即答が求められないことによるレスポンス・インターバルの寛緩《かんかん》によって、コミュニケーション障壁、あるいはコミュニケーション・サイクル〝解発《リリース》〟(release)の〝閾値《スレッショウルド》〟(threshold)が低下する結果、④コミュニケーションにおいて「意思決定」「決意性」あるいは〝溜め〟が無実化・空洞化する。(3) この特性によって、SNSに情報性の希薄な「呟《つぶや》き」ばかりが溢れているという事実が説明される。もともとSNSのコミュニケーションは、その場限りのアド・ホック（adhoc）な断片性と継時的な変易性によって、〈声〉による相互行為の場合にも増して〈論理=理性=言語《ロゴス》〉（λόγος）との親和性を欠くが、更に④の特性が亢進的に付加されるときには、⑤コミュニケーションにおける「情動」の主導が常套化する。日本では「www」（warai の省略、「嘲笑」の意）「orz」（人が地べたに項垂《うなだ》れた様子を表わした〝カリグラム〟、「落胆」の意）、また英語圏でも「lol」（Laughing Out Loud、「大爆笑」の意）「:(」（渋い表情の〝カリグラム〟、「不満」の意）など、洋の東西を問わない様々な「顔文字《エモティコン》」（emoticon）や「ＡＡ《アスキーアート》」のSNSでの氾濫はその状況証拠である。またこの特性は、ネットワークを介して「情動」の広範な伝播・伝染を惹き起こしもする。インターネット上での「情動伝染」は、革命やデモにおいて（例えばSNSがオーガナイズにおいて重要な役割を果たした中東の「ジャスミン革命」、台湾の「太陽花《ひまわり》學運」、香港の「雨傘革命」）は、「怒り」や「共感」の共有によって集団の結束を強固にするが、ネットでしばしば生じる対立的な過激化現象、C・サンスティーンのいわゆる「サイバー・カスケード」（cyber cascade）[4]の場合にも同じこの特性が背後で働いている。前者の場合には、集団内部的な凝集性が強調され、後者では外部集団に対する排他性が強調されてはいるが、「凝集性」と「排他性」は同じコインの裏表であり、いずれもSNSに抜き難く付き纏う「情動」的特性の相補的効果に過ぎない。

　SNSは、あらゆる人が意見を公に表明できるインターネット時代の「意見発信《パブリケイション》」（publication）メディアだとしばしばいわれる。だが、実際にはSNS上で生じているコミュニケーションのほとんどは「意見」の「発信」からは程遠い、「情動」の爆発・共鳴・伝染である。慥かにわれわれは序章

（0-1節）において、SNSにおける「意見（情報）発信」のモメントを強調したが、それは飽くまでもマスメディアとの類比《アナロギア》という文脈での話であって、SNSをそれ自体として特徴づける場合には、「情動」の「発露」という側面が際立ってくる。つまりSNSは、対面的「相互行為」が有する両つのモメントのうちの「情動」的側面を「意見発信」的モメント以上に増幅させるのであって、それはまるで石が投げ込まれた水溜りのように、「情動」の波紋を（例えば「リツイート」によって）広げてゆく。われわれは先の①〜⑤の特性をも踏まえつつ、SNSによるコミュニケーションにおけるこうした特質を従来いわれているような「意見発信《パブリケイション》」ではなく「情動露出《エクスポウジャ》」（exposure）として捉え返したい。またこれに応ずる形で「情報社会」は「情動社会」として特徴づけられることにもなる。

3-2 ルーマンの社会システム論と四つの疑問

「情動露出《エクスポウジャ》」メディアとしてのSNSによるコミュニケーションは様々な場面において現在「社会」を変容させている。経済的な場面では、前章で明らかにしたとおり、それは「ビッグデータ」という、膨大しながら物象化的に〝主体〟化を遂げてゆく「データ」と「情報」の循環過程として立ち現われるが、このプロセスによって「意思決定が自動化」され、マーケッティングも同様に自動化される。また、次章で主題化する次世代「ロボット」や「ウェアラブル」は現在のSNSコミュニケーション（ネットワーク）の主たるデバイス（ノード）として機能しているスマートフォンの〈進化〉形態となる。

また政治的な場面では、これまでは正常に機能していたマスメディアの〝中央集権〟的な情報管理体制、すなわち、一定のコードをクリアしたもののみをメディアに載せるという謂わば言説の〝品質管理〟によってフィルタリングされ、公然とはわれわれの元に届くことがなかった、政治的に過激な見解、というよりそもそも何らかの筋道立った「見解」でも、更には「政治的」ですらもない、ただ虫酸が走り、吐き気を催すだけの単なる「情動」の「露出」が、〝言論の自由〟〝表現の自由〟の名の下に、SNSを通じて堂々と撒き散らされている。こうして撒き散らされた「情動」が拡散して政治空間へと瀰漫した結果、すでに機能不全に陥ったマスメディアまでが、こうした〝空気〟に冒されて「情動的」〝世論〟に阿《おもね》り肩入れする始末である。だがこうした場面におけるSNSの影響にも増して、われわれが重大であると考えるのは、SNSによるコミュニケーションそのものの変容、社会における「人間」の位置づけの変容、つまりは「社会」それ自体の変容、である。

われわれの多くは一般に「社会」を、人間の代数和やその顕在的・潜在的諸関係の総体（「社会とは人間集団のことである」）、でなければ人間相互の意思に媒介された力動論的《ダイナミック》ネットワーク（「社会とは行為連関である」「社会とは集団的・組織的営為である」）とみなす。こうした素朴実在論的理解や行為論的・組織論的理解の下では「社会」は、それが結局は「人間」の実在性《レアリタース》（realitas）を地盤にしている以上、やはり「実在的なもの」の延長として把握されざるを得ない。「社会」についてのディシプリンである「社会学」もまた、こうした「社会」観を基本的には受け容れつつ「データ」に基づいた、「検証」可能な、「実証」的「科学」として発展を遂げてきた。

だが一方で、今世紀に入ってからのインターネットという〈ネットワーク〉メディアの登場と普及は、われわれに右のような「実在的」社会把握の抜本的な見直しを迫ってもいる。インターネットが、コミュニケーションの編制を根底から組み替えつつあるからであり、コミュニケーションから構成される社会の構造が現在《いま》、従来にない規模と速度で変動しているからである。結論から言えば、インターネットは「コミュニケーション」を嘗《かつ》て無いほどに〈抽象化〉し、したがって「社会」を〈抽象化〉しつつある。あるいは、より精確に言い直せば、「社会」が元来有している〈抽象性〉が〈ネットワーク〉コミュニケーションによって、浮き彫りにされ、顕在化しつつある。「情報社会」における、こうした社会の全面的〈抽象化〉を観察・記述するとともに、社会観のトータルな転換を図り得る視座を提供できるのは、少なくとも現時点においては、われわれのみるところ、N・ルーマンの社会システム論、特にその「世界社会」論を措いて他に見当たらない。

　ルーマンは、従来および現行の社会学が「社会」把握において陥っている「実在的なもの」（「具体的なもの」「実証的なもの」と言い換えてもよい）の偏重を明確に見咎めた上で、「十分に抽象的《アブストラクト》（abstrakt）な水準における社会理論」をこれに対置し(5)、その必要性を主張し続けるとともに、「社会システム論」の名の下に「抽象的」理論の構築を自ら実践してもきた現代社会学における稀有な例外(6)である。ルーマンは多くの社会学理論とは異なり、「人間」を、ではなく〈コミュニケーション〉を、社会の構成素とみる。ルーマンにとって「社会」とは〈コミュニケーション〉の連鎖的接続によって産出される閉じた、オートポイエーシス・システムである。

「オートポイエーシス」（auto-poiesis）とは、チリの脳生理学者であるH・R・マトゥラーナとF・J・ヴァレラが提唱したシステム論的な生命観で、生命の本質を「ホメオスタシス」（homeostasis）

のように環境との定常的な平衡関係の維持に求める――すなわち環境の変動に抗して自己同一的な定常状態を保つ（例えば、外気温の変化にも係わらず一定の体温が保たれる如き）特性に生命の本質を見る――のでも、また「散逸構造《ディスィパティヴ・ストラクチャー》」（dissipative structure）論のように変易する無秩序な環境から自己組織化的に立ち現われる秩序（例えば、川の絶え間ない無秩序な流れの中に、或る〝揺らぎ〟を孕《はら》みつつも〝自己同一性〟を具《そな》えた「渦《うず》」が出現する如き）とみるのでもなく、実在的には「環境」と全く交渉のない自己関係的《セルフレファレント》で自己産出的《オートポイエティック》――オートポイエーシスの原義は「αὐτο-《アオト》」（自らの力で再帰的に）「ποίησις《ポイエーシス》」（創造する）である――な徹頭徹尾閉鎖的なシステムとして生命を捉える立場である。例えばカエルはハエのような小さな動体の飛来に対し、舌を伸ばして捕食するという行動を示すが、ハエが飛来した場合に起こったのと同じ人工的な刺激パターンをカエルの神経系に与えると、やはり舌を伸ばす行動が解発《リリース》される。すなわちカエルという生命体にとって、舌を伸ばすという行動の解発は、その外部的「環境」に動体（ハエ）が〈存在〉したことによって惹き起こされるのではなく、（動体の〈存在〉如何に関わりなく）神経系という閉じたシステムへの刺激によって惹起されたシステム構造（カエルの神経系）の変容として生じるものに過ぎない。オートポイエーシスは、ホメオスタシスや散逸構造とは違って、実在レベルでの「環境」との相互作用によって生命の〈存在〉を導出することを拒否し、どこまでも〈認知〉的な水準において持続的に「自己創造」を繰り返す閉鎖的なシステムと生命をみなす。「環境」が問題となるとしても、それは決して〈存在〉のレベルに於いてではなく、〈認知〉のレベルにおける「観察《ベオバハトゥンク》」（Beobachtung）の相関項として、である。ルーマンはこの最新の生命観を自説の核心部に組み込むかたちで独自の社会システム論を構築する。

ルーマンによれば、「社会システム」はあらゆる諸社会を歴史的に貫くかたちで汎通的《ドゥルヒドリンゲント》（durchdringend）に存在するが、その「構造《シュトゥルクトゥーア》」（Struktur）は時代の経過に伴って変容を遂げる。ここで「システム」と「構造」とが異なることに注意しよう。「システム」が〈コミュニケーション〉の連鎖的な接続というその時々の時間的「過程《プロツェス》」（Prozess）であって、謂わばシステム〝本体〟であるのに対し、「構造」の方は「過程」の反復の中で「結晶化《クリスタリズィーレン》」（kristallisieren）して来る〈コミュニケーション〉編制の持続的〝パターン〟である。以下のような比喩に訴えることもできる。すなわち、「システム」が〈コミュニケーション〉が単に持続する「という事実」（that）――そして逆にそのことによってのみ「システム」そのものはそもそも存立可能でもあるのだが――に関わるのに対し、「構造」は〈コミュニケーション〉が「どのように」（how）接続されるのかという仕方、すなわち反復によって「システム」に定着した〈コミュニケーション〉接続の謂わば〝傾向性〟ないし〝習い性〟に関わる、と。このコミュニケーション〝パターン〟としてのシステム「構造」は、時代ごとに組み替わりながら歴史的な変遷を遂げてきたが、それについては後に触れる。現在の社会、すなわち「情報社会」において結晶化しているコミュニケーション〝パターン〟は「機能的分化《フンクツィオナーレ・アウスディフェレンツィールンク》」（funktionale Ausdifferenzierung）である。このシステム「構造」においては、〈コミュニケーション〉は、その〝質〟に応じて例えば「法的コミュニケーション」「経済的コミュニケーション」「学問的コミュニケーション」「芸術的コミュニケーション」などへと下位分岐し、その結果として「社会」は機能的な多重化を遂げる。謂わば、「社会」を構成する持続的〈コミュニケーション〉という名の〝貨物列車〟が、いちいちの〝貨車〟についてその〝積荷〟の如何に応じて

〝転轍機〟によって幾本かの分岐線、すなわち「下位《サブ》システム」へと分類されていくわけである。にもかかわらず「社会」は数的には「一つ」しか存在しない。この唯一の〈コミュニケーション〉の包括的総体を、ルーマンは「包括社会《ゲゼルシャフト》」(Gesellschaft)と呼ぶ。(7)

ルーマンはシステム構造の歴史的推移という「通時的《ディアクロニーク》」(diachronique)な軸によるシステム分類とは別に、現在における同時代的な「共時的《サンクロニーク》」(synchronique)水準での分類も行っている。「相互行為《インタラクツィオーン》」(Interaktion)と「組　織《オルガニザツィオーン》」(Organization)がそれで、これらは孰《いず》れもやはり社会システムの一斑をなしているが、それらを「包括社会《ゲゼルシャフト》」が丸ごと包摂している。ルーマンは、現代社会においては〈コミュニケーション〉の主要なモメントが「相互行為《インタラクツィオーン》」から「組　織《オルガニザツィオーン》」に移行していると主張し、社会に占める「相互行為」のプレゼンス低下を指摘する。更には「組織」でさえも、現代社会の主たる〝アクター〟ではあっても、その〝本体〟ではあり得ず、「社会」を「組織」のメタファーで解することの倒錯を指摘する。(8) すなわち、ルーマンによれば、「機能的分化」社会とは本質的に「抽象的《アブストラクト》」な社会形態なのである。われわれは、ルーマンのこうした指摘を追認しつつも、本章では更にこう主張することになろう。情報社会においては具体的であったはずの「相互行為」までが抽象化され、純然たる「相互行為」はもはやそこでは存在しない、と。

それにしても、ルーマンの社会システム論は評判が悪い。社会システム論の〝知名度〟が上がったことで、一頃《ひところ》行われたような単なるネガティブなレッテル張りや〝食わず嫌い〟こそ減ったものの、ルーマンに対する〝アレルギー〟には今なお根強いものがある。叙述における体系的コンポジション、語用におけるエキセントリックと言っても過言ではないほど特異なターミノロギー、参照における分野を問わない博引旁証、その孰れもが、ルーマンの所説に踏み込むことを躊躇させる高い敷居になっている。だが、ここで論《あげつら》いたいのは必ずしもルーマンの記述スタイルではない。むしろ、ルーマンにこうした記述スタイルの採用を余儀なくさせている、社会システム論そのものの、従来の社会理論に対する根本的な異質性のほうが問題であり、それこそがルーマン社会システム論の〝悪評〟の根っこにあるものである。なぜなら、既存の社会学理論に泥《なず》み、それを奉じる者にとって、それとの根本的異質性は、強烈な違和感と拒絶感を喚び起こさざるを得ないからである。

既存の社会学理論の立場からする時、社会システム論に感じるであろう違和感を疑問の形で列挙すれば以下のようになろう。

（1）なぜ、「システム」という自然科学ないし情報科学出自の抽象的概念装置を社会という実在に導入しなければならないのか？　それは極めて不〝自然〟であると同時に技巧的に過ぎる。

（2）なぜ、社会の構成要素を「人間」ではなく「コミュニケーション」であると考えなければならないのか？　その想定は、直観的・体験的に極めて受け容れにくい。

（3）（1）の疑問と関連し、またその結果でもあるが、社会を「システム」とみなすとき、社会は摑み所のない茫漠たる抽象的存在と化すのではないか？　直接対面的な「相互行為《インタラクツィオーン》」（Interaktion）や「組織」（Organization）はまだしも、「包括社会」（Gesellschaft）やそのサブシステムである「機能的分化（funktional differenziert）システム」に至っては表象《イメージ》することすら難しい。

（4）「社会システム論」が社会全体を扱う「閉じた」理論体系であるために、社会の概念的な把握にはなり得ても、それを社会に「適用」したり、そこから「実践」的帰結を抽き出すことができないのではないか？

以下では、「世界社会」の概念を導きの糸にしつつ、この四つの疑問に順に応接してゆく中で、ルーマンの社会システム論における「社会」把握の画期性・正当性を権利づけ、それが「情報社会」にとって持つ意義を闡明していこう。

3-2-1　社会の自己言及性

まず、「システム」概念をなぜ社会把握に導入しなければならないのか、という（1）の疑問から検討していこう。

結論を先に言えば、「社会」理論が「システム」論でなければならない必然性が、〝対象〟である「社会」の側にあるからである。「システム」の導入は、ルーマンの肆意や技巧ではなく〝対象〟の側での要請であって、その意味では極めて〝自然〟な措置である。

ルーマンの理路を辿ろう。一般に或るものが存在するとは、①空無《スペース》に線が引かれて区別が生じ、さらに②そのどちらか一方のみが注目されることによって一方が閉域として閉じ、〝図〟として分凝《セグリゲート》し、他方が〝地〟として背景に沈み込む事態と同義である。ルーマンは、こうした①「区別」（distinction）と②「指定」（indication）とからなる演算《オペレーション》を、スペンサー・ブラウンの言葉を用いて「観察」(observation, Beobachtung) と称する。何ものかが「存在する」(sein) とは、それが「観察される」(beobachtet werden) 謂いにほかならない。

もちろん、一回限りの観察では、その時々の対象がランダムに出現しては消えるだけであって、同一性を有する安定的対象は「存在」し得ない。ここに「観察」の反復による、差異を吸収する可塑的〝パターン〟の形成と、その「記憶」(memory, Gedächtnis) による「区別」の安定化、さらには「記述」(description, Beschreibung) による「区別」の固定化の必要が生じる。こうして漸く〝対象〟が〝存在〟できるようになる。いずれにせよ、観察されなければ何ものも存在し得ない。ルーマンの所説はしたがってこの限りにおいては実在論ではない。

さて、では「社会」という〝対象〟の存在については如何? 社会という〝対象〟について何事かを述べ立てることは、実はコップや机といった〝対象〟について何かを述べることとは本質的に異なる。〝対象〟「社会」も〝対象〟「コップ」や〝対象〟「机」と同様、その〝存在〟が〝観察〟と相関的である点では変わりがない。だが、「コップ」や「机」を、「私」や「あなた」が〝観察〟できるのに対し、「社会」を「私」や「あなた」が〝観察〟することは原理的に不可能である。なぜなら、社会を〝観察〟しているはずの「私」や「あなた」が〝観察〟対象である「社会」の不可欠の構成契機だからである。「観察者が観察対象として登場してしまう」というパラドックスである。自分の後頭部を自分で見ることが不可能なように、では、「社会」を〝観察〟することは不可能、したがって「社会」の〝存在〟は不可能なのだろうか? だが、そうはならない。

社会について述べ立てているのは「私」や「あなた」であるように見えるが、実はそうではない。

社会について述べ立てているのは社会である。他ならぬ社会が「私」や「あなた」を通して社会を〝観察〟し〝記述〟している。こうした社会それ自身による社会の「観察」によって、はじめて社会は立ち上がってくるのであり、また社会それ自身による「記述」によって安定的に存在する。別言すれば、社会は「記述される」——精確には「自己記述《ゼルプストベシュライベン》」(selbstbeschreiben)する——ことによってのみ自己同一的なものとして存在できるのであり、「記述」(記述もまた「コミュニケーション」であることに注意!)のないところに社会は無い。そして「記述」は必ず〈メディア〉によって行われる。包括的社会の研究が〈メディア〉論とどうしても連繋しなければならない理由がここにある。

以上のような意味において、「社会」は観察の〝対象〟であると同時に観察の〝主体〟でもあるような優れて自己言及的で動的な存立体=〈システム〉として立ち上がってくる。ルーマンのラディカル構成主義、オペレーショナル構成主義とは、既成の主観ないし共同主観による肆意的な社会構成の主張ではない。それは、自らの襟首を掴んで自らを虚空から引っ張り出す類の、ないし自らの尾を銜《くわ》えるウロボロスの如き、自己言及的で自己産出的な——ヘーゲル的に言えば「自己関係」(Beziehung auf sich)的な——論理構制をもつ。そして冒頭の疑問に戻って言えば、〈社会=システム〉とは単なる技巧などではなく、社会の本質に由来する必然的かつ合理的措置であり、〈認識=存在=論理〉の三位一体を実現する概念装置なのである。[9]

3-2-2-1　コミュニケーションとは何か?

次の疑問、(2)なぜ社会の構成要素を「人間」ではなく「コミュニケーション」と考えなければならないのか、に進もう。この疑問に答えるためには若干の迂路を介さなければならない。

社会システム論においてコミュニケーションとは何か、それから考えていこう。ルーマンにあっては、コミュニケーションは対面的「相互行為」でもなければ、「情報の転移・転送」でもない。対面的相互行為は、たしかに社会の原初的場面、基礎的場面におけるコミュニケーションの一つの現象形態ではある。おそらく人間が生まれて初めて行うコミュニケーションは対面的相互行為であろう(10)。だが、それはコミュニケーションの典型でもなければモデルでもない。昨今コミュニケーションの重要性が声高に叫ばれる際に、決まって念頭に置かれているのが、他でもない、この直接的で対面的な相互的意思疎通の企てである相互行為としてのコミュニケーションである。〝コミュ障〟などと揶揄される〝病理現象〟としての「コミュニケーション障害」においてもまた、そこで〝正規《ノー》=正常《マル》〟なコミュニケーションとして想定されているのは相互行為としてのコミュニケーションである。

だが、いわゆる〝コミュ障〟も、引きこもり先の自室でネットを介したコミュニケーションに没頭していることを考えれば、コミュニケーション=相互行為という通念が、如何に狭隘に過ぎるかが分かる。こうした場合、コミュニケーションは、対人交渉能力や意思疎通能力というかたちで、各人の内部に素質として具備され、経験やトレーニングによって開発される態《てい》の〝力能〟およびその発現として理解されている。当今流行《はや》りの「コミュニケーション力」なるものがそれである。すなわち〝コミュ障〟とはこうした〝力能〟を欠く者、それに乏しいもの、ないし〝力能〟を有しているにもかかわらずその意欲的行使に消極的な者、ということになる。にもかかわらず、彼らが人一倍、というより過剰なまでに(「相互行為」とは異なる)コミュニケーションを行っていることは確実である。「相互行為」としてのコミュニケーションはこうした現実に対して「コミュニケーション不全」という独善的烙印を押すばかりで、理論的にこれを掬い取ることができない。

　ここでわれわれは相互行為としてのコミュニケーションが、対「人」間の意思疎通、「人格」理解のための「手段」として捉えられていることに気づく必要がある。すなわち、逆に言えば、相互行為においては、コミュニケーションの「起点」であると同時に「目的」でもあるものとして「人格」が据えられている。相互行為モデルのコミュニケーション把握の根底には、人間主義《ヒューマニズム》が控えているのである。「社会は人間から構成されている」[11]とする社会観が、相互行為モデルのコミュニケーション観と親和性が高いのも如上の事情による。ハーバマスの「コミュニケーション行為」の理論が、その恰好の例であろう。彼の謂う（「戦略的行為」と区別された）「コミュニケーション行為」とは、対面的「相互行為」である。そして、それが目指すのは、諸「人格」間での曇りなき相互理解すなわち「合意《フェアシュテンディグンク》」（Verständigung）であり、それによって最終的に実現されるのは地上における、カントのいわゆる「目的の王国《ライヒ・デア・ツヴェッケ》」（Reich der Zwecke）＝平等な諸「人格」からなる「社会」である。だが、このような人間主義的枠組みに拠るとき、インターネット上で行われている非人称的、匿名的コミュニケーションは、戦略的どころか病理的、逸脱的《アノマリー》なものとしてコミュニケーションから排除されてしまう。そうしたタイプのコミュニケーションこそが現代社会の（良し悪しは別として）主流となりつつあるにもかかわらず、である。

　相互行為モデルのコミュニケーション観に替えて、コミュニケーションを以って〈情報〉転送プロセスおよびプロトコルとみる情報科学モデルのコミュニケーション観を採れば、「人格」間での意思疎通である相互行為以外のコミュニケーションが理論化でき、非人称的コミュニケーションの扱いが可能となる。この場合、コミュニケーションは技術的水準に縮減され、コミュニケーションから人称性や目的は脱色されて、単なる〈情報〉授受の別名となる。

だが、もし「情報」を「意味」の同義語と考えるのであれば——前章で確認したとおり——「情報」は全く転送されていない。実際に転送されているのは、電気的信号に変換された符号列としての〈情報〉（すなわち前章で定義した〈目的＝形相《エイドス》〉的契機を欠いた「情報科学」的なそれ）に過ぎない。相互行為が、コミュニケーションの心理的側面に照準するのに対して、情報科学的なコミュニケーション理解は、その物質的側面に照準する。したがって今の場合、コミュニケーションとは飽くまでも「通信《コミュニケーション》」という物質的過程であって、社会的水準における意味「伝達《ミットタイルンク》」（Mitteilung）としてのコミュニケーションとは——たとえそれらが英語表記においては同じ「communication」であるとしても——無縁である。

3-2-2-2 ルーマンの〈コミュニケーション〉

ルーマンによるコミュニケーション理解は、右に示した孰れのタイプとも異質である。その特徴は、①非人称性、②意味操作、③連鎖的接続、④志向性、の四点に纏めることができる。

①の非人称性によってルーマンの〈コミュニケーション〉が「相互行為」モデルのそれからはっきり区別されると同時に、コミュニケーションから「人間」や「目的」が排除される。「相互行為」もまた〈コミュニケーション〉であるが、そこでみられる「人間」や「目的」は〈コミュニケーショ

ン〉による構成物であり、その〝効果〟に過ぎない。すなわち〈コミュニケーション〉のほうが「相互行為」より〈基底=規定〉的なのである。また、〈コミュニケーション〉が、「データ」転送ではなく、②〈意味〉操作（具体的には「情報／伝達／理解」）であることによって、コミュニケーションは「人間」関係や「物質」過程としてではなく〈意味〉の地平における「出来事《エアアイクニス》」（Ereignis）として措定される。こうした「出来事」としての〈コミュニケーション〉は、生滅を繰り返しながら、③連鎖的に接続する。この〈コミュニケーション〉の持続が〈時間〉性（物理的「時間」のことではないことに注意！――物理的「時間」もまた学問的〈コミュニケーション〉の〝効果〟である）を産出する。すなわち〈現在〉における意味操作の反復に際して、絶えず参照される意味操作の「記憶《メモリ》」＝「履歴《ログ》」が〈過去〉として、引き続き生じる意味操作の不確定性《コンティンゲンツ》（Kontingenz）＝振幅《オッスイレーション》（oscillation）が〈未来〉として産出される。ここに〈コミュニケーション〉が、〈意味〉という地平ばかりでなく、〈時間〉という地平にも据えられたことになる。最後に、〈コミュニケーション〉は必ず「何事かについてのコミュニケーション（Kommunikation *von etwas*）である」という意味において、④〝志向性〟（Intentionarität）を持つ。この規定性は〈コミュニケーション〉が〈意味〉の地平に据えられたことで初めて可能となるが、ルーマンは、この〈コミュニケーション〉の〝志向性《インテンチオナリテート》〟が、現象学においてとは異なり、「意識」性とは無縁であることを示すために〈言及《レフェレンツ》〉（Referenz）の語を充てている。重要なことは、〝志向性〟＝〈言及〉によって〈コミュニケーション〉が〈システム〉を形成するという事実である。すなわち、〈言及〉が向かう〝志向対象〟と、〈言及〉という演算《オペレーション》そのものとの間に「区別」の線が引かれ、前者が〈外部〉に、後者が〈内部〉に振り分けられる。この場合の

〈外部〉が〈環境〉と呼ばれ、そして〈内部〉こそが〈システム〉にほかならない。ただし〈システム〉は、この段階では未だ潜在的な状態に留まっている。〈言及〉が〈外部〉に向かう「他者言及《フレムトレフェレンツ》」(Fremdreferenz)ではなく、〈システム〉そのものへと向かう「自己言及《ゼルプストレフェレンツ》」(Selbstreferenz)によって、〈システム〉そのものが〈観察/記述〉されることで初めて、〈システム〉は顕在化する。こうして、前小節で論じた〈システム〉概念を媒介として、「社会」が〈コミュニケーション〉と繋がったことになる[12]。

「相互行為」をコミュニケーションの典型とみなす立場からすれば、ルーマンのコミュニケーション把握は極度に「抽象的」で、あたかも現実から遊離した仮構物のように見える。だが、①〜④の「抽象的」規定を採用することで、コミュニケーションの外延は一挙に拡大し「相互行為」モデルでは排除される他なかった、ネット上でのコミュニケーションをも理論的に掬い取ることが可能となる。

3-2-3 社会システムの「抽象」性

社会を〈システム〉とみなすとき、社会が茫漠たる抽象的存在と化すことを危惧する(3)の疑問の検討に移ろう。すでに見たとおり、非人称的なコミュニケーションの総体とその反省(自己観察/自己記述)がルーマンの考える社会であるが、この社会規定は極めて抽象的である。「人間」や「国家」そして「共同体」が持つ具体性と比べたとき、その抽象性は際立っている。

「社会」のリアリティを「人間」のリアリティとの連続性において理解しようとする試みは珍しく

ない。近代経済学は社会を人間的個人の「欲望の体系」として規定しようとし、近代政治学は〈自律=自立〉的個人である市民によって構成される政治空間として社会を規定しようとした。だが、社会を「人間」に還元しようとするこうした試みが行き着いたのは当然のことながら、アナキズムやネオリベラリズムに代表される、社会を〈自律=自立〉的個人の代数和に付けられた名目的な名称に過ぎないとする社会唯名論の主張であり、ネオリベラリズムの主張を実践しようとした鉄の女マーガレット・サッチャーの「いわゆる社会などというものは存在しない」(There is no such thing as society)(13)という身も蓋もない託宣であった。

一方、社会の〝実在性〟を馴染みの「国家」や「共同体」などといった具体的実在性へと格下げしつつ、それと同一視することは、直観的で分かりやすくはある。だが、国家が持つ国境や軍隊、官僚や議会といった可視的防衛・統治機構を社会は持たないし、また共同体が持つような〈場所〉の共有を根拠にした成員間での地縁的紐帯や〝しきたり〟(mores《モーレス》, ἔθος《エートス》)をも持たない。それは、極めて捉えどころのない不可視の存立体である。

ルーマン社会システム論の社会把握の要《かなめ》は、〈社会〉を「人間」や「国家」「共同体」の実在性に準《なぞら》えつつ、それらのアナロジーにおいて捉えるのではなく、社会の抽象性をそのまま受け容れる点にある。しばしば人はルーマンの〈社会〉把握を、あまりに抽象的、として難じ、詰《なじ》るが、もし本気でそう思うのであれば、社会の理論的把握を断念するしかない。なぜなら、社会システム論の抽象性とは、社会そのものの抽象性だからである。では、社会そのものの抽象性とは、何に由来するのか? 他でもない、社会の構成素である〈コミュニケーション〉の抽象性に、である。「社会」は、前節で論定した〈コミュニケーション〉の抽象性を引き継ぐのである。

本章の冒頭で主題化したSNSが集中的に体現する情報社会に固有の新しいコミュニケーションのかたち、すなわちその匿名的非人称性、目的《ゴール》のない涯《はて》しなき連鎖的接続性、そしてその結果としての浮遊的抽象性、は実は、ルーマンによるこうしたコミュニケーション定義の実現にほかならない。つまり、巷間謂われるのとは違って、ルーマンのコミュニケーションの定義が抽象的に過ぎるのではなく、情報社会におけるコミュニケーションは、ルーマンの定義のように抽象的なのである。ただ、ルーマンが時代にあまりに先駆けすぎたというに過ぎない[14]。

こうしたコミュニケーションの抽象性は、擬似〝相互行為〟であるSNS上の〈コミュニケーション〉によって、実際の体面的な「相互行為《インタラクション》」にまで及びつつある。現在、若者たちの間では、彼氏や彼女との〝ツーショット〟画像を不特定の他者たちに向けてアップロードすることが流行っている。筆者自身もその閲覧をSNSで強要された〝被害者〟の一人である[15]。場合によっては、自分たちのキスシーン動画をアップする例まである。「自撮り棒《セルフィー・スティック》」(selfie stick) と呼ばれる、ロングショットで自己撮影を行うための装置まで常時彼らが携行していることを考えると、こうした行為が若者たちの〝常識〟となっていることが窺える。本来、恋人同士の恋愛関係やそのコミュニケーションは、第三者の立ち入る隙や余地を与えない秘匿された──吉本隆明の言葉を援用して言うなら──〝対幻想〟領域に収まるはずのことがらである。ところが現在の恋愛コミュニケーションは、SNSによって実現される「アップロード」(upload) という名の第三者への「露出」が日常化しつつある。恋愛コミュニケーションばかりではない。例えば、上司や教師に叱責を受けている現場で「お目玉なうw」なと実況中継よろしく「呟き《ツイート》」を発する。ここでは「叱責」という二者関係すなわち対面的「相互行為」が、そこにSNSを介して不可視の傍観者が参入することで、三者関係によって構成される擬似的〝相互行為〟へと横滑りする現象が起きている。叱責されている「当事者の側からすれば《フュア・エス》」（für es）、自らが陥っている深刻な状況を〝ネタ〟化して第三者に自虐的に晒すことによって、「現場」に第三者を仮想的に引き込んで〝ギャラリー〟に仕立て上げ、その場を自らと叱責者とが演じる〝舞台〟に転化させる――そしてそのことで自らの窮地を相対化し、状況を脱すると同時に合理化する、といういわゆる「認知的不協和《コグニティブ・ディゾナンス》」（cognitive dissonance）状態解消の心的機制が（当人はこの機制に実際には無自覚であっても）働いていると解することができる。だが「われわれ〈学知〉にとっては《フュア・ウンス》」（für uns）、この事態は「相互行為」の「抽象化」以外ではあり得ない。すなわち、SNSが実現した「非人称的でありながら相互行為である」ようなこれまでにない新しい〈コミュニケーション〉のかたちが、本来の二者関係、すなわち〝純粋な〟「相互行為」を囲繞した結果、それを侵食し始め、遂には自らと同じ擬似〝相互行為〟の水準にまで「引き上げた」（あるいは「引き下げた」）のである。

もう少し事態を一般化して記述しよう。SNSは常時〈コミュニケーション〉が「接続されている《オン》」（ON）状態、ないし少なくとも「待ち受け《スタンバイ》」（stand-by）の状態、いわゆる〝つなぎっぱ〟、がその規定値《デフォルト・ヴァリュー》（default value）――これは同時に「対面的相互行為《オフ》」（OFF）の状態が特殊的状況《レアケース》であることも含意していることに注意せよ！――であった。しかも、接続は「多対多」という〝蜘蛛の巣《ウェブ》〟（web）様の状態で実現されている。この事態は、情報社会においてはあらゆる「相互行為」が、SNSを介して第三者を「現場」に引き込みながら成立していることを意味する。「相互行為」の当事者はその時々の「現場」において自らの「相互行為」を〝アップロード〟によって「露出《エクスポーズ》」する。そして逆に「露出」を前提にして（ということは不可視の〝ギャラリー〟の〝眼差し〟を意識しつつ）「相互行為」を〝演ずる〟。

この新たな〝相互行為〟機制《メカニズム》の象徴が、一時期世間を賑わした、自らの反社会的行為（例えば、パトカーの上で騒ぐ、コンビニの冷凍庫に入る）をSNSで敢えて公開する「バカッター」（「バカ」と「ツイッター」からの合成語）であろう。この現象はSNSの存在無しにはあり得ない〝相互行為〟である。こうした〈コミュニケーション〉形態はしばしば言われる自己の「承認欲求」などという、当人の〝実存〟に関わる高級な動機から発現したものではあり得ない。本来プライベートであるはずの行為や反社会的な行為が如何にして社会的「承認」の対象になり得るのか？　そもそも「承認」されるべき内実をそうした行為は有するのか？　という問題はひとまず措こう。だとしても、〝承認〟の取り付け先が匿名《アノニマス》の不可視的第三者であること、〝承認〟といってもその内実は「リツイート」や「いいね！」ボタンのクリック、たかだか「レス」の返し、といった程度の極く浅い共感（場合によっては反感）の表明に限られること、また、その〝承認〟要求が〝発信〟者からのほとんど「強要」と呼んでよいものに基づくことなどを考慮に入れるとき、こうしたSNSによる〈コミュニケーション〉において働いているのが、「相互行為」の相手に宛てられるはずの「承認」要求などではなく、その「相互行為」を〝パフォーマンス〟として覧《み》ている〝ギャラリー〟としての不可視の第三者、に宛てた「支持」の取り付け、であることがわかる。つまり、SNSの擬似〝相互行為〟において求められているのは、明け透けに言えば「露出」に対する謂わば〝喝采〟という「情動」水準でのレスポンスなのである。

もちろん、世に存在するのは〝露出狂〟ばかりではない[16]。自らは積極的に「露出」することのない、ただ単に他人がアップした「呟き」や「画像」を閲覧するだけの「見る専」「閲覧専」「ROM専」と呼ばれる者たちが多数存在することも事実である。だが、この者たちとて、いつ自分の「相互行為」が相互行為の相手によって「アップ」され、「露出」の巻き添えを食うか分かったものではない（現に、SNSを使う習慣も趣味もない――もちろん研究のために主だったサービスのアカウントは取っている――筆者も本務校の授業での発言、すなわち「相互行為」が、SNSによって非常勤先の学生に知れ渡っていたという〝被害〟に遭っている）。こうした場合、SNSを使っているか否かにかかわりなく、「露出」のリスク、「チクられる」という不測の事態に備えつつ「相互行為」を行わなくてはならない。つまり、実際に「露出」は結局起こらなかったとしても、〈不在の他者〉の〝眼〟を気遣い、細心の注意を払って「露出」に対して身構えながら「相互行為」を行う必要が出てくるのである。また逆に積極的で〝確信犯〟的な〝露出狂〟にとっては、「露出」は相互行為の相手に対する〈攻撃〉でもある。先の「叱責」のツイートの事例で言えば、このとき「露出」された叱責者である「上司」や「教師」は、ツイート主にとっての〈攻撃〉＝「チクり」の対象ともみなせる。SNSによって「露出」された「相互行為」報告が「リツイート」され、あるいはそれに「いいね！」という他者の評価が付くことで、ツイート主は不可視の〝ギャラリー〟を仲間に就けたことになる。こうした「チクり」や「暴露」という〈攻撃〉から身を躱《かわ》すべく、出来る限り人間関係の深部に立ち入らないよう、また場の〝空気〟を壊さないように「相互行為」の当事者たちは気遣う。こうした気遣いや思慮を欠いた

〈すなわち不可視の〝ギャラリー〟が不在の〉儘《まま》で「相互行為」を行う者は、「KY」（空気が読めない者）として「炎上」「祭り」という名の〈攻撃〉に曝されることになる。[17] こうして「相互行為」の現場は、不可視の〝ギャラリー〟を味方につけるのか、それとも敵に回すのかの判断が不断に迫られる、〈攻撃〉と〈防禦〉が鬩ぎ合うマイクロポリティックスの〝戦場〟、〝生活世界〟内部の政治的〝アリーナ〟と化す。

だが、こうした事態は、フーコーが言う「規律社会《ソシエテ・ディスィプリネール》」（société disciplinaire）における「汎視《パノプティコン》」（panopticon）ではないし、また七〇年代の「管理社会」におけるいわゆる「監視《サヴェイランス》」（surveillance）とも違う。[18] それらは孰れも、〈支配〉する「権力」の視線であり、〈支配−被支配〉の階層関係を前提している。これに対してSNSにおける〝権力〟関係の布置は〈支配−被支配〉の関係ではなく、また階層性を予想してもいない。それは〈不在の他者〉に対する、「用心深さ」という意味合いでの〈気遣い《ウムズィッヒト》〉（Umsicht）に制御《コントロール》されることによって自生的に創発する、特権者が何処にも存在しない平坦《フラット》な関係性が生み出す〝自縄自縛〟、すなわち「環－視《ウム・ズィッヒト》」（Um-sicht）である。また「汎視《パノプティコン》」や「監視《サヴェイランス》」が〈支配〉のための物理的な「場所」や「施設」を必要とするのに対し、「環－視《ウム・ズィッヒト》」はその〝主体〟が、SNSによって〝相互行為〟の現場に繋がれている「不可視の第三者」＝〈不在の他者〉であるがゆえに場所的・空間的な制約に縛られることはない。原理的には、「世界」のあらゆる者がSNSによって〝ギャラリー〟として擬似〝相互行為〟としての〈コミュニケーション〉に参加し得、巻き込まれ得る。[19] こうして「情報社会」は、〝露出狂社会〟〝チクリ社会〟の様相を呈するに至る。[20]

ここでもう一度議論の本線に戻りつつ「われわれの立場から《フュア・ウンス》」事態を纏めよう。ＳＮＳによる擬似〝相互行為〟の〈コミュニケーション〉において生じているのは、あらゆる者が〝相互行為〟の〝当事者〟に昇格することによって、逆に本来の「相互行為」における「当事者」性が希薄化する、という逆説《パラドックス》である。「情報社会」とは、厳密な二者関係（＝対面的相互行為）が成り立たない社会、濃密な〝熱い〟人間関係（＝対幻想）に没頭できない社会である、と言い換えることもできる。と同時に、不可視の第三者＝〈不在の他者〉である「匿名性《アノニマス》」（Anonymous）が実体化的に立ち上がってくることで〝アクター〟として社会に組み込まれ、影響力を行使する社会、でもそれはある。繰り返して言えば、ＳＮＳによる擬似〝相互行為〟は、それが〝本来の〟「相互行為」にフィードバックされることで、「相互行為」そのものを変質させつつある。すなわち「情報」社会の〈コミュニケーション〉に組み込まれることで、「相互行為」そのものが〈抽象化〉を蒙っているのである。原理的には「情報社会」においては、純粋な「相互行為」は存在しない。つまり「相互行為」＝〈コミュニケーション行為《コムニカティーヴェス・ハンデルン》〉（kommunikatives Handeln）は、殊《こと》「情報社会」においては、何ら社会の〝不動の岩盤〟でも〝母胎〟でもないのである。(21)

3-2-3-1　社会把握モデルとしてのコンピュテーション

ＳＮＳによって成立している〈ネットワーク〉コミュニケーションの総体はしばしば、電子「共同体」やヴァーチャル「共同体」として、「共同体」に準えられる。だが、ＳＮＳによる〈コミュニケーション〉連鎖によって成立するのは「共同体」ではなく「社会」である。日本発のＳＮＳである

mixiが、その早期の立ち上げ（mixi、facebookは二〇〇四年、Twitterは二〇〇六年にそれぞれサービスを開始）にもかかわらず、他のSNSとの競争に敗れ日本におけるデ・ファクト・スタンダードの地位を確立できなかったのも、そのサービスが世界接続性を本質とする「社会」をではなく、閉鎖的な「共同体」を、しかも特殊日本的な「ムラ〝社会〟」を（無意識裡に）モデルとしていたからだと考えられる。SNSは言うまでもなく*Social Networking Service*の略称であるが、おそらく、この場合のSocialは、代表的SNSであるfacebook成立の経緯を考えても本来は「社交」を意味していたはずである。だが、事の真相に即しつつ、Socialは額面通り「社会」として受け取られなければならない。すなわち、「社会」は、とりわけ情報社会においては、〈場所〉として、「共同体」の延長線上に、その拡張形態として捉えられたり、ハーバマスにおいての如く、対面的「相互行為」の疎外形態として捉えられてはならない。むしろ、情報社会にあっては、抽象的コミュニケーションからなる非・場所的〈社会〉こそが、「社会」本来の在り方であって、従来の〈場所〉的共同体は、この抽象的〈社会〉に〈包摂《インクルード》〉され、機能的分化社会の〝リソース〟源としてそこに組み込まれる（例えば、労働資源の供給地や観光資源として）。共同体は今日、社会が向かうべき理想的モデルであるどころか、社会への〝寄生〟無しには生き存《なが》らえることすらできない(22)。

機能的な分化を遂げた、抽象的な「社会」からは、〈場所〉性と同時に「価値」もまた徹底的に排除される。ルーマンは、社会システムを構成するコミュニケーションから、ハーバマスの如き「合意」という目的への漸近、なる「価値」を排除し、単なる連鎖的持続のみをその本質規定として認定する（ネット上のコミュニケーションに「合意」への志向が果たしてあるかどうか考えてみよ）。また、機能的分化システムについても、〈真理〉や〈美〉や〈愛〉といった「価値」追求を目的として設定するのではなく、〈真理／虚偽〉〈美／醜〉〈愛している／愛していない〉という双極的な二値コードによって価値を中立化した上で、特定コードに則ったコミュニケーションの連鎖的持続として規定することで、分化システムの脱「価値」化を図っている。また、包括社会に対する特定部門、例えば政治システムや経済システムの特権化・特別視による、システム間の序列化・階層化という形での「価値」の密輸入をもルーマンは周到に避けている。更に付け足せば、包括社会のサブシステムから、価値の〝総元締め〟である「倫理・道徳システム」を締め出すという徹底ぶりである。[23]

以上から、ルーマンの〈社会＝システム〉の輪郭が朧げながら浮かび上がってくる。「二値コード」「プログラム」「記憶」「演算」といったルーマン社会システム論に特有のターミノロギーに端なくも現れているとおり、ルーマンの社会把握のモデルはコンピュテーションであり、社会の持続を担っているのは、コミュニケーションという名の〝演算《オペラツィオーン》〟(Operation)[24] である。演算としての〈コミュニケーション〉は「二値《バイナリ》コード」(binary-code) という〝言語〟を使用して実行されるが、この演算が従うのが、潜在的な社会「構造《シュトゥルクトゥーア》」(Struktur) としての〝プログラム〟(Programme) である。コミュニケーションという演算が、プログラムを実行することで、潜在的であった「社会構造」が、「プロセス」として顕在化される。社会過程《プロセス》はその反復によって社会構造を強化しながら、「構造」と「過程」の環は循環を繰り返す。〈コミュニケーション〉という演算の持続によって実現される、こうした「過程」と「構造」の循環的ダイナミズムこそが「社会」の実体にほかならない。そして、このアルゴリズミックなルーティーンとしての〝演算〟プロセスに、「不確定性」(Unwahrscheinlichkeit,

Kontingenz）の入り込む余地はあっても、「価値」の入り込む余地は一切ない。

ここで、二点注意しておきたい。第一は、社会とコンピュータとの違いである。コンピュテーションのアナロジーには自《おの》ずから限界がある。コンピュータの場合には〝プログラム〟はその外部から人間によって指定される。だが、社会には、〝プログラム〟の提供元である〝外部〟が存在しない(25)。したがって社会は〝プログラム〟を自ら調達するほかない。この〝プログラム〟の自己調達を実現するのが、〈演算＝コミュニケーション〉の反復による〈記憶《ゲデッヒトニス》〉（Gedächtnis）である。この〈記憶〉機能によって〈社会構造＝プログラム〉は「自己組織化」的に形成される(26)。この意味において、社会は自己組織化する〈自立＝自律〉システムである。

第二。「人間」は〈コミュニケーション〉による〝演算〟の持続的実行、すなわち〈社会〉の生成＝再生産に際して、〝素子〟の役割を果たすものに過ぎず、〈社会〉生成＝再生産という〝演算〟プロセスの層《レイヤ》（Schicht）からは排除されている。ただし、もちろん〝素子〟無しには〝演算〟がそもそも実行不可能、という意味において、人間は社会の〈環境〉として、その成立のための可能性の条件を成してはいる。

ルーマン社会システム論の、インターネットをベースとした現在の情報社会との親和性は、こうしたコンピュテーションモデルによる社会把握に拠るところが極めて大きい。

3-2-3-2　「世界社会《ヴェルトゲゼルシャフト》」

以上のような〝演算〟プロセスが、これまでの人類史を通じて実行され続けた結果、近代になって、その全貌を現すに至った、①唯一性、②非・場所性、非・空間性、③没・価値性、を本質的な特性として有する包括的社会システムを、ルーマンは「世界社会」（Weltgesellschaft）と呼ぶ。

ルーマンは一九七一年に「世界社会」と題する論攷を発表、[27]初めてこの概念を世に問う。それ以後「唯一の社会システムとしての世界社会」[28]（一九八二）、大著『社会の社会』における主題化[29]（一九九七）、そして同年の「グローバリゼーションか世界社会か――現代社会をどう概念化するか？」[30]と、死の前年まで、ほぼ十年ごとに計四回「世界社会」を主題とした文章を発表する。[31]見過ごせないのは、発表の度毎に「社会」把握の深化が窺えることで、「世界社会」の概念がルーマンにとって「社会」概念のシステム論的彫琢の導きの糸となり、理論深化の触媒となったことが分かる。

冒頭で挙げた社会システム論をめぐる疑問の最後のもの、繰り返せば（4）社会システム論が「閉じた」理論体系であり、社会の概念的な把握とはなり得ても、それを社会に「適用」したり、そこから「実践的」帰結を抽き出すことができない、という批判にそろそろ応接する段取りなのだが、筆者としては、ルーマンによる「世界社会」概念の深化にその解答が、あるいはそれが言い過ぎだとしても、少なくとも問題に答えるためのヒントが、示されていると考える。したがって、手短かに各論文の要点を摘録しながら、ルーマンの社会把握の進展の跡を以下で辿ろう。[32]

一九七一年の論文は、ルーマン理論の最初の体系的記述である『社会システム――一般理論の概要』[33]に先立って自らの社会システム論の輪郭を素描した、思想形成史的な観点からも重要な論文である。この論文で見逃すことができないのは、ルーマンが如何なる関心と問題意識から「社会」という格別な存立体にアプローチしようとするのか、彼の初発の理論的モチーフ、すなわちルーマン独自の「社会」把握の根本的構えがはっきりと表明されている点である。そこでは、現代においては社会は「一つ」(Einheit)しか存在しないこと、そして旧来の西欧では「社会」が政治・経済的な関心から「国民国家」の枠組みにおいて、また規範的ないし倫理的な関心から「共同体」の枠組みにおいて理解されてきたのに対して、〝相互行為〟(34)の拡大と機能分化という枠組みにおいて、「国家」「共同体」とは異なる次元で「社会」を把握することの必要性が説かれる。同時に「社会」を「地理的領域性」《レギオナリテート》(Regionalität)や「空間性」《ロイムリッヒカイト》(Räumlichkeit)として捉えることが拒否される。(35)こうして、①国家・共同体とのアナロジーの排除、②政治・経済の特権性の否定、③地理的・空間的領域性の拒否、という消極的な規定から、唯一の包括社会である「世界社会」が導かれる。

3-2-3-3　設計vs.進化

十年後に発表された論文「唯一の社会システムとしての世界社会」で、ルーマンは新たな論点を提示する。それが「社会」の「設計」《プランニング》(planning)不可能性である。

例えば、嘗《かつ》てソビエト連邦や中華人民共和国が企てた計画経済による経済的「社会設計」や、D・ベルらが構想したテクノクラートによる技術的・工学的な「社会設計」などが、社会設計の代表例であろう。近時では、情報社会の未成立を大前提に(そもそも、この前提そのものが間違っているが)、また「災害復興」を口実に、「情報社会の設計」が喧伝され、社会設計を標榜する立案者の周りに、空間デザイナーや都市プランナーといった新手の土建屋たちが鵜の目鷹の目で屯《たむろ》する事態を生んでもいる。

だが、ルーマンによれば「社会の設計」は決して成功しない。それは必ずしも、予測不可能な事態が起こるから、という理由によるわけではない。一般的に言って、社会設計という発想は、社会の〈外部〉を暗黙裡に想定しており、その社会〈外部〉の特権的視座から特定の意図に従って社会をコントロールすることができる、とする不遜かつ無根拠な信憑に依拠している。社会の唯一性が未だ達成されていない、例えば前近代的な環節的〝社会〟においては、複数の〝社会〟の存在を盾に、社会の〝外部〟を云々することは、なにがしかのリアリティを持ち得たかもしれない。あるいは、独裁政権においてなら物理的ゲヴァルトによって威力行使的に、社会をコントロールするための特権的〝外部〟を捏造することは可能かもしれない（これとて、歴史が示すように長続きするものではない）。だが、「世界社会」である現代社会においては、社会の〈外部〉は存在し得ない。地球外の宇宙空間ですら、そこでコミュニケーションが生起すれば「世界社会」に〈包摂《インクルード》〉される（「世界社会」が地球《グローブ》という地理的・空間的な概念とは相覆わないことに注意せよ！）。

とすれば、社会設計は社会の〈外部〉においてではなく、社会の〈内部〉で為されざるを得ない。そして、社会〈内部〉の設計は必ず、並立する別の社会設計を生む。すなわち社会をコントロールする当初の意図とぶつかり合う異なる意図を生む。こうして、対立する意図を織り込んだ新たな社会設計が企てられることになるが、この調整済みの設計に対して、再び別の設計が対置される。以下、同じことの繰り返しであって、当初の意図が実現されることは決してない。

「世界社会」においてルーマンが「設計」に対置させるのが〈進化《エヴォルツィオーン》〉(Evolution) である。すなわち、「社会」は「設計」されるものなどではなく、〈進化〉するものなのである(36)。

社会進化というと、ナチス流の人種的淘汰は論外としても、マルサス流の生存競争における適者生存、場合によっては「社会生物学」的生存戦略の「人間」種への拡張、がイメージされ、すこぶる評判が悪い。だが、社会進化論の祖と目されるH・スペンサーの主張内容は、後世のそれのような血腥《なまぐさ》いものでは決してない。スペンサーは社会を一種の〝有機体〟と捉えた上で、生物が単細胞生物のような単純な構造のものから、人間のような複雑な構造のものへと進化を遂げたように、社会もまた「機能的分化」により複雑な構造へと進化することを説く。ルーマンの社会システム論は、社会有機体論でこそないが、間違いなくスペンサーの社会進化論の直系である。したがって、ルーマンが考える社会進化は、社会の〝生存戦略〟などではないし、〝環境適応〟でもない。すでに見たとおり、システムとしての社会には、「生存」という〈目的＝価値〉が占める場所はない。また、社会が〝適応〟すべき〝環境〟も存在しない。なぜなら社会システム論における〈環境〉とは、飽くまでも〈システム／環境〉という「区別」であって、社会の外に〝環境〟という独立自存する実体が実在するわけではないからである。

社会システム論において、では社会〈進化〉とは何なのか？　他でもない、社会の「構造変動」である。〈コミュニケーション＝演算〉は、安定期には特定の〈プログラム＝社会構造〉に則って、社会を持続的に再生産している。だが、何かが、何かを〈きっかけ〉にして、既存の〈プログラム＝社会構造〉が不安定化する。一定の試行錯誤の期間を経て、既存のものに替わる新しい〈プログラム＝社会構造〉が自己組織化的に成立し、以前の〈プログラム＝社会構造〉と置き換わる。こうした一連の社会構造変動プロセスが社会進化にほかならない。

ルーマンは、これまで三度の大きな構造変動を経ることで社会は複雑性を増大させながら、現在の「世界社会」へと進化を遂げてきたとする。一度目が「環節的《ゼグメンテール》」(segmentär)構造から〈中心《ツェントルム》‐周縁《ペリフェリー》〉(Zentrum-Peripherie)的構造への変動であり、二度目が〈中心‐周縁〉的構造から「成層《シュトラティフィカツィオーン》」(Stratifikation)的構造への変動、そして直近の三度目が、成層的構造から「機能的分化《フンクツィオナーレ・アウスディフェレンツィールンク》」構造への変動である。T・クーンのターミノロギーを援用するならば、社会システムの構造変動を、科学者共同体レベルではなく包括社会レベルでの「パラダイム・チェンジ」の事態に準えることもできよう。

さて、では社会の構造変動、社会進化を惹き起こす〈きっかけ〉、起動因《カウサ・エフィキエンス》(causa efficiens)とは何なのか？　われわれとしては、それを〈メディア〉であると考えたい。もちろん〈メディア〉が因果律の流儀で一方的・一義的に社会を変えるなどということはあり得ない。それは、「生産力」や「英雄」や「教養」が、一方的・一義的に社会を変え得ないのと同断である。だが、われわれが注目したいのは、〈メディア〉が、社会の構成要素である〈コミュニケーション〉に、その可能性の条件としてダイレクトに関わっているという事実である。〈メディア〉の変容は、そのまま〈コミュニケーション〉という社会の基礎〈演算《オペラツィオーン》〉のあり方に変容をもたらさざるを得ない。もちろん、〈メディア〉とて「社会」の外部的存在ではあり得ず、「社会」からの〝反作用〟も受ける。だが、こうした不確定性にもかかわらず、〈メディア〉が「社会変動」の規定要因であることは覆せないようにわれわれには思える。ここで、社会システム論と〈メディア〉論とが再び交差する。

現在われわれは、〈メディア〉の次元でマスメディア・パラダイムからインターネットをベースとした〈ネットワーク〉パラダイムへのパラダイム・チェンジの只中にいる。これまでの議論に基づけば、これは「包括社会」＝「世界社会」次元での「構造変動」の起動因となり得る。次節では、その事情をルーマンの一九九七年の論文を睨みつつ考察しよう。

3-2-3-4 〈包摂《インクルージョン》〉と〈排除《エクスクルージョン》〉

一九九七年の論文は、死を目前にしたルーマンによる、社会システム論の要諦とその現代的意義の確認、そして社会システム論の立場からの現代社会診断として読める。また、論文が発表された一九九七年が、Windows 95の発売によって、漸くインターネット社会の基盤が助走段階に入った時期であることにも留意したい。

本論文における第一の主題は、タイトルにも現れているとおり、「グローバリゼーション」との対比において「世界社会」の独自性を明瞭ならしめることである。グローバリゼーションが、諸「国家」を隔てる国境の有名無実化およびそれと軌を一にして一挙に顕在化した諸社会（≒諸「民族」）の摩擦・軋轢として、すなわち結局のところ、地理的・空間的領域性である物理空間（≒地球《グローブ》）の変容として表象されているのに対して、世界社会とは、〈コミュニケーション〉の総体である唯一の社会の機能的分化による多重化であって（しかも、多重化された社会システム間に優劣の序列は無い）、諸機能システムが並行的に共存する〝地平〟であることが強調される[37]。飽くまでも、領域性や空間のアナロジーに固執するなら、それは物理的な「空間」ではなく、トポロジカルな位相〝空間〟である。こうした社会把握には、地域的・領域的〈部分〉が統合されることで〈全体〉としての「世界」が構成されるとする〈部分／全体〉図式の否定[38]、すなわち、「実体としての社会」から「地平《ホリツォント》（Horiz-ont）としての社会」への転換が含意されてもいる[39]。

第二の主題は、社会〈環境〉としての「自然」と「人間」である。社会〈システム〉の主要な二つの〈環境〉が「資源《リソース》」[40]という観点から論じられる。

「自然」は、従来ピュシス（φύσις）として人為的ノモス（νόμος）としての文化や社会と対立するものとみられてきた。現代においては、生態系《エコロジカル・システム》という一つの閉じたシステムとして自然が捉えられ、このシステムにおける調和的安定性、ホメオスタシスの阻害要因として人間や社会が対立的に措定されるのが恒である。だが、実際には、人間もまた有機的組織（=身体）としては、生態系としての自然を構成する一部であるという事実も含め、「社会の外部にあって、それと対立する自然」という自然把握はフィクションに過ぎない。

もちろん、システム論の枠組みにおいて、エコロジカルな有機的自然は、社会システムの〈外部〉であり、その〈環境〉をなしている。だが、その〈外部〉としての自然は、〈コミュニケーション〉の〈志向的対象=言及対象《レフェレント》〉（Referent）ないし〈テーマ〉（Thema）として立ち現れざるを得ず、そしてそうである以上、この〈外部〉は、社会システムに〈包摂《インクルード》〉されることで、〈内部〉化されざるを得ない。というより、「外部」とは、実のところ「〈外部〉として表象された〈内部〉」に過ぎず、純然たる「外部」は事の原理上存在し得ない。なぜなら、語られた（=コミュニケートされた）途端それは「内部」とならざるを得ないからである。すなわち、エコロジカルな自然とは、社会システムの〈内部〉化された〈外部〉に他ならない。

この〈内部〉化された〈外部〉としての自然が、「自然景観」や「エネルギー源」として、社会システムに〈包摂《インクルード》〉されることで二重に〈内部〉化され、逆に「気象異常」や「天体運動」は社会システムの〈外部〉として、そこから〈排除《エクスクルード》〉される。だが、孰れの自然も実は、社会システムの〈内部〉であって、ないし社会システムに〈包摂〉されており、〈内部〉および〈包摂〉が二重化されているに過ぎない。それが〈資源《リソース》〉とみなされて更なる〈包摂〉を受けるか、〝あるがままの自然〟として〈排除〉され、〈内部〉化された〈外部〉に留まるか、という違いがあるだけである。

一方、「人間」の場合には、普通の見方では「自然」の場合とは逆に、社会の構成要素、社会の〈内部〉とみなされる。だが、社会システム論においては、人間もまた自然同様、社会の〈環境〉であって、その限りでは、やはり社会の〈外部〉である[41]。

だが、この〈外部〉としての人間は、社会の構成素としてではなく、「人口」や「人権」、「脳死」や「貧困」といった諸問題をめぐる経済的、法・政治的、医療的な〈コミュニケーション〉の「テーマ」として社会に引き込まれ〈内部〉化される。ここで間違えてはならないのは、人間が社会〈内部〉化されるのは、飽くまでも〈志向的対象＝言及対象《レフェレント》〉としてであって、決してコミュニケーションの〝主体〟としてではない、という点である。社会システム論において、〈コミュニケーション〉とは〈演算《オペラツィオーン》〉という非人称的な出来事の連鎖であって、そこに〈演算〉を実行する〝主体〟は、論理構制から考えても存在しない。〝主体〟が登場するとしても、それは〈コミュニケーション〉の中で、オペレーションの担い手、帰属先として事後的に構成されるものでしかない。

さて、問題はここからである。〈コミュニケーション〉の「テーマ」として社会〈内部〉化され、社会システムに全面的に〈包摂〉された「人間」が、システムによって、先のような意味論的《ゼマンティシュ》な水準においてではなく、実在的な水準で〈区別=選別〉されてゆく。すなわち、各機能的分化システムにおいて〈コミュニケーション=演算〉の担い手として〝期待〟され、その〝主体〟として構成される「人格《パーソン》」(person)と、機能的分化システムにおいてはいかなる〈コミュニケーション〉の担い手としても〝期待〟されない、そして場合によっては単なる身体的存在にまで頽落しかねない「〈個=孤〉人《インディヴィデュアル》」(individual)とに、である。

　前者は、社会システムの〈コミュニケーション=演算〉実行における重要な〝素子〟の役割を果たすことを期待され、〝人的資源〟として機能的分化システムから更なる〈包摂〉を受ける。その結果「人格」は、包括社会のサブシステムである様々な機能的分化システムにおけるコミュニケーション・ネットワークの〝ノード〟ないし〝ハブ〟として表象される。他方、後者はあらゆる機能的分化システムへのアクセス手段および資格を剥奪され、社会構造に関わるいかなる重要なコミュニケーションからも〈排除〉される。単なる身体的存在一歩手前の「〈個=孤〉人」は、ルーマンが言うように〝搾取〟の対象ですらない。社会システムにとって彼らは何らの〝資源〟的価値も持たないからである。(42)

　この、搾取されるものを何も持たないほとんど身体的存在としての人間=「〈個=孤〉人《インディヴィデュアル》」とは、あらゆる社会的特性を剥ぎ取られた「剥き出しの生《ヴィータ・ヌーダ》」(vita nuda)であり、にもかかわらず「社会」存立のために必要/不要となる〈資源〉的〝プール〟ないし〈資源〉的〝バッファー〟として社会に〈包摂〉されてはいる、したがって、「世界社会」には〈包摂《インクルード》〉されつつ、機能的諸システムからは

〈排除《エクスクルード》〉された、アガンベン謂うところの〈例外状態《スタート・ディ・エチェツィオーネ》〉（stato di eccezione）における存在、すなわち現代の〃ホモ・サケル〃に他ならない(43)。

3-2-4　社会システム論の「実践」性

最後の疑問に回答を出そう。その疑問は（4）ルーマンの社会システム論が、社会全体を扱う「閉じた」理論体系であるために、社会の概念的な把握とはなり得ても、それを社会に「適用」したり、そこから「実践的」帰結を抽き出すことができないのではないか、というものであった。

まず、社会システム論が「閉じた」理論体系であるという点から考えていこう。この指摘はある意味では正しい。ルーマンが「意味《ジン》」（Sinn）を以て「普遍的〈メディア〉」（allgemeines Medium）と規定し(44)、この〈意味〉という〈自己関係=自己記述《オートロジカル》〉的（autological）な〈メディア〉の地平において理論を構築する以上、理論全体が閉鎖的な構制を持つことは避けられない。筆者自身もかつてルーマン理論が有する、言語モデルによる〈意味〉への定位に由来する認知的水準での閉鎖性を批判したし(45)、現在もその見解を変えてはいない。だが、以上のことは決してルーマン理論が社会システム論の孤塁を守ることのみに汲々とし、他の理論や流派の思考と相容れない、あるいは接点を設定し得ないことを意味するわけではないし、また、その理論が完全無欠の完成形態にあり、何ものをもそこに付け加えたり変更を施したりする必要がないことを意味するわけでもない。

実際、いくつかの箇所で示唆したとおり、社会システム論は〈メディア〉論と随所で交差するし、

「世界社会」概念もまた、ウォーラステインの「世界システム」概念やネグリ=ハートの「帝国《エンパイア》」（Empire）概念との間で密かな〝共鳴〟が認められる(46)。また、前節で指摘したように、〈包摂／排除〉メカニズムによるシステム〈環境〉の全面的〈資源〉化の議論は、フーコー、アガンベンの「生政治《バイオ・ポリティックス》」論と接続可能である。更に言えば、社会をコンピュテーションのアナロジーに拠りつつ、〝演算〟プロセスの自己組織化的〈自立=自律〉として把握するルーマンの発想そのものが、晩年のM・ハイデッガーによる〈配備=集立《ゲ・シュテル》〉（Ge-stell）論の社会理論への拡張として捉え返せるように筆者などには思える。

ルーマンの社会システム論は、すでに述べたとおり、社会〈進化〉の理論である。社会が〈進化〉を遂げるように、社会構造の一班をなす理論もまた当然〈進化〉する。それは、他理論を組み込み、それらと接続しながら、社会の変動（=進化）を洞察（観察）し理論化（記述）することを通して自らも〈進化〉するのである。

では次に、社会システム論が記述理論に止まっていて、社会への「適用」ができない、という点についてはどうか？　しかし、一体「社会的適用」とは何なのか？　「適用」という考え方は、社会の〈外部〉に、社会から独立した、理論や方法がまず存在していて、それを社会に宛《あて》がう、という（「社会設計」と同種・同根の）発想に基づいている。だが、そもそも理論や方法そのものが、社会的〈コミュニケーション〉の中でしか生まれ得ない、社会〈内部〉的出来事である。

ルーマンは「世界社会」を定義して次のように言う。「世界社会とはコミュニケーションの中で世界が立ち上がってくることである」（Weltgesellschaft ist das Sich-ereignen von Welt in der Kommunikation.)[47]。コミュニケーションが世界=社会を生み出すのであって、世界の中にコミュニケーションが生じるわけではない。社会とはそれ自体において自存する実在などではなく、〈観察〉と〈記述〉によって初めて創発する存立体である（そして〈記述〉は〈メディア〉によってのみ可能）。「私」や「あなた」が、「社会」について〈語り〉「社会」について〈書く〉とき、すなわち〈コミュニケーション=演算〉が「私」や「あなた」を〝素子〟として使用しつつ実行されるとき、そのときにのみ「社会」は〈自己観察／自己記述〉の〝地平〟あるいは〝主体〟として、すなわち〈システム〉として姿を現す。もう一度、元の問題に立ち戻って言い直すならば、「理論」（=〈観察／記述〉）の〝適用〟先である「社会」そのものが「理論」の産出物なのである。

では最後に、社会システム論の「実践」性については如何？　ルーマンの社会システム論が認知的性格の濃厚な社会理論であることは間違いない。オートポイエーシスが元来もつ〈認知〉モデルをそれは引継ぐからである。そこに社会システム論のある限界が孕まれていることも確かである。また、ルーマンの〈コミュニケーション〉が認知的な〈意味〉の水準においてのみ接続するものとして規定されているが故に、われわれが本章の冒頭で論定した情報社会に固有なコミュニケーションの〝実践〟的な形である「情動露出《エクスポウジャ》」の機制《メカニズム》を、それは解明することができない——されればこそ〈意味〉の次元とは異なる地平で機能する〈身体メディア〉の導入も強く要請される——こともまた事実である。だが、そうした事実を以てルーマン理論から実践的帰結を全く導き得ない、ないし社会システム論は現状肯定・現状追認の単なる社会工学に過ぎないと結論づけるのであれば短慮の誹りを免れない。

ここでもまた「社会設計」と同じ轍を踏まぬよう「実践」の意味を考えることから始めねばならな

い。一般に「実践」とは「社会」に対してその〈外部〉からの「主体的」働きかけや影響力の行使によって、「社会」構造を破壊したり、それに変更を加えたり、あるいは新たに構造を創出したりすることと考えられている。[48] すなわち「社会」は飽くまでも「主体」に〝対峙〟する「実践」の〝対象〟と考えられている。これに対し、社会システム論は、「実践」とはどこまでも社会「内在的」な営みであらざるを得ず、それ以外には不可能であることを説く。[49] すなわち、社会の〈進化=構造変動〉の渦中で、〈進化〉の方向性=次の有り得べき「社会構造」の可能性、を窺《き》測《そく》・推察する、という認知的実践としてのみ「実践」は可能ということを、である。

具体的に言おう。ルーマンは、インターネットという新しい〈メディア〉の登場を目の当たりにして、〈次〉なる社会構造、すなわちポスト「機能的分化」構造の胎動を予感したはずである。もちろん、慎重な彼は明言を避けている。だが、それを仄《ほの》めかす章句が、死の直前の文章には散見される。『社会の社会』には、「相互行為」や「組織」以外に、「抗議運動《プロテストベヴェーグンク》」(Protestbewegung)という新たな形の〈社会システム〉が提示されているし、[50] 一九九七年の論文にも、ルーマンらしい反語的な言い回しで、全く新しい社会構造の可能性が暗示されている。[51] 決定的なのは、〈包摂/排除〉が包括社会のメタ・コードとなる来たるべき社会のシナリオが(最悪の選択肢として)仄めかされていることである。そして実際、社会は、ルーマンが示唆した最悪のシナリオに沿って、〈進化=構造変動〉を遂げつつあるようにみえる。

再度言うが、ルーマンの社会システム論は、時代に先駆け過ぎた理論である。生前は大方の無理解に遭うしかなかった彼の理論に、今漸く、時代が追い付きつつある。彼の死後急速に成立をみた情報社会は、社会システム論によってのみ最も根底的次元からその存立の秘密が露わにされるし、社会システム論もまた情報社会の存立構造の解明においてこそ真価を発揮する。残念ながらルーマンは、インターネットを基盤とした〈ネットワーク〉パラダイムが本格化する二一世紀をみることなく鬼籍に入った。そのルーマンの理論的到達点を精確に見定め、その成果を情報社会の〝自覚・反省《レフレクスイオーン》〟(Reflexion) 理論、情報社会のヘーゲルの意味における〝自己意識《ゼルプストベヴストザイン》〟(Selbstbewußtsein) 理論として彫琢していくことこそが、死の間際まで、社会の〈観察/記述〉という認知的「実践」を、「社会」のエージェントを自ら任じつつ、寡黙に続行したルーマンの労に報いる最善の途であると、〈われわれ〉は考える。(52)

3-3 世界社会と情報社会

本書全体が、そうしたルーマンの遺志を引き継ぐ認知的実践の一つの試みであるが、前二章の「グーグル」そして「ビッグデータ」に関する分析、そして本章での「SNS」を中心とした新しい〈コミュニケーション〉の分析はどちらかと言えば、直近の「情報社会」の現況分析（およびそれをトバ口とした「情報社会」の存立構造分析）に比重が置かれた。残る二章では、これまでの分析を踏まえつつ、今後予想される「情報社会」の謂わば〝全面展開〟相を、「人工知能」「ロボット」そして「情報倫理」という主題系を手掛かりに予行的に描き出すことで認知的実践の実を挙げたい。

その作業に取り掛かる前に、ここまでの理論的行程を改めて振り返っておこう。われわれは序章で、実質的にマクルーハンの創始になる「メディア論」が、時代時代の主導的メディアによって構成され画される社会的ア・プリオリ[53]（謂わばコミュニケーションの〝零度〟）を〈メディア〉パラダイム（マクルーハンの言葉では〈銀河系《ギャラクシー》〉）として研究の対象に据え、その歴史的変遷の記述を企図するディシプリンであり、カトリシズム護教という宗教的バイアスを孕んではいるものの〈メディア〉史観とも呼ばるべき理論的パースペクティブを拓いたことを確認した。ただし、その際、マクルーハンが彼の属する同時代パラダイムである〈マスメディア〉を（已むを得ない時代的な制約があったとはいえ）、〈電気=TV〉パラダイムと誤認したことで、マスメディアそのもののパラダイム性、すなわち歴史的相対性が看過されると同時に、われわれが現在目の当たりにしている諸現象が〈マスメディア〉から〈ネット-ワーク〉メディアへのパラダイム転換の兆候であることも看過される結果となった。

われわれはインターネットを技術的ベースとした諸メディアが主導する、〈マスメディア〉の次なるパラダイムを〈ネット-ワーク〉と名付け、続く第一、第二の両章で、その実相を事例に即しつつ「われわれの立場から《フュア・ウンス》」素描したのだった。第一章では「知（識）」と〈情報〉（ただし完全に意味を欠いた「情報科学」的なそれ）との関係がU　I《ユーザーインタフェース》を介しつつ物象化的に「電脳汎知」として〝主体〟化・〈自律=自立〉化を遂げる事情を、第二章では「情報」と「データ」とが、スマートフォン上のSNSやウェアラブルを介して、交替的に循環を繰り返しながら「ビッグデータ」として増殖し、遂には〈自律=自立〉的に〝主体〟化を遂げるメカニズムを剔抉した。

そして本章では、SNSにフォーカスすることで「相互行為」を含めた〈コミュニケーション〉そのものの〈自律=自立〉化的な〝主体〟化の機制に踏み込んだわけだが、ここでの方法論上の成果は、マクルーハンの〈メディア〉史観とルーマンの〈システム〉論とが、〈ネット‐ワーク〉の構造分析によって内在的に接続された点にある。[54] すなわち、「情報社会《インフォメーション・ソサイエティ》」の〝実体〟である〈ネット‐ワーク〉パラダイムとは、抽象的で非‐人称的な〈コミュニケーション〉の総体である「世界社会《ヴェルトゲゼルシャフト》」に他ならないことの闡明である。「情報社会」としての「世界社会」、「世界社会」としての「情報社会」。このテーゼが続く二つの章における考察の前提と出発点をなすことになる。

注

（1）「LINE」は音声をベースとしてサービスを開始した経緯から、スマートフォンの電話番号による「実名」との紐付けをサービスの基盤に組み込もうとしてはいるが、「匿名性の規定値」の原理に関しては他のサービスと同様であって、例外とはなり得ない。

（2）ただしＤＭ（ダイレクト・メッセージ）に限り二〇一五年七月から一万字に拡張された。一般のツイートについては従来どおり。

（3）この事態は、すでに前章で「意思決定の自動化」として指摘した。

（4）Sunstein, Cass R., *Republic.com*, Princeton University Press, 2001.（邦訳『インターネットは民主主義の敵か』毎日新聞社）。

（5）例えば、Luhmann, N., *Soziale Systeme: Grundriß einer allgemeinen Theorie*, 1984, Suhrkamp, 13 ff. また、Id., *Einführung in die Theorie der Gesellschaft*, Carl Auer Verlag, 2005, 1. Vorlesung を参照。

（6）「数理社会学」にしても、それが通俗的な実在的「社会」概念を前提しているのであれば、他の個別的社会学分野と同様、何ら「抽象的」ではない。

（7）なぜ慣例に従って「Gesellschaft」を「全体社会」と訳さないかについては、後注（38）を参照のこと。

（8）Luhmann, N., *Die Gesellschaft der Gesellschaft*, 1997. Kapitel 4: Differenzierung, XIII. & XIV. を参照。

（9）一時期、社会に〈システム〉が「ある《エス・ギーブト》」（Es gibt）ことを、ルーマンは不当前提しているのではないかという疑義が出されたことがあった。またそれを以てルーマン社会システム論の根本的欠陥とみなす勇ましい議論も現れた。だが、こうした議論は、「社会」という格別な存立体の本質を取り逃がした見当違いの批判である。〈システム〉と「社会」とは、本文で示した通り、相互不可分に嚙み合っており、それらを切り離して論じることはナンセンスである。〈システム〉が不当前提であるとするなら、全く同じ理屈で「社会」も不当前提されている、といわなければならない。この種の議論は、ルーマン社会システム論の本質を完全に見誤っており、捉え損ねている。

（10）ただしこの立言も〈身体メディア〉の次元における〈コミュニケーション〉を考慮に入れた時点で、直ちに撤回されることに注意。

（11）こうした人間主義的な陥穽に嵌《はま》ることなく、相互行為それ自体の構造と論理に迫り得ているのは、Ｅ・ゴッフマンである。ゴッフマン社会学は実は、極めて社会システム論と親和性が高い。

（12）疑り深い読者は、前小節での「社会は〈システム〉でなければならない」、本小節の「〈コミュニケーション〉は〈システム〉を形成する」という両命題からストレートに、「社会が〈コミュニケーション〉から構成されている」というテーゼは導き出せない、と反論するかもしれない。「A（社会）⊂B（システム）」および「b（コミュニケーション）∈B（システム）」から、「b（コミュニケーション）∈A（社会）」を導出できない道理である。こうした有り得べき疑念を塞《ふさ》ぐためにも、次節では、別のアングルから「社会」と〈コミュニケーション〉の関係を考える。

（13）Thatcher, M., in Interview by Douglas Keay, for *Woman's Own*, 1987. ソースについての詳細は、http://www.margaretthatcher.org/document/106689（二〇一六年七月一五日現在）を参照。

（14）ルーマン自身も「情報社会」における〈コミュニケーション〉の変容を明確に意識していた。例えば、Luhmann, N., *Die Gesellschaft der Gesellschaft*, S. 31. を参照。

（15）本書の再校時点で（二〇一六年六月）カップルたちの相互「露出」にほぼ特化したＳＮＳである

MixChannel《ミックスチャンネル》が中高生を中心にブレイク中である。

（16） 筆者は旧著（『「情報社会」とは何か？――〈メディア〉論への前哨』）においてすでに〝露出狂〟の語を、「ブログ」の考察において使った。当時は、この語が持つポレミカルで挑発的な語感ゆえに恐る恐るの使用であったが、五年を経た現在、舞台が「ブログ」から「SNS」に移ることで、その人口は確実に増大している。

（17） 田中辰雄と山口真一による近著『ネット炎上の研究』（勁草書房）は、多くの者が抱いていた予想に或る数値的な裏付けを提供したという意味では一定の資料的価値を有するが、「炎上」の〝火元〟が極少数の特定の人物であったり、実際に「炎上」にコミットする人数がユーザー全体の僅か数％であるという統計的調査結果は（それが事実であるかどうかとは別に）、「炎上《フレイミング》」という現象の本質分析にとってはさほど重要ではない。それは「欠伸《あくび》」という「倦怠感の伝染」現象にとって、誰が最初に欠伸をしたのか、あるいは、何人に欠伸が感染ったのか、といった事実がさほど重要性を持たないのと同じである。「炎上」における問題の本質はむしろ、これという理由もなくそれが繰り返し起こってしまうこと、そしてさしたる理由から起きるものではないがゆえに、誰でもそれにコミットする可能性があること、である。すなわち「炎上」が「意見の対立」によってではなく「情動伝染」という機制によって生じる点にこそある。

（18） 強いて言えば、ドゥルーズ謂うところの「制御社会《ソシエテ・ド・コントロル》」（sociétés de contrôle）における「適正化《モジュラスィオン》」（modulation）に近い。ドゥルーズの「société de contrôle」という問題的概念は、「管理社会」と訳されるのが通例であるが、もしこの概念が七〇年代に流行ったそれとして理解されるとすれば、そこには何の新味もない。この概念に現代的意義を与え返してゆこうとするなら、この「contrôle」は自己言及的でオートポイエティックな〈自立=自律〉的自己「制御」として解される必要がある。この場合に重要なことは、孰れのケースにおいても支配の〈主体〉が存在せず、「環-視《ウム・ズィッヒト》」や「適正化」が自己組織化的に創発し、自己言及的に機能する点である。この主題に関する現在の代表的論客と目されるD・ライアンの考える「監視」（surveillance）は、この点で結局ヒエラルキカルな支配の〈主体〉を想定してしまっている。Lion, D., *Surveillance Society Monitoring Everyday Life*, Open University Press, 2001.

（邦訳『監視社会』青土社）

（19）これが次々項で言及する「世界社会《ヴェルトゲゼルシャフト》」の意味に他ならない。

（20）このような、見境のない「露出」傾向は何もSNSの〈コミュニケーション〉のみに留まらない。例えば、近時の大学において「セクハラ防止」「研究の透明性の実現」と称して研究室を文字どおり「ガラス張り」にする〝空間デザイン〟や〝設計コンセプト〟が流行っている。部屋をガラス張りにすることで本気でセクハラが防げると思い、また、「研究の透明性」とやらが（動物園でもあるまいし）研究室の壁やドアをガラスに替えることで実現可能と考えている行政や〝識者〟そして自称〝研究者〟達の知的水準と浅慮とにただただ唖然とするばかりである。

（21）本節の議論に対して、SNSが〝ガラパゴス的〟な〝定向進化〟を遂げた日本での特殊事例を範に取った不当な一般化ではないか、との疑義を呈する向きもあろう。慥かに日本での現象は世界的な基準《スタンダード》からは突出しているかもしれない。が、それは先端的《エクセッスィヴ》（excessive）あるいは兆候的《シンプトマティック》（symptomatic）な事例ではあっても、決して例外的事例《アノマリー》（anomaly）や逸脱事例《ディーヴィアンス》（deviance）ではない。例えば、分析のアングルや問題意識は筆者と異なるものの、S・タークルが近著『一緒にいても独りぼっち』において、やはりSNSによる「相互行為」の変容を論じている。Turkle, S., *Alone Together: Why We Expect More from Technology and Less from Each Other*, 2011, Basic Books.

（22）一時期流行った〝共同体〟論、例えば、J・L・ナンシーの「無為の共同体《コミュノテ・デズヴレ》」（communauté désoeuvrée）、M・ブランショの「明かしえぬ共同体《コミュノテ・イナヴワブル》」（communauté inavouable）、そしてG・アガンベンの「到来する共同体《コムニタ・ケ・ヴィエネ》」（comunità che viene）が構想する〝共同体〟は、孰れももはや従来の「共同体」とは似ても似つかない。多分に〝文学的〟なこれらの議論は、「共同体論」の体裁こそとっているが、一皮剝けば、単独者たちのアナーキスティックな、すなわち相互承認のみによる連合を理想化《イデアリジーレン》したものに過ぎない。つまり、その本質はネオリベラリズムと同根であり、文学的にはともかく思想的には、触れ込みに反して、そこに何の新しさもない。

（23）この点については、本書の終章を参照。

（24）「Operation」には「作動」という訳語を充てるのが一般的だが、上に述べた事情により本書では「演算」の語を採用する。というより「Operation」は比喩ではなく額面通り「演算」なのである。「作動」という訳語が誤訳とまでは言わないが、それが「機械」をイメージさせ、原語が持つコンピュテーションのニュアンスを消すことにおいて極めてミスリーディングであると言わざるを得ない。

（25）このことは、人間による社会へのプログラム指定の不可能性、すなわち、社会の「設計」不可能性を含意している。この点については、3–2–3–3項「設計 vs.進化」で触れる。

（26）社会システム論の文脈内での「社会的〈記憶〉《ソツィアーレス・ゲデッヒトニス》」（soziales Gedächtnis）の〈メディア〉との関係、またその社会構成メカニズムについては、E・エスポジトによる以下の文献を参照。Esposito, E., *Soziales Vergessen: Formen und Medien des Gedächtnisses der Gesellschaft*, 2002, Suhrkamp Verlag. および、エレナ・エスポジト「デジタル・メモリー――ウェブにおける記憶と忘却の技術」『情報コミュニケーション研究』第一五号、二〇一五。

（27）Luhmann, N., "Die Weltgesellschaft", in *Archiv für Rechts- und Sozialphilosophie* 57（1971）, S. 1–35.

（28）Id., "The World Society as a Social System", in *International Journal of General Systems*, 8–3（1982）, pp. 131–138.

（29）Id., *Die Gesellschaft der Gesellschaft*（1997）, Kapitel 1, X. Weltgesellschaft.

（30）Id., "Globalization or World society: How to conceive of modern society?", in *International Review of Sociology*, 7–1（1997）, pp. 67–79.（邦訳「〈グローバリゼーション〉か、それとも〈世界社会〉か――現代社会をどう概念化するか？」『現代思想』二〇一四、vol. 42–16）

（31）序《つい》でに言えば、一九九二年度に行われた講義（出版は二〇〇五年）においても「世界社会」が主題化されている。（Luhmann, N., *Einführung in die Theorie der Gesellschaft*, 3. Vorlesung）

（32）ただし『社会の社会』における記述は、一九九七年の論文と時期的に近く、また一九七一年論文の再定式化の性格が強いため、主題的なメンションは割愛する。

（33）Luhmann, N., *Soziale Systeme: Grundriß einer allgemeinen Theorie*, 1984, Suhrkamp.（邦訳『社会

システム理論』上・下、恒星社厚生閣）

（34）この時期のルーマンは、未だ社会の構成素としての〈コミュニケーション〉というアイデアに想到しておらず、〝相互行為〟（Inter*aktion*）の拡大、という線で「社会」を把握しようとしている。すなわちパーソンズの枠組みに未だ引き摺られている。オートポイエーシス概念を軸とした〈コミュニケーション〉の総体としての「世界社会」という規定は、一九九七年の『社会の社会』での再定式化を待たなければならない。

（35）これは、例えば同時期（一九七四年）に提案され、ルーマンの「世界社会」と同じく社会の「世界性」と「唯一性」とを強調するウォーラスティンの近代「世界システム」（The World-System）が、「国家」群から構成される「地理的」「空間的」概念であることとは、見事な対照をなしている。Wallerstein, I., *The Modern World-System: Capitalist Agriculture and the Origins of the European World-economy in the Sixteenth Century*, Academic Press, 1974.

（36）この辺りの議論に接してF・ハイエクの、社会進化による「自生的秩序《スポンテイニアス・オーダー》」（spontaneous order）の成立説を連想する向きもあろう。だが、ルーマンの進化論にはハイエクにみられるような目的論やホメオスタティックな「定常系」社会の理想視は一切無い。

（37）一時期、グローバリゼーションによって国家という枠組みが形骸化したにもかかわらず、なぜネイションが自己主張を始め、ネイション間の対立が激化したのか、という問いが盛んに立てられた。われわれに言わせればこうした問いは「近さ」（空間的概念ないし空間的メタファー）と「親密さ」（心理的ないし集団心理的概念）との混同という初歩的なカテゴリーミステイクに基づいて立てられた「擬似問題《シュードー・プロブレム》」（pseudo-problem）の類いに過ぎない。「近さ」は仲の良い者同士にとってはポジティブに機能するが、仲の悪い者同士に対してはむしろネガティブに作用し対立を激化させるのは「あたりまえ」である。われわれとしては――ルーマンに同意しつつ――「グローバリゼーション」という空間的・距離的枠組みにおいてではなく、「世界社会」という〈コミュニケーション〉の枠組みから問題を立て直す必要があると考える。「世界社会」の枠組みからはむしろ、「ナショナリズム」という問題以上に、「情報社会」成立以前に実質的に〝世界社会〟を舞台に活動を繰り広げていた（イスラエル建国以前の）ユダヤ人〝国家〟や、現在、国境や国土といった空間的制度をあざ笑うかのように国際的水準でテロを仕掛けているイスラム〝国〟という、「ネットワーク国家」の問題の解明の方が喫緊の重要課題である。

（38）この故に、本書では「Gesellschaft」の訳語として流通している「全体社会」に替えて「包括社会」の語を充てる。実際、ルーマン本人が、「Gesellschaft」の英訳語として「whole society」ではなく「encompassing society」を採用している。

（39）以上のほかに〈記憶／振幅〉という時間構造の分析から、グローバリゼーションと世界社会との違いを指摘する議論もみられるが、紙幅の都合により割愛する。論文（既出、前注（30）を参照）に読者自ら当たられたい。

（40）「資源《リソース》」が社会存立の〈素材〉、すなわち〈メディウム〉でもあることに注意されたい。

（41）ただし、ルーマンによれば、〈社会〉システムと人間の〈意識《ベヴストザイン》（心《ゲミュート》）〉（Bewußtsein od. Gemüt）システムは、それぞれ〈コミュニケーション〉と〈思想《ゲダンケ》（表象《フォアシュテルンク》）〉（Gedanke od. Vorstellung）という根本的に異質な〈演算《オペラツィオーン》〉を構成素とするシステムでありながら、「意味《ジン》」（Sinn）を〈メディア〉とするという共通点があり、両システムには強い「構造的連結《シュトゥルクトゥレレ・コップルンク》」（strukturelle Kopplung）が認められる。この点に、社会との関わりにおける自然と人間との大きな違いがある。

（42）ここで重要なことは、「人格」「〈個-孤〉人」ともに非人称的であり、したがってその〝中味〟は（固定化の傾向はみられるものの、原理的には）交替可能だという点である。つまり、「人格」としてシステムに登録されていた者《ウィナー》（winner）がいつ「〈個-孤〉人」に転落するか分からない一方で、逆に「〈個-孤〉人」としてシステムから排除されていた者《ルーザー》（loser）が「人格」へと這い上がることも可能である。いずれにせよ両者は「掛け替え」ある〈資源〉という点で、機能的に等価である。

（43）Agamben, G., *Homo Sacer: Il potere sovrano e la vita nuda*, Einaudi, 1995（邦訳『ホモ・サケル——主権権力と剝き出しの生』以文社刊）および、Id. *Stato di Eccezione*, Bollati Boringhieri, 2003（邦訳『例外状態』未来社刊）参照。

（44）Luhmann, N., *Die Gesellschaft der Gesellschaft*, S. 359f.

（45）拙著『〈メディア〉の哲学——ルーマン社会システム論の射程と限界』（ＮＴＴ出版、二〇〇六、電子版、二〇一三）第四部。

（46）「世界社会」と「世界システム」との共通点と相違については注（35）ですでに指摘した。ネグリ＝ハートの「帝国」概念に関しては、ネグリら自身がルーマンの影響を認めている（M. Hardt and A. Negri, *Empire*, 2000, pp. 13-15.）。ただし、Ｅ・エスポジトも言うとおり（筆者によるインタヴュー「ルーマン後の社会システム論と現代社会学」『現代思想』、2014, vol. 42-16）、ルーマンの「世界社会」概念の精緻さと比べたとき、その図式性と楽観性は覆えない。「帝国」概念をめぐる問題点は多いが、一つだけ挙げるならば、「マルチチュード」（これはルーマンの〈コミュニケーション〉に当たる）の実体化（ネグリらはルーマンの〈システム〉をも「帝国」として実体化してしまっている）と、それへの安易な価値付与（解放の「主体」として）が指摘できよう。

（47）Luhmann, N., *Die Gesellschaft der Gesellschaft*, S. 150. 引用部分の（世界の）「立ち上がり《ズイッヒ・エアアイクネン》」（Sich-ereignen）という語が、ルーマン理論の鍵鑰《けんやく》概念である「出来事《エアアイクニス》」（Ereignis）を含意していることに注意せよ。世界もまた「実体」ではなく「出来事」なのである。

（48）ただし、カント的な倫理的実践については、ここでは考慮の外とする。

（49）これは、社会の規範的・倫理的把握から自己観察的・自己記述的把握への転轍と連動している。この点については本書の終章を参照。

（50）Ebenda, S. 847ff.

（51）Luhmann, N., "Globalization or World Society: How to Conceive of Modern Society?" の既出拙訳、第四節を参照。

（52）筆者は、ルーマンが新たな社会システムとして提案した「抗議運動」以上に、本章で主題化したＳＮＳが実現している、新たな〈コミュニケーション〉のかたちこそが今後の社会を考える上で最重要と考える。コミュニケーションの〝抽象的具体〟を体現する、こうしたこれまでにない社会システムを筆者はすでに前著でB・ラトゥールを援用しつつ「コレクティーヴ」として提案した（拙著『「情報社会」とは何か？――〈メディア〉論への前哨』、3-24節参照）。E・エスポジトなどはラトゥールの所説に対して評価が辛いが、筆者はラトゥールのANT（Actor-Network Theory）を社会システム論に組み込むことは十分可能であると考える。また、筆者は、次なる社会構造を、「構造変動の構造化」として定式化可能とも考えるが、ここではルーマンの所説の顕彰とその線に沿った敷衍に止め、上述した課題の履行は情報社会の今後の〈進化〉状況を睨みつつ他日を期したい。

（53）「社会的ア・プリオリ」の含意《コノテーション》と学説史的な権利づけについては終章の注（35）を参照。

（54）基本的に、社会〈システム〉の歴史的な構造の変異と、〈メディア〉パラダイムの変容には、以下の様なパラレリズムが看取できる。すなわち、〈声〉のパラダイムには「環節的《ゼグメンテール》」な構造が、〈手書き文字〉パラダイムには「中心《ツェントルム》―周縁《ペリフェリー》」構造が、〈活字〉パラダイムには「成層《シュトラティフィカツィオーン》」構造が、そして〈マスメディア〉パラダイムには「機能的分化《フンクツィオナーレ・ディフェレンツィールンク》」構造が、ほぼ対応している。もちろん、厳密に両者が対応しているわけではなく、例えば、〈手書き文字〉パラダイムは、「成層」構造にも喰い込んでいるし、また〈活字〉パラダイムはその準備を進めたという意味で「機能的分化」構造にまで侵入している。問題は現在の〈ネットワーク〉パラダイムに見合う〈システム〉構造である。ルーマンの弟子筋でも意見が割れており、E・エスポジトが「機能的分化」構造が引き続き存続すると考えるのに対して、D・ベッカーは新しい構造が創発するとみる（注（46）で言及した筆者によるエスポジトへのインタヴューを参照）。ルーマン本人はと言えば慎重を期して、断定的な立言を控えている（Luhamann, N., "Globalization or World Society: How to Conceive of Modern Society?"）。筆者としては、本書全体の主張からも察せられるとおり基本的にはベッカーに与したい。新しい「構造」は前注（52）でも述べたように「構造変動の構造化」を基本としたものになると予想できるが、それが具体的にどのような定在形態をとるのかについての確定は現時点では時期尚早である。

第四章　人工知能とロボットの新次元

4-1　AIとロボットの現況

4-1-1　人工身体の最前線

人口に膾炙しているマクルーハンの惹句の一つに、メディアとは「われわれの身体の技術的拡張（technological extensions of our bodies）[1]」であるという文句がある。彼はまたこうも言っている。「拡張は、器官、感覚、機能の増幅（amplification of an organ, a sense or a function）として現れる[2]」。この有名なメディア規定は、しかし、序章でも触れたとおりマクルーハン〈メディア〉思想の或る位相を強調した印象的フレーズではあっても、決してその全貌を表現した文言でも、その委細を尽くす定義でもない。またこうしたメディア理解そのものにしても何らマクルーハンの独創でも専売特許でもなく、すでにE・カップとL・ノワレの「器官－投射《オルガン・プロイエクツィオーン》[3]」（Organ-Projektion）説という技術哲学における先蹤《せんしょう》が存在している。

以上のような留保を付けた上でなお、「器官‐投射」という機制を、それまでの工作的な技術の範囲を超えてメディア技術にも拡張的に適用することで〈メディア〉を「人間身体の拡張」として捉え返して見せ、忘れ去られていた憾のあるカップらの思想を（当人がそのことに無自覚であったとしても、結果として）掘り起こし二〇世紀に復活させた功績はマクルーハンに帰されて然るべきであるし、また彼のその着眼と展望は改めて評価されるべきでもある。というのも、カップやノワレが生きた時代である一九世紀の技術が筋肉・骨格系を中心とした移動、輸送、反復動作に代表される物理的・力学的な次元における「器官‐投射」であった――これをマクルーハンは「爆‐発《エクス・プロウジョン》」（ex-plosion）と呼ぶ――のに対し、マクルーハンの生きた二〇世紀の技術は、感覚神経系・運動神経系を含めた体性神経系という〝情報制御〟水準における「器官‐投射」――これをマクルーハンは「爆‐縮《イン・プロウジョン》」（im-plosion）と呼ぶ――である通信《コミュニケーション》技術が時代の花形となっており、「器官‐投射」は新たな段階を迎えていたからである。マクルーハンの独創は、二〇世紀における「器官‐投射」の本質を、情報の周流を担う神経系の外部化に見定め、更にそれを〈メディア〉の問題として捉え返した点にある。

さて、二〇世紀には「器官‐投射」と並ぶもう一つの「身体拡張」の形である「器官‐補綴《ほてい》」にもまたブレイクスルーがもたらされた。「器官‐補綴《オーガン・プロステーシス》」（organ-prosthesis）とは、「器官‐投射」のように人間の身体機能を外部に投射することでその拡張を実現するのではなく、身体内部の部位を人工物に置き換える、ないしそこに人工物を付加することで、その強度を高める「身体拡張」のもう一つの途である。二〇世紀以前の「器官‐補綴」技術は、義肢や義眼といった器官欠損を補う所謂「補装具」、器官機能の衰耗を技術的に恢復させる「眼鏡」や「補聴器」などの感覚入力補助器具といった事例から推察できるとおり、器官（機能）修復の域を出ていない。ところが二〇世紀半ばにサイバネティックスがディシプリンとして興ったことで事態は一変し、「器官‐補綴」技術は質的変化を遂げる。ここでサイバネティックスが、「情報による制御」に止目することで有機体と機械とを機能的に等価な地位に置き、両者の融合を果たす「マン‐マシン系《システム》」の理論であることを思い出そう。人間と機械が一つの制御系に組み込まれることで合一し、人間が本来持つ能力が機械によって強化・増幅される。サイバネティック有機体《オーガニズム》（**cyb**ernetic **org**anism）すなわち「サイボーグ」（cyb-org）の誕生である。

サイボーグは「器官‐補綴」技術の極致であり、現在も様々な方向で進展が見られる。「補装具」の一つである車椅子も、例えば、下肢の運動はもちろん上肢の運動にも困難をきたし呼吸にも管理を必要とする重度の脊椎損傷（C5〜C4レベル）に対応するものは頭部以外の四肢機能を代替しなければならず、サイボーグの領域に踏み込みつつある。だが、ここで注目したいのは「補装具」の延長線上にありながら「補装具」を超えたと考えられるサイバーダイン社のパワードスーツ「ＨＡＬ《ハル》」（Hybrid Assistive Limb）である。ＨＡＬを下肢や上肢に装着することで一般的な人間が出せる数倍の効果が出力可能となる。サイバーダイン社は運搬などの重労働を要する作業や歩行支援などの医療・福祉分野での利用を主に想定しているが、ここで重要な事は、原理的には、ＨＡＬというサイボーグがその使用分野や用途に関係なく、人間固有の能力をその器質的制約と限界とを越えて増強するという点にある。現に軍用ＨＡＬの開発打診もあったようである（ただし開発者である山海嘉之はＨＡＬの軍事転用は行わないポリシーである）。いずれにせよサイボーグが従来の「器官‐補綴」から（生命倫理《バイオエシックス》の分野でも問題となっている）「能力増強《エンハンスメント》」（enhancement）の方向へと歩を進めていることは間違いない。

エンタテインメント分野のサイボーグ技術である「ＨＭＤ《ヘッド・マウント・ディスプレイ》」（Head Mount Display）もまた視野の簒奪によって「ＶＲ《ヴァーチャル・リアリティ》」（Virtual Reality）という名の〝人工妄想〟・〝人工幻想〟に浸《ひた》るための「想像力」の「能力増強《エンハンスメント》」技術とみなせる。そして現時点において、サイボーグの「能力増強」のラインにおいて最前線に位置するのが、本書の冒頭でも取り上げたGoogle Glassに代表される「ウェアラブル」である。例えばGoogle Glassの場合には、「眼」という器官の強化というよりは（それは既に眼鏡やコンタクトレンズによって実現済みである）、「録画」機能や「撮影」機能の実装による「記憶」能力の増強、「地図」や「施設情報」の視界へのオーバーラップによる「知覚」能力の増強、「天気予報」や「渋滞情報」の表示による「予測」能力の増強、といった「思考」能力一般の増強をそれは実現する。所謂「知能増幅《インテリジェンス・アンプリフィケイション》」（Intelligence Amplification, IA）である。その意味で、第一章で触れた、V・ブッシュの「メメックス」や、A・ケイの「ダイナブック」の系譜にそれは属するとも言える。ただ「知能増幅《アイ・エー》」によって「知覚対象」もまた、その〝解像度〟や潜在的な属性情報が拡張・増幅されるという点において両者は大きく異なる。すなわちＩＡは人間の能力増強と同時に、その環境としての現実世界の強化をも果たす。「知能増幅」の成果がリアルタイムに、かつダイレクトに環境的現実の上に重ね描かれるからである（例えば『Ingress』『Pokémon Go』）。こうしてサイボーグは「強化現実《オーグメンテッド・リアリティ》」（AR, Augmented Reality）の技術ともなる。

ただし本章の主題は「ＩＡ＝ＡＲ」の段階に立ち至った人工身体技術としてのサイボーグではない。サイボーグは、増強・増幅を施される〝本体〟の存在を予想しており、その〝本体〟がサイボーグの核《コア》を成している。その核とはすなわち「人間」である。サイボーグにおいてはその中枢にある人間が、有機・非有機、自然・人工を問わない拡張された身体の制御〝主体〟であり、「身体」は、その人間〝主体〟が目的を実現するための「手段」「道具」とみなされている。だが、ここまでに論定したとおり今世紀に入って成立をみた〈ネット-ワーク〉メディアを基盤とする「情報社会」は、脱・人間化、非・人称化のパラダイムである。そうである以上、われわれの立場《フュア・ウンス》からは、サイボーグを前世紀の旧パラダイムに属する技術として遇さざるを得ない（もちろん、そのことが即情報社会においてサイボーグ技術が重要性を持たないことを意味するわけではない）。そして実際、サイボーグにおいて「人間」が占めていた地位を、現在〈ネット-ワーク〉が襲いつつある。そして、それによって人工身体技術の意味そのものにもゲシュタルト・チェンジが生じている。すなわち、「身体性《ライプリヒカイト》」（Leiblichkeit）が「人間」から引き剝がされ、〈ネット-ワーク〉へと組み込まれることで、「身体」もまた非・人称化、脱・人間化されると同時に〝資源《リソース》〟として「配備-集立《ゲ・シュテル》」（Ge-stell）の運動の中に巻き込まれてゆくのである。[4] 現在のこうした「人工身体」の最前線に位置するものこそ、本章で扱う「人工《アーティフィシャル・》知能《インテリジェンス》」（Artificial Intelligence, AI）と「ロボット」に他ならない。もちろん、ＡＩもロボットも技術としては前世紀から既に存在してはいる。だが、本章全体を通じてわれわれが遂行したいのは、それら既存の「人工身体」技術が、[5]〈ネット-ワーク〉の中で〈メディア〉[6]化していくという事実の指摘、およびその機制《メカニズム》の剔抉である。

4-1-2 「シンギュラリティ」という言説

ここ数年、前項で触れたウェアラブルに引けを取らない世間の耳目を人工知能とロボットが集めている。なかでもその大風呂敷と不安の煽り方において強烈な印象を与えたのは「二〇四五年問題」――二〇四五年が、人工知能が人間の知能を超える「技術的特異点《シンギュラリティ》」(singularity) となる、すなわちこの年を境にポスト・ヒューマンの時代が訪れるとする予測――である。この予測自体は誇大妄想とまで言うまいが、鬼面人を威す言動で定評のあるエキセントリックな発明家にして未来学者R・カーツワイルの新手のオブセッションの表明と分かってみれば、そう騒ぐこともなければ、また取り立てて新しくもない議論である。(7)「収穫逓減」ならぬ〝収穫加速〟の法則の提唱や不老不死の企図の場合と同種のいつもの騒ぎの一つに過ぎない。だが、(話題作りの側面はあるにしても) グーグルがこの〝天才〟発明家をフルタイムで雇い入れてAIの開発責任者に据え、(8) また斯界の伝説的成功者でいまやビジネス界の大御所ビル・ゲイツや、(9) 世界的な理論物理学者であるS・ホーキングまでが同調し、(10) シンギュラリティ大学などという教育機関までが登場して、(11) 人工知能による人類の危機を喧伝するに至っては、話はそう簡単ではなくなる。

シンギュラリティの議論自体は、ことさら名前を出す価値も必要もない或るSF作家の半ばオカルティックな妄想の類いにまことしやかな科学の粉飾を施したものである。本章の掉尾で蒸し返すことになるが、それはAIの一部の主張だけを我田引水的に拡張解釈し、それを盾に取り土台にもして組み上げた砂上の楼閣に過ぎない。事を厄介にしているのは、カーツワイルと同種の主張を、歴としたロボティックス研究者であるH・モラヴェックもまた、ロボット工学の現場での知見と独特の〝進化論〟解釈を背景にしながら半ば本気で（予算獲得のためのビジネス上の算段もあろうが）行っていることである。(12) こうした事情が、ビル・ゲイツやホーキングの同調とともにシンギュラリティの議論にある尤もらしさとリアリティを与える結果になっている。そして案の定、ジャーナリズムはこの話題に挙って飛びつき、盛んに人々の不安と危機感を煽り立てている。

誤解してほしくないのだが、われわれはけっしてこのシンギュラリティの議論を端から馬鹿げたものとして一蹴し、木で鼻を括るが如き態度をとる趣意はない。むしろシンギュラリティ騒動は人工知能についての議論の枠組みをわれわれが設定するための格好の手懸りあるいは考察の出発点を提供している。同時にわれわれはシンギュラリティをめぐる巷間の議論からは隠され、抜け落ちているものを掘り起こしていきたいとも思う。詳細は後論に委ねる他ないが、本章のAIに関する議論の構えを読者に示すという目的に必要な限りで、われわれのシンギュラリティに対するスタンスを前以て示しておきたい。われわれにとってシンギュラリティの問題とは、これまでは精々フィクションの中で人間の好敵手として空想されたり、「未来学」の中で「人間との共生」といった形でオプティミスティックかつポジティヴに夢想されてきたに過ぎなかった人工知能が今に至って漸《ようや》くものになる一廉《ひとかど》の技術として受け止められ、更には「人類の危機」という悲観的な形でではあれ、それが無視できぬ社会性を獲得しつつあることの陰画的《ネガティヴ》兆候に他ならない。シンギュラリティというジャーナリズムが主導する表層的現象の深部で、AIはこれまでにない変容を遂げつつある。そうした変容を人々が無意識裡にであれ察知しているからこそ人工知能が人類を支配し滅ぼす、あるいは〝宇宙知性〟とやらへの人類の進化、といったシンギュラリティの大言壮語、三百代言――カーツワイルは何と七〇年代に流行った、技術の進化によって実現される「薔薇色の未来」を説く「未来学者《フューチャリスト》」（Futurist）を未だに名乗っている――が一定のリアリティを持ち、人々の不安や期待を掻き立てもする、というのがわれわれの見立てである。

一方、ロボットに関するホットイシューの一つは、またしてもグーグルが開発を目指し完成間近と伝えられる[13]自動運転ロボットカーであり、今ひとつは二〇一五年六月にソフトバンクから発表、一般発売されたヒューマノイドロボット、Pepper《ペッパー》であろう。

ここで強調しておきたいのは、第一に、ヒューマノイドであるなしにかかわらず、現在のロボットが実験用ないしデモンストレーション用のプロトタイプではなく、一般発売を目指した「商品」として開発されている点である。このことは同型のロボットが製品として市場に大量に出回り、アクターとして社会に組み込まれることを意味する。一九九九年にソニーが発売した犬型ロボットAIBO《アイボ》もまた商品として一般発売されたが、これは飽くまでもトイロボット、ロボット型のおもちゃに過ぎない。すなわち、それはアクターとしての社会性を事実上持たない。その点では、むしろ二〇〇二年に発売されたiRobot社のロボット掃除機ルンバ（Roomba）のほうを、単機能ではあれ社会的アクターとしての性格を有するロボットの濫觴《らんしょう》として位置付け得る。第二に強調したいのは、現在のロボットが〈自立=自律〉性を有する点である。これは第一点目のロボットが社会的アクターとなるための可能性の条件でもある。もちろん最終的ミッションは人間によって与えられなければならず、その点でロボットは依然〝道具〟的性格から自由ではないのだが、ミッション達成に従属する下位目的に関しては〝主体的〟な〝意思決定〟が可能である（例えば、どういう経路で目的地に到達するか、どういう順序で掃除するか、等々）。つまり、ロボットは行動に関する、人間からは相対的に独立な〝意思〟の〈起点=基点〉となり得るわけで、そのことによってロボットは人間と並ぶ社会的アクターとしての地位を、あるいは少なくとも人間の意思決定の代理を務め得るエージェントとしての身分を獲得する。そして、この〈自立=自律〉性をロボットに物理的・機構的に付与・実現するものこそがＡＩにほかならない。その意味で前小節で主題化したサイボーグの制御〝主体〟として「人間」の代わりにＡＩを置けば、〈自立=自律〉的ロボットがひとまずは実現される。最後に読者の注意を喚起しておきたいのは、現在のロボット市場を牽引する主要プレイヤーが、グーグル、ソフトバンクといったインターネット上でのサービスを提供する企業だという点である。この分野での先進国である日本のロボット開発の歴史を振り返ってみても、工作機械にカテゴライズされる産業用ロボットは現在の文脈ではひとまず措くと、AIBOや、その後を承けたヒューマノイドQRIO《キュリオ》を開発したソニーも、二足歩行を実現させて衝撃的なデビューを果たしたヒューマノイドASIMO《アシモ》を極秘裡に開発したホンダも、業種は違えどもいずれも製造業、ものづくり企業であったことを考えるとき、現在のロボット開発を推進するグーグルやソフトバンクがいずれもネットワーク関連企業である点は際立っており特筆に値する。

4-1-3　社会哲学的・メディア論的視点

現在のロボットが持つ、以上三つの性格、繰り返せば、①市場性、②〈自立=自律〉性、③ネットワーク性は、従来のロボットとの連続性においてではなく、むしろ異質性と断絶においてそれを考察することをわれわれに迫る。換言すれば、ロボットは今初めて「社会」の水準にその棲息環境《エレメント》を引き上げられ、語の厳密な意味で「社会的存在」となろうとしている。もちろん後に論じるとおり、ロボットは、その誕生の当初から社会性を濃厚に帯びたかたちでわれわれの前に姿を現している。だが、その後のなりゆきで「産業用」というレッテルによってロボットに付与された圧倒的な〈道具〉性が、その社会性を凌駕し、隠蔽してきた。辛うじて創作《フィクション》の中でのみ命脈が保たれてきたロボットの社会性は、しかし、今世紀に入ってその〝実装〟と実現が急速に現実味を帯びつつある。

ただし、ロボットの社会性実現を可能にしたのはロボットの〝頭脳〟部分であるAIの進化では必ずしもない。それはむしろ今世紀に入って急速に発展・普及をみたインターネットが推し進めたロボットの〈メディア〉化に因るところが大きい。本章の結論を一部先取りしつつ論証抜きで臆言しておくなら、ロボットがインターネットという新メディアにそのノードとして組み込まれることで〈道具〉性から脱却しつつ、自ら〈メディア〉と化すこと、それが「ロボットが社会性を獲得する」ことの実質を成している。今世紀に入ってロボットはインターネットと同化することで社会性実現へ向けてのパラダイムシフトを遂げたというのが、われわれが描くシナリオであり、そしてこのシナリオはAIにも当て嵌まる。すなわち、先に示唆したAIの社会性獲得もまたAIとインターネットとの連携ないし融合の事態と相即している。もちろんAIそのものが〝進化〟を遂げた、と言いえなくはないが、後にみるとおりそれはインターネットとの融合の効果・結果であって、けっしてその逆ではない。

こうして人工知能とロボットの現状の概観《サーヴェイ》から、以後のわれわれの考察の視座が導かれる。以下でわれわれは順次、人工知能そしてロボットを考察の俎上にのぼせることになるが、それは飽くまでも人工知能とロボットが社会的存在として、あるいは社会的アクターとして機能し得るための可能性の条件を探ることを目的としている。したがって、その作業は自《おの》ずと社会哲学的そして〈メディア〉論的なアングルからのものとなる。もちろんディシプリンとしての（社会的実在としての、ではなく）「人工知能」は当然のこととして、認知科学、計算機科学、脳神経科学、ロボティックスといった関連諸ディシプリンの動向を無視して考察を進めることは、実際問題として不可能である。とはいえ本章で各分野固有の議論の細部にまで立ち入る余裕はない。したがって関連諸ディシプリンのトピックへの言及・関説はことがらの解明に必要な限度内にとどめざるを得ない。

また、本書が〈哲学〉を標榜する以上、当然哲学的考究には逆に踏み込んでいかざるを得ない。が、筆者は予《かね》てより、人工知能やロボットについての哲学的考察が「心の哲学」(philosophy of mind) と総称される一部流派のあたかも専売特許でもあるかのように遇されている現状に不満を抱いており、人工知能やロボットというと条件反射的に「意識」や「クオリア」、「心身問題」の枠組みで議論を立てようとし、それで人工知能やロボットを論じきったつもり、分かったつもりになるという現今の風潮にも疑問を持っている。筆者からすれば「意識」性や「感覚質《クオリア》」問題、「心身」関係といった哲学的紋切り型《クリシエ》は、社会性を実現しようとしている現段階の人工知能・ロボット理解にとっては極《ご》くトリビアルなイシューに過ぎない。それだけならまだしも、こうした枠組みによる扱いが人工知能とロボットの問題の本質を読み誤らせ、あらぬ方向へミスリードする虞《おそれ》もあることを考えれば、黙って見過ごすこともできない。こうした事情に徴し、「心の哲学」が流布させた考察枠組みに対してはＡＩ・反ＡＩの立場に関係なく批判的スタンスで臨むことを予め読者には言割《ことわ》っておきたい。

4―2　人工知能の展開過程

4―2―1　人工知能の起源

冒頭で言及したシンギュラリティの議論は人工知能に関するどちらかと言えばジャーナリスティックな話題であるが、これとは別にこのところ人工知能界隈を賑わせ俄《にわか》に脚光を浴びているのが機械学習の最新成果であるディープ・ラーニングである。後に触れるＰＤＰからコミットしているこの分野の大立者の一人Ｊ・ヒントンをグーグルがトロント大の研究室ごと買収したり、(14) YouTube の大量の映像からディープ・ラーニングによって猫の顔を教師信号なしでＡＩに機械学習させたことで(15)一躍有名になった斯界の新進気鋭Ａ・ングを中国資本の百度《バイドゥ》が破格のサラリーでヘッドハントして人工知能研究のリーダーに据えるといった(16)業界の慌ただしい動きから考えても、業界がディープ・ラーニングを人工知能のブレイク・スルーとみなしていることは容易に見てとれる。われわれとしても人工知能の考察においてディープ・ラーニングは、シンギュラリティなどという与太話とは比べものにならない重要性を持つと考える。だが、その技術内容評価とは別の水準で、人工知能そのものにとってディープ・ラーニングが有する意味や情報社会にとっての意義を考えるためにはどうしてもＡＩの歴史をわれわれなりの見地から辿り直すという迂路を介さなくてはならない。

AIの歴史といったとき、大方の観方がチューリングから出発してラッセル・ホワイトヘッド、さらにはフレーゲ、ブールへと遡ってライプニッツに辿り着き、そこにAIの原型を求める常套に従う。場合によっては中世の錬金術師R・ルルスやユダヤのカバラ思想にまで遡及する例さえある。[17]だが、われわれの立場からするとき、この遡及はやり過ぎというよりミスリーディングである。こうした先祖捜しは飽くまでもAIを記号計算主義の流儀で解したときにのみ意味を持つのであってAI一般に妥当するわけではない。この論点については後に改めて立ち返るが、われわれはAIの思想的〈原点=源流〉をむしろ戦後一九四〇年代後半のサイバネティックスの成立に求めたい。

理由はいくつかある。第一に、サイバネティックスによって初めて、物質やエネルギーとは異なる「情報」という存立体の独自性と重要性がクローズアップされ、以後成立をみることになる、世界は情報によって構成されているとする「情報的世界観」の礎が築かれたこと。[18]AIが依って立つのも間違いなくサイバネティックスが用意したこの情報的世界観である。第二に、サイバネティックスが自ら唱道した情報的世界観に依拠しつつ、有機体と機械とを機能的等価物とみて両者を連続的に了解する理論的地平を拓いたこと（この点については本章の劈頭で既に触れた）。初期のサイバネティックスはフィードバック機構を梃子《てこ》に駆動機械と人間の身体行動とを機能的に汎化《ジェネラライズ》(generalize) するミッションを追究したが、第二世代のR・アシュビーになるとサイバネティックスは論理回路と脳との機能的汎化の線を目指すようになる（『頭脳の設計』[19]）。AIの企てもまた「知能」という機能の汎化を目指すという意味ではサイバネティックスの機能主義の衣鉢を継ぐものとみてよい。第三に、従来の科学が禁忌としてその導入を忌避してきた「目的」概念をサイバネティックスが公然と、というよりむしろ新ディシプリンの旗印として導入した[20]こと。そしてサイバネティックスにおいては「人間」がシステムの外部に立てていた「目的」概念が、その後システムに内属化されることでシステムは自己充足的・自己完結的な存在となる。先のアシュビーの「自己組織化《セルフ・オーガナイゼーション》」(self-organization)から、セカンド・オーダー・サイバネティックスの「自己言及《セルフ・レフェレンス》」(self-reference)を経て、ＡＩの〈自立=自律《オートノミー》〉(autonomy)性に辿り着く流れがそれである。

一点だけ補足しておく。当時のアカデミズムを席巻し、猖獗《しょうけつ》を極めていた行動主義への対抗意識や反感という「認知革命」の歴史的文脈にＡＩの勃興を位置付ける議論がＨ・ガードナーを筆頭に見られる。[21] だが、ＡＩを特徴付けるのに反《アンチ》行動主義を以てするのには十分慎重でなければならない。慥かに、ＡＩは、それまでの行動主義の枠組みにおいてはブラックボックスとされていた「知能」そのもののメカニズムの解明を目指す企てである、という意味では反行動主義的なディシプリンだと言える。だが、ＡＩがサイバネティックスから引き継いだ機能主義は、形式的に同等の機能が実現されていれば、その実現のメカニズムや素材の差異は問わず、等価なものとみなすという立場であり、これは文脈は違えども十分行動主義的といえる格率である。すなわち、「知能」ある振る舞いがシステムの外部から確認できれば、そのシステムを「知能」を〝有する〟とみなす、というのがＡＩにおける機能主義の実質であり、チューリングテストはまさにこの行動主義的格率を採用している。

更に言えば、知能のメカニズムをプログラムのかたちで可視化しようとする、したがってその意味で反行動主義的といえる記号計算主義に対して、基本的にシステムへのデータの入力と出力しか可視的でないコネクショニズムは本質的に行動主義的なパラダイムに属している。要はＡＩの内部で当初より「知能」観を巡る深刻な対立が存在するのであって、この点を対自化することが本節での作業になる。

4-2-1-1　人工知能の二つの系譜①——記号計算主義

戦後間もなくサイバネティックスを〝母胎〟として産声を上げたＡＩは、謂わば〝二卵性双生児〟として誕生しており、当初こそ母胎の同一性がその差異を隠蔽していたものの、次第に両者の異質性が顕在化し、一九五〇年代後半に至ってその対立は決定的となった。

〝二卵性双生児〟の一方は「記号計算《シンボリック・コンピュテーション》」(symbolic computation) ないし「物理記号《フィジカル・シンボル》システム」(physical symbol system) の立場であり、もう一方は後に「コネクショニズム」(connectionism) と呼ばれる立場である。この〝双子〟の宿命的対立に立ち入る前に、まずはそれぞれの特性描写を一定の密度で行っておく必要がある。まず、〝兄〟である「記号計算」主義から始めよう。

記号計算主義を代表するのは、一九五六年にＡＩ研究の風雲児たちが集い、そこで初めて「人工知能《アーティフィシャル・インテリジェンス》」(Artificial Intelligence) という名称が採用されたともいわれるＡＩの〝梁山泊〟ダートマス会議に参加したＪ・マッカーシー、Ｍ・ミンスキー、Ａ・ニューウェル、Ｈ・サイモンらであるが、彼らは「推論」を以って「知能」の典型とみなす。前提となる命題から、厳密で遺漏のない手続きを経ながら真理性を保持しつつ飛躍なしに、結論となる命題を導出するプロセスとしての「推論」こそが人間的「知能」の本質、すくなくとも典型を成すのであって、このプロセスを普遍化・形式化することで純化・抽出し、因って以って人間の「知能」を人工的に再現することがＡＩの目的であると彼らは考える。

思想史的にみて、こうしたアイデアを最初に抱懐したのは、多くの研究が示すとおりバロック時代のジェネラリスト、ライプニッツである。ライプニッツは推論プロセスを体系的に記号表記できる理想的人工言語を開発することによって思考を自動化できると考え、この企てを「普遍記号法《カラクテリスティカ・ウニウェルサーリス》」(characteristica universalis) と称した(22)。以後ライプニッツのこの普遍記号法のプログラムに結果的に沿うかたちで、アリストテレスが遺した『分析論《アナリュティコーン》』(Αναλυτικών) 前後書に記された経験的な推論形式の雛形を、そこから夾雑物を取り除いて、二値の代数形式に再編したＧ・ブール(23)、アリストテレスの命題論理に加うるに、命題内部の構造と量化を表現できる「述語論理」を開発して体系の補完を図ったＧ・フレーゲ(24)を経て、Ｂ・ラッセルとＡ・Ｎ・ホワイトヘッドによって完成された記念碑的な『数学原理《プリンキピア・マテマティカ》』(25)に至って、およそ二世紀に及ぶ積年の課題であった推論の普遍化・形式化が一応果たされた。ただしここで重要なことは、ブールからラッセル・ホワイトヘッドにかけての努力は、ライプニッツが提示したアイデア、復唱すれば「推論プロセスを体系的に記号表記可能な理想的人工言語を開発することによって、思考の自動化を図る」という企図の前半部分をしか達成していないことである。つまり「理想的人工言語」のパートは成し遂げられはしたが(ただしそれとても、Ｋ・ゲーデルの指摘によって体系の完全性には瑕疵があり、しかも原理的にそれは除去不可能なことが判明したのだが(26))、後半部分の「思考の自動化を図る」試みにはほとんど手が付けられていないのである。この後半部分の実現のプログラムを提示したのがＡ・チューリングである(27)。

「原理的に可能であること」と「実際に可能であること」とは明確に異なる。「自然数の総和」は思考可能ではあるが、しかし神ならぬわれわれにとってその結果に到達することは不可能である。なぜなら加算行為が永遠に続きいつまでやっても答えは延伸されるばかりだからである。チューリングは後者、すなわち実際に可能であることを「計算《コンピュテーション》」(computation)と呼ぶ。実際に可能である以上、「計算」はそのすべてのプロセスを具体的に明示できる。またそのプロセスは、演算行為の連続であるから離散的《ディスクリート》(discrete)ではあっても逐次的《シーケンシャル》(sequential)でなければならない。すなわちそこに連続的な神秘的能作が介入したり、逆に飛躍があったりしてはならない。つまり順序を踏んだ手続きがそこには必要である。また何よりもそれは有限回の手続きの後に「終わる《エンド》」ことで具体的な答えに到達できなければならない。それが「計算可能《コンピュータブル》」(computable)ということの意味だからである。そして、以上のとおりだとすれば「計算」はその全体の「手順」をその隅々に亙って記述できる。

チューリングはこうして「計算」を、一々の手続きを命令のかたちで記した「手順」、今でいう「プログラム」に従った連続的な〈操作=演算《オペレーション》〉(operation)として、すなわち「アルゴリズム」として示したわけだが、アルゴリズム化された「計算」はもはや人間が担う必要がなくなっている。なぜなら「計算」において必要とされるのは「プログラム」に記載された命令に順次、「停止する《ストップ》」まで、機械的に従うことだけだからである。ここに「計算」の〈自動化〉が理論的に達成されたことになるが、この理論上の自動計算機械こそがいわゆる「チューリングマシン」にほかならない。[28]

だが、ライプニッツのテーゼの後半部分「思考の自動化」の実現にはあと二ステップ必要である。まず、「思考」が「計算」に還元されなければならない。だが、「知能」の本質が「推論」能力であり、それが「思考」の実体であると考えるならば、ブールに始まりラッセル・ホワイトヘッドに至って完成した仕事によって、「思考」は記号操作による推論「計算」にすでに還元済みである。あとは、推論計算実行のための記号体系をチューリングマシンに与えてやればよい。ここに、ライプニッツの提題の前半を受け持つラッセル・ホワイトヘッドの「記号」論理《シンボリック・ロジック》（symbolic logic）と、後半を受け持ったチューリングの「計算《コンピュテーション》」が合することで「記号計算《シンボリック・コンピュテーション》」（symbolic computation）主義の立場の骨格が完成をみる。次なるステップは、理論上の謂わば〝絵に描いた餅〟に過ぎない仮想機械であるチューリングマシンを現実の推論計算機械として物理的・具体的に実現することである。この課題も一九三七年（公刊は翌年）にC・シャノンが、On/Off二値の状態を持つスイッチからなる論理ゲートを組み合わせることで、推論計算を電気回路上で再現し、クリアされた[29]。

現在確立したディシプリンとしての「計算機科学《コンピュータ・サイエンス》」は、この「記号計算」思想に依拠しつつ発展を遂げてきたわけだが、われわれはけっしてコンピュータそのものを「人工知能」とは考えない。コンピュータは飽くまでも「装置」であって「知能」の担体ではない、あるいはそれは「道具」であって「主体」ではない、そうわれわれは考えてしまう。われわれのこの違和感は単なる予断や偏見ではない。この違和感こそが計算機《コンピュータ》と人工知能《エー・アイ》との本質的相違と断絶をわれわれに告げ知らせてくれる[30]。チューリングは、慧眼にもこの断絶を「ものまね《イミテーション》ゲーム」という卓抜な比喩を使って指摘してみせた[31]。「知能」とは、知能を持つように見える「振る舞い《ビヘイヴィア》」（behaviour）である、というのがチューリングテストの核心にある洞察である。チューリングは「知能」を、当時ケンブリッジ大で交流のあったウィトゲンシュタインの「言語ゲーム《シュプラーハシュピール》」（Sprachspiel）の枠組みでおそらく考えているのであって、だからこその「知能」観はすでに指摘したとおり多分に行動主義的であり、コミュニケーション的という意味において優れて「社会的」でもある。「人工知能」の社会性は、すでにその黎明期に、鼻祖チューリングによって明瞭に意識されていたことを、ここで改めて確認しておきたい。

4-2-1-2　AIの社会化――エキスパートシステム

さて、前項の冒頭で触れたとおり、「人工知能」の実際の歴史は一九五〇年代後半から始まる。マッカーシーやミンスキーは今でこそAIの父などと煽《おだ》てられ神格化されているが、一九五六年のダートマス会議での主役は、間違いなく政府系シンクタンクであるランド社から飛び入り参加したAI分野の新参、ニューウェルとサイモンのほうである。(32) 会議でこれといった成果を示せなかったマッカーシーとミンスキーに対して、ニューウェルとサイモンは、「論理分析家《ロジック・セオリスト》」（Logic Theorist, LT）を引っ提げて登場した。LT《ロジック・セオリスト》は、この分野の〝聖典〟であるラッセル・ホワイトヘッドの『数学原理《プリンキピア・マテマティカ》』第二章の半分以上の定理を前提となる公理から〝自力で〟証明した、最初の人工知能である。定理2.85では、著者を凌ぐエレガントな証明すら披露した。

重要なことは、第一に、LT《ロジック・セオリスト》が「記号計算」の方法に依拠して、すなわちアルゴリズムに基づいた記号による推論計算によって、証明を遂行している点、第二に、LT《ロジック・セオリスト》が計算機《コンピュータ》ではなく人工知能《エー・アイ》である所以でもあるが、それが数学の専門家《エキスパート》として「振る舞って」いることである。L《ロジック・》T《セオリスト》の成功に気を良くしたニューウェルとサイモンは翌年の一九五七年、LT《ロジック・セオリスト》を発展させた人工知能「一般問題解決者《ジェネラル・プロブレム・ソルヴァー》」（General Problem Solver, GPS）を開発する。GPSそのものはその大仰な名称ほどの成功はもたらさなかったが[33]、逆にＧＰＳの不首尾によって記号計算主義に基づいた人工知能のコースが決定づけられた。

すなわち、一般的問題の解決という汎用的用途ではなく、素人には解けない問題を、専門家《エキスパート》として解決するコンサルタントとしての社会的役割がＡＩに与えられ、一九六〇年代半ばからこうした用途のＡＩがエキスパートシステム、より一般的にはプロダクションシステムとして開発され始めたのである。プロダクションシステムとは、極《ご》く単純化して言うなら、前提となる事実や所与の情報を、推論規則《ルール》と照合しながら結論を導くタイプのＡＩである。前提事実や所与情報は「作業記憶《ワーキングメモリ》」（working memory）部にストックされ、随時更新される。一方、推論規則は「ルール・ベース」（rule base）部に格納されており、例えばエキスパートシステムの場合、ここに専門的な知識が「もし《イフ》…ならば《ゼン》〜」（if..., then 〜）の形式で収納されている。システムの〝頭脳〟部である「推論エンジン」（inference engine）は、「もし《イフ》…」（if...）節部分に、「作業記憶」部の情報や事実を当て嵌《は》めながら、複数の推論の間で生じる競合を回避しつつ、また推論相互の選好に配慮しつつ、最終的な結論を導き出す、という仕組みである。

有機化合物を質量分析法によって特定するDENDRAL《デンドラル》[34]、伝染性の血液疾患を診断して適切な抗生物質を処方するMYCIN《マイシン》[35]などが初期の代表的なエキスパートシステムであるが、厳密には単純な自然言語処理プログラム、今でいう〝ボット〟（bot）に過ぎず、プロダクションシステムには到底及ばないものの、後に強硬な反ＡＩ論者に転ずるＪ・ワイゼンバウムが一九六六年に公表した有名なELIZA《イライザ》もまた機能的にはロジャース派精神療法のエキスパートシステムとみなし得る。その後、医療を筆頭に教育、経営、会計、人事など様々な分野のエキスパートシステムが続々開発され、一九七〇年代から八〇年代に掛けて一大市場を形成した。日本の通商産業省（当時）が一九八〇年代に国家的威信を懸けて取り組んだ第五世代コンピュータもまたエキスパートシステム型人工知能の実現を目指しており(36)、このプロジェクトの一九八〇年代半ばの頓挫、とまで言わぬにしても、少なくとも尻窄《しりつぼ》みが、エキスパートシステムの終焉を告げる晩鐘となった。

エキスパートシステムを、単なる電子アーカイブとして見下し、AIとは認めないというミンスキーのような立場もあるのだが、すでに述べたとおりエキスパートシステムが「専門家」という役割を初発段階のAIに割り当て、「意思決定」支援ないし「問題解決」支援という社会的機能をAIに見出した点、更にパターナリスティックな階層関係を前提しはするものの「専門家に相談する《コンサルト》」（consult）という〈コミュニケーション〉の水準にAIを位置づけ得たことで、AIが社会的存在となる上で〈ユーザーインタフェース〉がその鍵を握っているという事実を浮かび上がらせた点は、その功績として強調しておきたい(37)。

4-2-1-3　記号計算の陥穽

記号計算主義に基づくAIは端的に言って推論機械であるが、推論の実際は記号の〝読み書き〟の連鎖、記号処理過程である。ここで問題になるのが謂うところの「記号」の身分である。計算機《コンピュータ》という「装置」では、閉じた記号の世界だけを考えればよいので何も問題は生じない。だが、AIは社会性を持つ、少なくとも社会性が要求される以上、「記号」世界の中で閉じるわけにはいかない。つまり、ＡＩは何らかの形で現実世界や実社会との接点を持たなければならない。そしてＡＩと世界・社会との繋がりを担保するものこそが「記号」である。したがって記号計算主義にあっては「記号」は二重の役割を負わされている。一つは推論計算プロセスにおける結節点《ノード》、ないし操作項としての役割、いま一つは実世界の対応物を指し示す役割、である。前者を「記号」の「統辞論的《シンタクティック》」（syntactic）役割、後者を「意味論的《セマンティック》」（semantic）役割と言い換えてもよい。例えば「リンゴは赤い」という命題において、記号「リンゴ」、記号「赤い」は、一方では〈基体‐性質〉という統辞論的関係の両項であると同時に、記号「リンゴ」→実物〈リンゴ〉、記号「赤い」→現実の〈赤さ〉、という意味論的指示関係の担い手でもある。後者の役割に関していえば、ちょうど人間が外界対象を「心像《イメージ》」（image）「表　象《レプリゼンテーション》」（representation）「観念《アイディア》」（idea）のかたちで〝心の中〟に写し取るのと類比的に、ＡＩは外界対象を「記号」によって写し取り、ＡＩ〝内部〟にそれを再現すると考えるわけである。ニューウェルはこうしたＡＩの外界との、「記号」を介した関係性を「物理記号システム」（physical symbol system）と称した(38)。

だが、このいわゆる「物理記号仮説」（physical symbol hypothesis）は、記号計算主義にとっての〝躓きの石〟となった。「ロジック・セオリスト」や「一般問題解決者《ジェネラル・プロブレム・ソルヴァー》」の場合には、扱う領域が数学という実世界とは切り離された理念的《イデアール》世界であったために、「記号」は抽象的な数学的概念を意味すると考えれば済んだ。また、エキスパートシステムの場合には、「推論規則」にしても「作業記憶」部の知識や情報にしても、当該システムの分野・領域をカヴァーできれば事足りる。エキスパートシステムとは人間でいえば、言葉は悪いが、〝専門バカ〟であって、しかもそれでよい。誰も有機化学の専門家《エキスパート》に恋愛や借金の相談など持ち掛けないからである。

ところがＡＩの汎用性が高まれば高まるほど、すなわちＡＩが現実世界に、より広範により深く、コミットしようとすればするほど、ＡＩの〝内部〟に「記号」で表現＝再現すべき事柄が爆発的に増殖する。マッカーシーが指摘し[39]、後にＡＩ擁護派の哲学者Ｄ・デネットが戯画的な解説を加えた[40]いわゆる「フレーム問題」(frame problem) である。この問題に対しては次のような対案が即座に思い泛《うか》ぶ。曰《いわ》く、外界情報を全てＡＩに与えようとすることから問題が生じるのであって、方針を変えて、まずは人間のほうで現実世界の情報を間引いて単純化した世界モデルをＡＩに与え、そこでシミュレーションを行った上で実世界に着地させる手は如何？　ところが豈図《あにはか》らんや、その場合には別の問題が新たに出来する。単純化したモデル世界を表現したＡＩ〝内部〟の「記号」が、実世界の対象や事象に対応しているという保証はどこにあるのか？　畳の上で泳げたからといって、実際の海で泳げる保証はどこにもないのである。なぜなら「畳」は「海水」ではないからである。これがいわゆる「記号接地問題《シンボル・グラウンディング・プロブレム》」(symbol grounding problem)[41]——或る統辞的システムから出発してそれを最終的な実在へと接続することの困難ないし不可能性——である。一般に成功したＡＩプログラムといわれているＴ・ウィノグラードのSHRDLU《シュルドルゥ》は、いくつかの積木のみが存在する単純な世界モデルの「記号」表現を〝内部〟に持っており、その世界をSHRDLUは統辞論的に完全に理解している[42]。だが、現実には、すなわち意味論的にはそんな世界はどこにも存在しない。

こうした記号計算主義の八方塞がりの状況を打開すべく、ミンスキーやＲ・Ｃ・シャンクが「フレーム」(frame)[43]「スクリプト」(script)[44] といった手法で知識を構造化することで、膨大な日常知すなわち現実世界の記号表現をＡＩ〝内部〟に実装しようとしたが、これとて問題の原理的な解決には結びつかなかった。一方、反ＡＩの〝武闘派〟Ｈ・ドレイファスは、現象学やハイデッガーを（多分に戦略的に、つまりは我流に）援用しつつ、記号計算主義の世界理解・人間把握そのものの根本的錯誤を指摘し(45)、さきのウィノグラードまでがこれに同調する始末であった(46)。

ドレイファスらの批判を俟つまでもなく、記号計算主義の問題点はわれわれにとってももはや明らかである。「記号」から出立しようとする限り、事の原理上、その外部すなわち現実世界には到達できない。ＡＩが直接アクセスできるのは、たかだか個々の「記号」と「記号」相互の統辞論的な関係でしかない。ＡＩは「記号」しか〝読め〟ないからである。現実世界に直接アクセスできるのはわれわれ人間のほうである。したがって、ＡＩは事の初めから現実世界とは截断《せつだん》されたかたちで生み出され、然る後に、人間によって事後的に世界と関係させられるほかかない。その事後的な世界との接合の役割を担うものこそがＡＩ〝内部〟の「記号」表現である。したがって、外部世界との〝紐帯〟であるはずの〝内部〟「記号」表現は、観方を変えれば「世界との根源的分断」の象徴でもあり、またその〝元兇〟でもある。

一九八〇年代半ばになると、記号計算主義は様々な難点を露呈させ、また一時は飛ぶ鳥を落とす勢いであった頼みの綱のエキスパートシステムも第五世代コンピュータの終焉と軌を一にするように失速し(47)、ＡＩの主流の地位から退いていった。替わって登場してきたのが〝双子〟の〝弟〟コネクショニズムである。

4-2-2-1　人工知能の二つの系譜②——コネクショニズム

コネクショニズムと記号計算主義とが、サイバネティックスという共通の〝母〟を持つことはすでに触れた。ではコネクショニズムがなぜ記号計算主義と〝双子〟の関係なのかといえば、両者がほぼ同時期の一九四〇年代から五〇年代初頭の間に誕生しているからであり、またなぜ〝弟〟なのかといえば、当初まだコネクショニズムと呼ばれる前には、それは記号計算主義に依拠した立場、というよりもむしろその一部（より精確には両者は未分化）だったからである。

この立場は、一九四三年に発表された神経生理学者のW・マカロックと早熟異能の数学者W・ピッツによる共著論文「神経活動に内在する思考の論理計算」[48]に端を発する。J・フォン・ノイマンが激賞したこの論文は、脳神経細胞《ニューロン》が、一九三七年にシャノンによって開発された電気回路上の推論演算素子である論理ゲートと実質上同等の働きをすること、すなわち二値の状態を持つ論理演算素子として機能的に等価であることを明らかにしたものである。つまりは論理ゲートではなくニューロンを使ってもチューリングマシンは原理上構成可能であることが示されたことになる。

ここで二つの考え方があり得る。一つは、ニューロンと論理ゲート、あるいは脳と電気回路は、いずれも「知能」の〝素材〟・〝手段〟に過ぎず、「知能」そのものはそれらの上位に実現されるべきものであり、それが不可視・無形のソフトウェアである「プログラム」に他ならない、と考える立場である。この立場は、人間に計算機を〝読み込む〟ことで「意識」や「こころ」をもニューロン上を〝走る〟〝ソフトウェア〟とみなす[49]。また、脳に「記憶」や「意識」を〝インストール〟あるいは〝アップロード〟するなどという荒唐無稽な立言を厭わない。「知能」が汎化された以上、脳と電気回路、ニューロンと論理ゲートは同位同格であるはずなのだが、マカロックとピッツその人がニューロンを論理ゲートに準《なぞら》えた事実があるため、計算機が脳に対して優位に置かれ、計算機のメタファーを援用して「知能」が説明されるのは仕方がないとも言える。この立場は、演算素子としてのニューロン登場後における記号計算主義の強硬派、保守本流を形成する。Ｊ・サール謂うところの「強い《ストロング》ＡＩ」(50)である。

もう一つの考え方は、次のような道筋を辿る。ニューロンと論理ゲート、脳と電気回路はたしかに機能的に等価かもしれない。だが、それは飽くまでも権利上の話に過ぎない。実際は「脳」にはすでに「知能」が事実あるのに対して、電気回路には未だない。事実によって両者の等置が否定されている。つまり、これまでの記号計算主義的なＡＩ観にどこか根本的欠陥があったと考えるべきであり、ＡＩはむしろすでに実際「知能」を実現している脳をこそモデルにして設計されるべきである、と。この線でＡＩの実現を目指すのが後のコネクショニズムの立場になる。

第一の立場は「知能」を、物質に宿りはするが、物質的存在とはそもそも次元を異にする実体、極端な場合にはプラトンの純粋知性体《ヌース》（νοῦς）の如き知性体、と考えがち（したがって、この立場を極端に推し進めてゆくとシンギュラリティの、人類滅亡後も機械やネットワークに〝インストール〟〝アップロード〟されて永遠に生き続ける〝宇宙知性〟のようなグロテスクなものに行き着く）であるという意味で哲学史上の合理論的・理性主義的伝統に連なるのに対し、後者は「知能」を素材的物質とは区別されるが、素材＝〝質料《ヒュレー》〟（ὕλη）なしには単独で存在し得ない、アリストテレスの〝形相《エイドス》〟（εἶδος）の如き何か、と捉える、という意味において経験主義的な性格を濃厚に持つ。そして、〝双子の弟〟である後者が経験主義的な性格を更に強めて〝兄〟との袂を分かち、両者の〝骨肉の争い〟を決定的にしたのは、神経心理学との連携である。神経心理学との連携によって、ニューロンというもう一つの論理演算素子によるチューリングマシンの構成という当初のシナリオが放棄され反故にされてしまったからである。

4-2-2-2　パーセプトロンの登場と蹉跌

行動主義心理学に神経科学的な基礎を与えようとしていたK・ラシュレー門下のD・ヘッブは、一九四九年に有名なニューロンの学習則を発見する。いわゆる「ヘッブの学習則」である[51]。あるニューロンの発火によって別のニューロンが発火するとニューロン間の接合部であるシナプスに変化が生じ、以後両ニューロンの結合が強まる、というのがその内容で、これこそが「学習」の神経科学的メカニズムであると彼は主張した。ここで学習則の発見以上に重要なのは、ヘッブが脳の活動単位を個々のニューロンではなく、ニューロン集合体（cell assembly、今でいうニューラル・ネットワーク）であると喝破していることである。つまり人間「知能」を担っているのは素子としての個々のニューロンではなく、素子間の関係の総体であるという洞察である。しかも、この関係は固定的《スタティック》なものではなく、学習則によってダイナミックに組み替わりもする！

この発見にインスパイアされたF・ローゼンブラットは、ダートマス会議の前後から一九六〇年代初頭にかけての時期、マカロックとピッツが考案した人工ニューロンを使った集合体《セル・アセンブリ》を設計して「パーセプトロン」（perceptron）と名付け、これに「学習」を施した。四〇〇あまりの光電管素子からなる入力層と、それに接続され入力層からの信号を集める連想素子からなる中間層、そして連想素子からの出力を受け取る反応層の計三層構造のパーセプトロンは「学習」の結果、実際に図形や簡単なパターンを認識した[52]。六〇年代前半にはパーセプトロンに大きな期待がかけられ、脚光を浴びた時期もあったが、複雑なパターン認識となるとお手上げで、更に、研究者として以上に政治的手腕とオーガナイズの才に長けた記号計算主義陣営の〝宿敵〟ミンスキーが、後に同僚となるS・パパートとともに著した著書[53]で、パーセプトロンの限界を理論的に証明したことが決定打となり、AI関連の研究予算の大半は記号計算主義陣営に流れ、パーセプトロンの息の根は止められた[54]。以後、一九八〇年代半ばまでコネクショニズムは長い雌伏の時期を強いられることになる。

実際、AI関連の概説書や事典類には、パーセプトロンをAI史の単なる一挿話扱いにしたり、項目として立てないものが散見される。ローゼンブラットのほうでもパーソナリティに問題が無かったわけでもなさそうである[55]。だが、それはそれとして、コネクショニズムのAI第一号であるパーセプトロンの思想史的意義はもっと認められてよいのではないか。本項の纏めとして、パーセプトロン評価に仮託しつつ、〝弟〟のコネクショニズムを〝兄〟である記号計算主義との比較において特徴づけよう。

第一に、記号計算主義が「知能」の本質を「推論」行為に求めるのに対して、コネクショニズムは「知覚」（ないし「知覚」を基礎とした「認知」）にみること。「推論」という人間のみが事とする高級な営為を「知能」の典型とみる記号計算主義のほうが、人間以外の低級な動物（および人間未満の乳幼児）も行う「知覚」や「認知」を典型とみるコネクショニズムより分がある、と考えたくなるが、必ずしもそうとは言えない。先に指摘したとおり、記号計算主義は「推論」をモデルとするがゆえに「記号」という媒介物をＡＩと世界との間に立てざるを得ない。そしてこれがＡＩと世界との分断の元兇であった。それに対してコネクショニズムでは、「対象」〈の〉「知覚」というかたちでダイレクトに世界とＡＩとが関係を結ぶ。コネクショニズムの「知能」は、「知覚」というプリミティヴな現実世界の〈現場〉に据えられ、そこに楔《くさび》を直接（「記号」の媒介なしに）打ち込むことで存在し始めるのである。

第二に、記号計算主義のＡＩは最初から「プログラム」という完成形の「知能」を実装しているのに対し、コネクショニズムの「知能」は未熟な状態から〝経験〟を通じて「学ぶ」ことで徐々に完成態へと〝成長〟してゆくこと。この点は、ＡＩと人間との関係にも影響を及ぼす。記号計算主義のＡＩは、チューリングテストでのようにあたかも人間のように「振る舞っ」たり、ゲーム・プログラムのように人間と「闘っ」たり、エキスパートシステムでのように人間を「導い」たりする。つまり、それは「騙し欺き」「打ち負かし」「教える」というかたちで人間との間に社会的関係を取り結ぶ。それに対して、コネクショニズムのＡＩは逆に「教わる」というかたちで人間と関わる。つまり、記号計算主義ではＡＩが人間の優位に立ち、コネクショニズムではその関係が逆転する。

第三に、記号計算主義では「プログラム」を人間が書くことで、「知能」の内実が完全に可視的であるのに対し、コネクショニズムでは入力と出力しか可視的でなく、「知能」の実質はブラックボックスである。もちろんニューロン相互の結合の重み付けが数値化可能という意味では、可視的である。だが、それは飽くまで局所的な可視性に過ぎない。ニューラル・ネットワークの関係、およびその変化が全体として一体何を意味するのかが分からない、という意味で「知能」の内実はやはり不可視である。入力と出力の一意的対応を主張する「恒常仮説」を否定するという意味において、コネクショニズムは「行動主義」とはもちろん一線を画するが、入力と出力のみが与えられ、「知能」の〝内部〟はブラックボックスである、という意味においてそれはやはり「行動主義」の系譜に依然属している。

そして最後に、記号計算主義が決定論的な因果性を組み込むかたちでAIを設計するのに対して、コネクショニズムが確率論的ないし統計的な情報処理メカニズムをAIに実装すること(56)。記号計算主義のAIは原理的に間違わない。AIはアルゴリズミックに「プログラム」の命令を忠実に実行するだけだからである。AIに間違いがあったとすれば、装置レベルの不具合を別とすれば、それは「プログラム」のバグに起因しており、それは書いた人間の側の間違いである。対してコネクショニズムのAIは逆に間違うことを本領とする。なぜならそれは間違うことを通じてのみ「学習」するからである。その意味でそれは本質的に、発見的《ヒューリスティック》な試行錯誤《トライ・アンド・エラー》マシンである(57)。

4-2-2-3　PDPとヒエラルキーの終焉

パーセプトロンが六〇年代に葬り去られたことで、記号計算主義がAIの別名である時期が長く続いたが（実は今なお続いている、という観方ももちろんできる）、一九八〇年代半ばに転機が訪れた。すでに触れたとおりエキスパートシステムの流行は収束へと向かい(58)、莫大な予算に見合うだけの「知能」の原理的進化は記号計算主義の陣営においては見られなかった。

それに対してコネクショニズム陣営では、雌伏の時期に細々と続けられた研究が実を結び始めたこととAIをめぐる社会環境の変化も手伝い、この時期に記号計算主義に対する捲土重来の機運が高まった。

新しいコネクショニズムはパーセプトロンをベースにしながら、地道にニューラル・ネットワークの機能の拡張を目指すことが研究の基本線を成した。入力層と出力層に加え、入・出力層からは独立した隠れユニットも含めた中間層の多層化が図られると同時に、ホップフィールド回路網[59]の採用によって「知能」の安定性が、またヒントンらのボルツマンマシン[60]によって「教師なし」の「自動学習」が実現された。そして一九八六年には、ミンスキーとパパートによって指摘されたパーセプトロンの幕引役ともなった因縁の限界問題——線形分離不可能な排他的論理和《エクソア》（XOR）の学習不能——も、誤差逆伝播法《バックプロパゲーション》[61]の開発で克服された。

誤差逆伝播法が発表された、D・ラメルハートとJ・マクレランドらの手になる『並列《パラレル・》分散処理《ディストリビューティッド・プロセッシング》（Parallel Distributed Processing, PDP）—認知の微細構造の探求』[62]は、甦った新コネクショニズムのマニフェストの役割をも果たした。タイトル中の「並列《パラレル》」（Parallel）は、コネクショニズムのAIに複数の情報処理が同時並行的に行われるアーキテクチャが実装されていることを意味する。これは記号計算主義において情報処理が原理的に逐次的《シーケンシャル》で単線的《リニア》な情報処理であるのとは対照的である。プロセッサの処理速度が速いため、一時期のメインフレームで行われたタイムシェアリングシステムのように記号計算主義の場合も〝並列〟を〝装う〟ことはできるが、実際のプロセスはやはり逐次直列であって、これはチューリングマシンの原理（一本の長いテープ！）から考えても不可避である。またコネクショニズムが人間の脳をモデルにする以上、こちらもニューロンの同時並行的発火に範を求めるのは当然の成り行きと言える。

一方「分散《ディストリビューティッド》」（Distributed）は、「知能」の〝無中心性〟を意味する。つまり、並行的に情報を処理する複数のニューロンの何《いず》れかが「知能」の中心で、何れかが「知能」の周縁だということは言えない。「知性」は謂《い》わばネットワーク全体に〝広がって〟存在している。このことは、先のコネクショニズムにおける「知能」のブラックボックス化の言い換えとみることもできる。この点でも、記号計算主義がＡＩに推論計算の〈中枢〉を設定し（チューリングマシンの「ヘッド」、エキスパートシステムの「推論エンジン」）、その〈中枢〉に〈周縁〉部分（記憶部や入・出力部）が〝奉仕〟するというヒエラルキカルな構造をみるのとは見事なコントラストをなしている。

新コネクショニズムであるＰＤＰの登場は、両陣営の間に大論争を巻き起こしたが、一部の原理主義的な記号計算主義の信奉者を別とすれば[63]、この後論ずるロボティックス分野も含めて一定の共感を呼び、影響力を持ったと言ってよい。あのミンスキーですら、明らかに並列分散処理の考え方を取り込んだ「知能」観を同時期に表明しているのである[64]。

われわれは社会哲学的な、そしてメディア論的なアングルから、ＡＩにおけるこの路線変更が起こったのが一九八〇年代半ばであるという事実に、改めて読者の注意を喚起したい。そもそも経済学的な観点から考えても、並列分散処理などという計算機リソースの〝贅沢〟な使い方が社会的に受け容れられるためには、コンピュータが安価になり、大量に世に出回っていなければ不可能である。翻って想い起せば、一九八〇年代半ば（精確には一九八四年）はAppleが当時の計算機市場におけるガリバー企業であったＩＢＭを、Ｇ・オーウェルの『1984』の独裁世界に準えながら、高価なメインフレームの向こうを張って、安価な（もちろん個人使用には依然高価だったが）パーソナルコンピュータMacintoshを発売した時期に当たる。[65]『ＰＤＰ』が公刊された一九八六年は、インターネットの前身であるARPANETが、NSFNET（全米科学財団ネットワーク）を通じて全国の研究教育機関へとネットワークを拡張したまさにその年である。そもそもインターネットプロトコル（TCP/IP）自体が、非常時に備えた堅牢性・耐性を持たせた中心を持たない分散型アーキテクチャのネットワークである。一般的に言って、この時期を境に社会全体がヒエラルキカルな一極中心構造から〈多中心＝無中心〉的な並列分散型構造へと済し崩し的に変容を遂げていったのであって、ＡＩを考察する場合にも、そうした歴史的背景に敏感であるべきだろう。メインフレームからパソコンへ、マスメディアからインターネットへ、という推移もこうした文明史レベルでの大きなパラダイムシフトと連動している。そして、ＡＩにおける記号計算主義からコネクショニズムへの潮目の移り変わりもその一環とは考えられないか？　もちろんわれわれはこうした符合に因果関係をまで主張するつもりはない。だがこの時期、「専門家《エキスパート》vs.素人」というヒエラルキカルな社会関係の衰微によって、エキスパートシステムの需要が先細っていったこともまた確かな事実なのである。

4-2-3　ＡＩの新たな地平

誤解してほしくないのだが、われわれには、記号計算主義とコネクショニズムの優劣を比較しどちらか一方に軍配を挙げるといった趣意は毛頭ない。そもそもすでに「記号計算主義かコネクショニズムか」という問題設定自体が、時代錯誤な枠組みからの不毛な問いと化している。なぜなら、二一世紀に入って、マスメディア・パラダイムに取って替わるかたちで成立をみたインターネットを基盤技術とする〈ネットワーク〉パラダイムの中で、ＡＩの存立構造と存在意義《レゾン・デートル》が根本的な変容を遂げ、その社会的位置と役割を変じた結果、両陣営の対立関係は新たな地平で止揚《アウフヘーベン》されてしまったからである。結論から先に言ってしまえば、これまでのＡＩは、「人間」知能の本質如何とその人工的再現の手法をめぐって両派の争いが演じられたわけだが、現在のＡＩにおける中心問題はもはや「人間」という地平にはない。ＡＩの諸課題は今「社会」という地平で新たに立て直されつつある。その現場を具体的に見よう。

技術的な水準で見た場合、記号計算主義の陣営では、Ｊ・パールが因果関係の記述にベイズ統計を導入することで開発したベイジアンネットワーク[66]や隠れマルコフモデル（Hidden Markov Model）が今や主流となりつつあり、その推論計算は決定論的な手法から確率論的・統計的なそれへと急速にシフトしつつある。一方コネクショニズムは、冒頭で触れた「深層学習《ディープ・ラーニング》」が学会や業界を超えてジャーナリスティックな扱いを受ける域にまで知名度が高まっているが、この技術はパーセプトロンの発展形で、いわゆる「機械学習」分野の最先端テクノロジーである。そして両陣営のこうした最先端技術が共通にフォーカスするのは、インターネットで日々というより時々刻々、集積されるビッグデータである。そのままでは単に〝ゴミの山〟に過ぎないビッグデータを対象に、データアナリストという「人間」に代わってＡＩが今や特徴検出やパターン抽出を行っている。

ここで重要なことは、ＡＩが情報処理を行うビッグデータが、第二章で述べたとおり、もはや従前のパラダイムのＡＩにおいてのようなプリミティヴな知覚データ（パーセプトロンの場合）や、分野や文脈が予め限定されている専門知識（エキスパートシステムやチェスプログラムの場合）などとは次元の異なる、どのような文脈でそれを扱ってよいかがそもそも不明瞭な、出所不明の、いわゆる非構造化データの種々雑多な塊であることである。しかも、パーセプトロンやエキスパートシステムそしてゲームＡＩが扱う知覚データや課題・問題が、本来人間に対して与えられたものであったのとは異なり、それらビッグデータは人間自らの産出物である。従来のＡＩは、本来人間にとっての所与である知覚データや課題・問題を人間に替わって、ないしは人間をサポートして処理する存在であった。対して現在のＡＩは、「所与」でも「問題」でも「課題」でもない人間のアウトプット、例えばTwitterでの「呟き」やInstagramに上げられた写真、YouTubeに投稿された動画クリップといった様々なＳＮＳから日々放出されるコミュニケーションデータ、Apple WatchやGoogle Glassといったウェアラブルからクラウドに上げられる身体データの集積体から、人間には感知不能、認識困難な〝意味〟を読み取ることが期待されている。(67) 現在のＡＩに課されているのは、人間にとっては一見どうでもよい無価値なデータの山からむしろ「課題」や「問題」を見つけ出すことなのである。(68)

また、グーグルのペイジランク・アルゴリズムやアマゾンのレコメンデーション（「この本を買った人は他にこんな本も買っています」という例の〝セールストーク〟）のように、人間の選択や意思決定データを編集して、更なる選択や意思決定のためのデータを人間に差し戻すという、支援というより〝誘導〟、あるいは人間の意思決定におけるフィードバックループ機構の構築をやってのけるまでに現在のＡＩは変貌を遂げている。したがってわれわれは、進化論上ＡＩこそが新しい〝種〟として「人類の後《ポスト・ヒューマン》」を襲うといったＳＦ紛いの意味においてではなく、ＡＩが人間を〝素子〟として利用している、という意味においてなら、二〇四五年どころか、今現在すでに〝ＡＩが人間を超えている〟ことを認めるのに何ら吝《やぶさ》かではない。だが、ネットワーク・パラダイムにおける人間とＡＩとの関係をより精密に確定するためには、われわれは更にロボットの問題へと踏み込まなければならない。

4―3　ロボットの展開過程

4―3―1　ヒューマノイド・オートマトン・ロボット

ＡＩ同様、われわれはロボットの起源をめぐる問題から議論を起こしたいのだが、それはよくあるロボット史のストーリーを復唱するためではない。むしろ巷間のロボット史の常套的筋立てに潜む或る錯誤を指摘したいからである。

ロボット史の常として、古くはギリシア神話中で鍛冶神ヘーパイストス（Ἥφαιστος）によって造られたとされるタロース（Τάλως）やユダヤ教伝承にみられるゴーレム神話、降《くだ》っては錬金術師パラケルスス（そしてゲーテ）のホムンクルス（Homunculus）や一九世紀ゴシックロマンの創作物であるＭ・シェリーのフランケンシュタインの怪物などに劈頭を飾らせるのが常套になっている[69]。だがこれらは「アンドロイド」ないし「ヒューマノイド」ではあっても、「ロボット」ではない。「アンドロイド」（android）も「ヒューマノイド」（humanoid）も「人間もどき」「人造人間」という意味（「男」を意味するギリシア語「ἀνδρο-《アンドロ》」あるいは「人間」を意味する英語「human」、に「もどき」を意味する接尾辞「-oid《オイド》」がついたもの）だが、「ロボット」のほうはよく知られているようにチェコの国民作家K・チャペックの創作上の造語であり、チェコ語本来の意味は「隷属的労働《ロボタ》」（robota）である。(70) だがここでわれわれは語源的な穿鑿《せんさく》に没頭しようというのではない。われわれは、こうした常套的語り口によってアンドロイド（ヒューマノイド）とロボットが混淆的にイメージされ、ともすれば同一視すらされる傾向を見咎めたいのである。またそれは、同じくロボット史のエピソードとして必ず言及される、ボーカンソンの「自動人形《オートマトン》」（automaton）や江戸期日本の「からくり人形」についても事情は同様である。

概念史的にみても、また事柄に即しても「アンドロイド」と「ロボット」、そして「オートマトン」（「からくり」）と「ロボット」は明確に区別されなければならない。「アンドロイド」は、タロースやゴーレム、ホムンクルスやフランケンシュタインの性格を考えても、「人が人を創る」という神を擬した、あるいは神をも懼《おそ》れぬ業《わざ》への憧れと禁忌、そして〈驚異=脅威〉が籠められた呪術的概念である。また「オートマトン」「からくり」は貴族や富裕層向けの嗜好品の類いであり、したがってそれは近世期における職人の伎倆の到達点を示す工芸的概念である。対して「ロボット」は、それが戯曲『R.U.R.（ロッサム万能ロボット会社）』という創作に端を発するにもかかわらず、社会科学的ないしは経済学的な概念である。すなわちそれは歴史的な意味においても思想内容としても資本主義という政治経済的バックグラウンド抜きには意味を成さない。

このことは『R.U.R.』の筋立てからもはっきり看取できる。『R.U.R.』は人間労働の代替手段として開発されたロボットの人間に対する反乱がプロットの基本になっているが、これは明らかに作品が発表される三年前に成功したロシア革命（一九一七年、『R.U.R.』発表は一九二〇年）をモチーフにしている。したがってロボットとは産業革命以来、社会の最底辺で非人間的な隷属的労働に従事させられてきた、そして今や「プロレタリアート」と呼ばれる労働者階級のアレゴリーとみて間違いない。

4-3-2　労働〈自動化〉の両義性

このようにみてくると、「ロボット」の定義的本質は、「人間によって造られた人間」（アンドロイド）でも、また「人間と見紛う動きをする精妙な装置」（オートマトン）でもなく、「人間〈労働〉を代替する〈自動化〉機械」に求められる。その意味で、ロボットの祖型は、二〇世紀初頭に端を発する、高度資本主義推進の基盤ともなった自動化され集積化された工業機械群である。チェコで『R.U.R.』が公表されたのは、アメリカでH・フォードが自動車の大量生産のために生産ラインの規格化と合理化を展開していた時期にちょうど重なる。その後「フォードシステム」は「オートメーション」や「メカトロニクス」へと発展してゆくが、こうしたテクノロジーはいずれも〈労働の自動化〉の手段であり、チャペックのロボットもまた本質的に、人間労働の代替技術、労働自動化のための機械として先取り的に構想され案出されている。その意味では、実はここまで例外視してきた産業用ロボットこそが、ロボットの正統的系譜に連なるとも言えるのである。

もちろんわれわれとてもロボットに、フェティッシュな呪術的要素――例えばV・ド・リラダンの『未来のイヴ』におけるアダリー（Hadaly）の如き[71]――や工芸的な職人技の要素もまた存在することは認める。ただしその場合も、本質的には〈労働〉機械たるロボットにとって、それらはマージナルで偶有的な属性に過ぎない、という留保付きでの話である。

〈労働の自動化〉を人間の側から見たとき、それは第一に苦役からの解放を意味する。非人間的な単純作業（単なるボルト締めの繰り返しのような）や、危険を伴う作業（原子力発電施設内での事故処理）、到底人間ではこなせないような微細な作業（集積回路の半田付け）は、機械に代替される労働の筆頭候補であろう。労働の自動化によって、労働による人間の時間とエネルギーの消耗が、機械に転嫁される。実際フォードは、フォードシステムの導入による自動車の生産量と販路の拡大で、余暇と賃金が大幅に増えた労働者が文化的生活を享受していることを誇っている[72]。ただし、逆に労働の自動化によって、却って人間が機械のペースに同期することを余儀なくされた結果として、労働の更なる非人間化も初期には生じている。フォードと同時期のF・テイラーによる悪名高い「科学的管理法」（Scientific Management）や、チャップリンが映画『モダンタイムス』（一九三六）で揶揄した人間の機械への組み込みがその最たる例である。ただしこれは過渡的現象であって長期的スパンでみた場合、〈自動化〉が労働による人間の肉体的・精神的苦痛を減じた事実は否定できない。

しかし〈自動化〉は、苦役から人間を解放する一方で、その〝主体性〟の譲渡をも唆《そそのか》す。初期マルクスならば「疎外《エントフレムドゥンク》」（Entfremdung）「外化《エントオイセルンク》」（Entaußerung）と呼ぶでもあろう事態である。本来自分に属していたはずのものが、自分にとって余所余所《よそよそ》しい対象物として立ち現れてくる現象である。もちろん機械は飽くまでも「隷属的労働《ロボタ》」（robota）にのみ従事するのであって、指示や管理は人間が行うというのが原則であり建前である。だがチャペックの戯曲『R.U.R.』では、隷属的労働のみに従事するはずのロボットに、「生殖能力」を除いた〝主体性〟を次々に譲渡していった結果、人間に対する反乱を招いたのであった。翻って現在までの社会の推移を振り返ってみるとき、先の原則や建前も相当に怪しい。なぜなら二〇世紀の百年間は、「意思決定」という最終的〝スイッチ〟を残して、あらゆるプロセスの主導権が人間から機械へと譲渡されていったその歴史だからである。そして二一世紀に入って登場しつつある新たなロボット群は、この「意思決定」をまで〈自動化〉するテクノロジーの一環に他ならない。

4-3-3　コミュニケーションの〈労働〉化と〈自動化〉

ロボットの正統である産業用ロボットはすでに一九六一年段階でサーボ機構によって人間の腕の動きを擬した「ユニメート」（Unimate）や「ヴァーサトラン」（Versatran）がアメリカで稼働していた。こうした産業用ロボットが、人間にとっては危険あるいは困難な労働をリプレースし労働の〈自動化〉の実現を推進しつつあったわけだが、日本ではむしろロボットの傍系であるヒューマノイド型の開発が早稲田大学を中心に積極的に推進され（ただし一九六〇年代末から国産産業用ロボットも登場している）、一九七三年に初のヒューマノイド型ロボットであるWABOT-1を完成させている。それ以降日本はヒューマノイドの最先端を独走し、本章冒頭で触れたASIMO、QRIOを誕生させてきた。これについては「からくり」の伝統や〈汎心＝汎神〉論的風土、ロボットアニメの影響といった様々な理由が取り沙汰されてきたが、確認しておかなければならないことは、ロボットが〈労働の自動化〉のための機械であるという見地からは、ヒューマノイドはロボットの逸脱・偏奇形態であり、「夢の実現」や「機械と人間の共生」などと称せば聞こえはよいが、第三者的にみて「用途のない」ヒューマノイドに大金を賭ける日本の行為が、第五世代コンピュータのケースと同様、バブル景気で金がだぶついた経済大国の道楽と世界から揶揄されてもそれは仕方がないといえよう。

だが、二一世紀に入って事態に変化の兆しが現れつつある。依然、日本がヒューマノイド開発の最先端を走っている事実に変わりはないが、もはやヒューマノイド開発を誰も物好きの道楽とは考えない。実際二〇一五年にソフトバンクから発売されたPepperを開発したのは、同社が二〇一二年に買収したフランスのロボットベンチャー企業アルデバランである。ロボットにいったい何が起っているのか？

ヒューマノイドもまたそれがロボットを標榜する以上は〈労働の自動化〉機械として社会に着地しなければならない。つまり、それは明確な用途を持った、人間〈労働〉の代替手段を提供する工業製品でなければならない。これまでのヒューマノイドは、すべて実験用、デモンストレーション用のプロトタイプに過ぎず、その意味で社会との接点を持たない。〝好事家の道楽〟である所以《ゆえん》である。ヒューマノイドも含めてロボットが社会に組み込まれ、——夢想家が好む言葉を用いれば——〝人間との共生〟を果たすためには、それはまず「商品」として「市場」に「流通」し、「売れ」なければならない。そして「売れ」るためには何らかの「使用価値」——ロボットの場合は特定〈労働〉の〈自動化〉――をそれは持たなければならない。資本主義の原理はロボットをも貫徹する。

では、ヒューマノイドが代替し〈自動化〉するのはどのような人間〈労働〉なのか？　一九八〇年代の言い回しを使うならば、それは「感情労働《エモーショナル・レイバー》」（A・ホックシールド）[73]であり、「シャドウ・ワーク」（I・イリイチ）[74]である。具体的には、受付・案内などの接客、介護、教育、家事がこれに該当する。八〇年代にはそれらが歴とした労働であるにもかかわらず、その事実が社会構造的に隠蔽され、女性をはじめとするマイノリティーに無報酬で押しつけられてきた「陰の仕事《シャドウ・ワーク》」であるとしてイリイチらによって暴露・告発されたわけだが、二一世紀に入って、それらが漸く〈労働〉として認知されると同時に大規模な市場として〝発見〟されることとなった。ヒューマノイドは、こうした〈労働〉市場に、人間〈労働〉の代替と〈自動化〉を果たすべく送り込まれた〝戦略商品〟である。アメリカではこの市場での雇用をめぐる人間と機械の間での主導権争いの事態まで生じており、ジャーナリズムとアカデミズムを巻き込んでこの問題が連日真剣に論じられるまでになっている[75]。

われわれはここで、「感情労働」や「シャドウ・ワーク」が〈労働〉として社会的に認知され、それをロボットが代替・〈自動化〉することの本質的意味を考えなければならない。一言でいえば、それは情報社会時代の資本主義が、これまで人間の専管的領域として機械化に抗ってきた〝最後の砦〟たるコミュニケーションまでが、〈労働〉と化し、しかもそれをロボットが代替することでコミュニケーションが〈自動化〉と、その結果としての非人称化の途を驀地《まっしぐら》に突き進んでいることを意味する。さらに〈コミュニケーション〉という人間的〈労働〉を代替することによってロボットは不可避的に〈アクター〉として社会に構造的に組み込まれていかざるを得ない。ここにおいてロボットに要請されるのが、社会的〈アクター〉たるための必須条件としての〝主体性〟である。

4-3-4　ロボットの〝主体性〟の在処《ありか》

計算機科学者《コンピュータ・サイエンティスト》のD・ヒリスによれば、AIは一九五〇年代には機械の自動制御という見地から、六〇〜七〇年代には直列コンピュータ（すなわち記号計算主義）の立場から、そして八〇年代に入って並列コンピュータ（すなわちコネクショニズム）の見地から考えられるようになったという。[76]この整理はサイバネティックスをAIの思想的・技術的な苗床と捉えるわれわれにとって見事に肯綮《こうけい》に中《あた》っている。並列コンピュータの著名なアーキテクトでもあるヒリス自身はいつの日にか進化したコンピュータに人間と同様の「知能」が創発的に〝宿る〟ことを期待しているようであるが、[77]われわれはむしろ、草創期においてすでにAIは、機械という〝身体〟を有しており、機械〝身体〟と不可分のかたちで（多くの場合サーボ機構による）その自動制御装置として理解されていた、という事実を重視したい。

さて、産業用ロボットにはこの自動制御用〝AI〟が組み込まれたが、それは生産ラインのルーティーンワークをこなすことしかできない。ロボットに〝主体性〟すなわち〈自立＝自律〉性を実装するためにはもっと高度なAIが必要になる。そこで採用されたのが六〇〜七〇年代にAIの主導権を握った記号計算主義である。

記号計算主義の枠組みにおいては、まずロボットに実装された各種センサー（VTRカメラやマイクロフォン）からの〝知覚〟情報を元に、ロボット〝内部〟（ロボットの〝心〟！）に「記号」化された〝外部〟世界のいわば〝写し〟が〝表象《レプリゼンテーション》〟（representation）として再構成・再現される。こうしてできた〝内部地図〟を頼りにロボットは「推論計算」を行い、今度は本物の〝外部〟世界にアクチュエーターを介して働きかけていくわけである。こうした設計思想に基づいて一九六六年にスタンフォード研究所がAIを搭載した初の〈自立=自律〉型ロボットである「シェイキー」（Shakey）を開発した。だがそれはロボットの〝内部〟と〝外部〟との分断のために一挙手一投足（ただし脚はなく車輪）に膨大な計算が必要で、まるで突如開眼した先天盲が手探りで世界を確かめながら進むかの如く、数メートル離れた場所に積み木を運ぶのに数時間を要したという[78]。時間が掛かるというだけならまだよい。記号計算主義のロボット設計思想はすでに前節でみた「フレーム問題」と「記号接地問題」という原理的な難点をそのままAIから引き継ぐ。こうして〈自立=自律〉型ロボットは記号計算主義もろとも袋小路に入り込んでしまう。

AI同様ロボット分野でも全く進展がみられない記号計算主義に対し一九八〇年代の半ば、ついに反乱の狼煙が上がる。ロボット工学者R・ブルックスは、〝主体性〟を持つと考えられる〈自立=自律〉的有機体の行動の観察から、多くの行動が記号計算主義のいう「知能」の媒介を経ずに、すなわち〝表象〟を介した「反省」抜きになされているという洞察を得、そこから「包摂《サブサンプション》（subsumption）アーキテクチャ」を着想、一九八八年には同アーキテクチャを実現したロボット「ゲンギス」（Genghis）を製作し高い評価を得た。

「包摂アーキテクチャ」が記号計算主義の発想と根本的に異質なのは、それが一つの「プログラム」ではなく複数の並列的なプログラム群から構成されている点である。その意味でそれはコネクショニズムの並列分散の発想と共鳴している（ただしブルックス本人はコネクショニズムではないと明言している[79]）。ブルックスがAFSM（拡張有限状態マシン、Augmented Finite-State Machine）と呼ぶこの並列プログラム群はそれぞれ「歩行」「赤外線センサーに反応」「ぶらつく」「舵取り」といった単機能しか果たさない。ただし、それらがめいめい勝手に働いたのではアナーキーしか生じないため、ある階層的秩序がそれらの間に設定されている。例えば「舵取り《スティア》」（steer）も「ぶらつく《プラウル》」（prowl）も「歩行《ウォーク》」（walk）であることには変わりがないため、前二者は後者よりも上位の階層にあってそれを「包摂《サブスューム》」（subsume）する。他方、ロボットが「赤外線センサー」（IR sensors）に反応すると「ぶらつく」行動は抑止され[80]、目標物に突進するモードが解発《リリース》されるため、両プログラムは同位的かつ排他的関係にある、といった具合である。ただし、これは記号計算主義におけるが如き、〈中枢―周縁〉のヒエラルキカルな層序ではない。例えば「舵取り」プログラムが「歩行」プログラムに介入し、それを制御するわけではない。「舵取り」プログラムとは飽くまで方向転換のためのプログラムであって、「歩行」プログラムからは独立して働く。「包摂アーキテクチャ」におけるプログラム群の関係はむしろ〈協調―抑制〉関係と捉えたほうが実情に近い。あるいは階層だとしても飽くまでそれは諸「目的」間の先後関係である。

「包摂アーキテクチャ」で特筆すべきは、その「知能」観である。よく「ロボットの頭脳部分はAIである」という説明がなされるが、この説明の仕方がそもそも、「知能」を以て脳を頂点としたヒエラルキカルな構造と見ている点ですでに記号計算主義のバイアス下にある。ブルックスはこうした先入見からも自由で、ロボット設計にあたって彼が範をとったのは「人間」ではなく、「昆虫」である。(81) 実際ゲンギスはどうみてもムカデあるいはカマドウマにしか見えない。脚は六本で、眼に相当する赤外線センサーも六つある。重要なことは、言語もそしておそらく意識も持たないであろう昆虫もまた、その「振る舞い」を見る限りは、〝主体性〟を有し、〈自立=自律〉的であると判断せざるを得ないことである。したがって「包摂アーキテクチャ」の第一の含意は、〝主体性〟とは「意識による因果性」ではなく（そもそも「起動因としての意識」など原理的に当人以外に確かめようがない）、他者にとって、〝主体的に見える〟「振る舞い」である、ということになる。記号計算主義の枠組みでは、〝内部状態〟（つまりはロボットの〝心〟）に基づいてロボットが〝外〟界に変化を引き起こすことを以て〝主体性〟ないし〈自立=自律〉性とみなすことになるが、明らかにこれは人間の場合における、行動の「起動因としての意識」をロボットにまで推及したものに他ならない。だが、昆虫ならぬ人間の場合を考えてみても、行動において自らの所作をいちいち「それを起こそうと考える」ことは稀である。「コップを取ろう」とは思っても、「右手を挙げて、指を広げて、取っ手を摑もう」などとは誰も考えまい。歯磨きのような習慣的行動に至っては、「歯を磨こう」とすら意識しない。その行動は自動的に起ってしまっている。事態はむしろ逆であって、起ってしまった行動から推し量って、その時点における意識状態が回顧的に再構成されるというのが実情のはずである。つまり〝主体性〟=〈自立=自律〉性にとって「意識」性は無縁、少なくとも非本質的である、ということになる。(82)

　第二の含意。〝主体性〟に「意識」性が必要とされない以上、「知能」に〝内部〟性はない。実際ブルックスは「表象なしの知能《インテリジェンス・ウィズアウト・レプリゼンテーション》」(Intelligence without Representation) という表現で「知能」の〝内部〟性を明確に否定する。[83]「包摂アーキテクチャ」にはデータがそこに集められて「記号」化（＝「表象」化）され、計算が専一的に実行されるような中枢（そして、それがロボット〝内部〟の〝心〟とみなされる）は存在しない。[84]あるのは複数の並列プログラム群の関係態だけである。強いて言うなら「知能」はロボット全体に〝遍在〟している。

そして第三の含意。〝内部〟がない以上、事の道理からして〝外部〟もない。つまり「包摂アーキテクチャ」のロボットは最初から環境に〈身体〉として（〝表象〟を介して、ではなく）ビルト・インされており、環境とのダイレクトな相互作用〈環《ループ》〉の一契機として存在している。ブルックスは、こうしたロボットのあり方を、「被投性《スイチュエイティッドネス》」（situatedness）と「有体性《エンボディメント》」（embodiment）として定義づけている。[85]「ロボットが〝身体〟的存在として特定の環境に選択の余地なく置かれていること」とでもパラフレーズできようか。これはロボット版「世界-内-存在《イン・デア・ヴェルト・ザイン》」（In-der-Welt-sein）と言えなくもないが、「世界-内-存在」は飽くまでも「人間」学的概念規定なので「環境-内-存在《イン・デア・ウムヴェルト・ザイン》」（In-der-Umwelt-sein）とでもなろう。

こうした、まるで記号計算主義に擲《な》げつけられた迫撃弾のようなブルックスのロボット理論は、ちょうど同時期に沸き起こったコネクショニズムの潮流とも合流し、ロボティックスの分野を超えて既存ＡＩの「知能」観そのものに根本的な疑義を突き付けた。このブルックスの「包摂アーキテクチャ」（一九八五年）とラメルハートらの「ＰＤＰ」（一九八六年）がほぼ同時期に発表されたという歴史的事実からはまた、単なる巡り合わせではない、ある社会構造変動の兆候も読み取れるのだが、いま暫くロボットとＡＩの関係に議論の焦点を絞り込もう。

4-3-5　ロボット〝知能《インテリジェンス》〟の現在

ブルックスの「包摂アーキテクチャ」によって「知能」から〝表象〟（＝「記号」）が抜き去られた結果、〝内部〟すなわち〝心〟というメタファーを使う必要がなくなった。このことでＡＩが「人間」という軛から解き放たれたことの意義は大きく、この点はいくら強調してもし過ぎることはない。すでに触れたが他方でブルックスは、共鳴・符合する部分が多いにもかかわらず、自らの立場がコネクショニズムやニューラル・ネットワークと同一視されることを嫌う。これもまた「人間の脳」をそれらがモデルとして立てるからである。一方でＡＩは、プラトンの純粋知性体《ヌース》（νους）の如きものでもない。それは〝身体〟を持つことで世界に纏縛されていなければならない（「被投性」と「有体性」）。つまり身体という〝牢獄〟からＡＩは決して出られない。以上の重要な洞察は、ブルックスがＡＩ学者ではなく、ロボティックスの徒であったからこそ得られた知見である。

われわれはブルックスが喝破した諸テーゼを高く評価する者であるが、ブルックスの記号計算主義に対するアンチテーゼによって全ての問題に片が付いたわけではない。なぜなら、ブルックスのＡＩはその〝身体〟性によって〈世界性《ヴェルトハイト》〉（Weltheit）を獲得したとは言えるが、〈社会性《ゾツィアリテート》〉（Sozialität）を獲得したとは未だ言えないからである。すなわちブルックスのロボットにはコミュニケーションの契機が欠落している。[86] そしてロボティックスの最前線で現在取り組まれているのが、まさにそのコミュニケーションなのである。ロボティックスの主要課題は今、ロボットへの〝主体性〟＝〈自立＝自律〉性の付与から、社会性の付与へとシフトしようとしている。

実は記号計算主義陣営も二一世紀に入って急速にロボティックスや周辺諸科学の最新の知見を取り込みながら体制を立て直しつつある。例えば、谷口忠大は、記号計算主義に軸足を置きつつも、身体性や環境をも視野に入れながら実際にロボットを組み上げる中で（構成論的アプローチ）、ロボットに「記号」を生み出させてゆく「記号創発ロボティックス」を提唱している(87)。そして最終的には「共有信念」に基づいた人間とのコミュニケーションを目指すという。谷口はオートポイエーシスをも援用しつつロボットのシステムとしての「閉じ」や「内側」からの視点を強調する。なるほど、これならロボット自身が身体を介した環境との相互作用の中から「記号」を創り出してゆくのであるから、記号計算主義の〝アキレスの踵〟である「フレーム問題」や「記号接地問題」も生じない道理である。だが、そうまでして〝内部〟（すなわちロボットの〝心〟）に執着する必要が果たしてあるのだろうか？

現在のロボティックス分野でわれわれの関心を最も唆るのは、ほとんどオブセッションの域に達していると評したくなるほど「人間らしさ」にこだわったヒューマノイドを次々に生み出している石黒浩である(88)。

だが、われわれは先に「人間」という参照枠《フレイム・オブ・レフェレンス》からのＡＩの解放を言祝《ことほ》いだばかりではなかったのか？　慥かにそうなのだが、石黒が実現しようとしているロボットの「人間らしさ」とは、その〝内面〟や〝心〟ではなく、むしろ「外見」や「振る舞い」なのである。例えば有名な「ジェミノイド」は石黒本人に気味が悪いほどそっくりである。また、幼児ロボットの「ＣＢ２」は五六のアクチュエーターと二〇〇の皮膚センサーが埋め込まれた構造がシリコン製の〝皮膚〟で覆われているが、可愛らしさがそこから生じるであろうデフォルメや省略が全くなく動きも幼児そのものであるため却って不気味に感じる。

そして更に注目すべきは、石黒の作るロボットの多くが中身の無い〝ハリボテ〟であるという点である。「ジェミノイド」やまるでトルソーのような「テレノイド」には、センサーやアクチュエーターは別として、「知能」本体は実装されておらず、それらは人間が遠隔操作するいわゆる「テレプレゼンス」（telepresence）端末である。石黒はこうしたヒューマノイドを介してコミュニケーションをとるユーザー達、すなわち遠隔操作する側の人間、そしてロボットたちと実際に対面的相互行為を行う側の人間、双方の反応をモニタリングし、それをロボットの改良にフィードバックしている。ここで重要なのはロボットを石黒がコミュニケーションの〈インターフェース〉、ないし端的に言って〈メディア〉であるとみなしている点である。この点にこそ石黒が人型のヒューマノイドや気味が悪いほどの見てくれの「人間らしさ」にこだわる理由がある。石黒はロボットが「人間らしい」外見や振る舞いを取ることで、人間との間に行動の同期、いわゆる「引き込み《エントレインメント》」（entrainment）現象が生じるという驚くべき現象まで報告している。[89] 〝知能〟がない〝ハリボテ〟のロボットに〈コミュニケーション〉が〝情動〟や〝心〟を吹き込むのである！　彼はまた「携帯電話はロボットである」[90]「ロボティックスが参考にすべきは人間であって脳ではない」[91]という注目すべき発言も行っているが、こうした見解も〈インターフェース〉としてのロボット、〈メディア〉としてのロボットという文脈において受け取られる必要がある。われわれは石黒のこうしたロボット観に、今後のロボットとＡＩが進むであろう方向が示唆されていると考える。

4-4　AI・ロボット・人間

4-4-1　AIとロボットの最前線

ブルックスによって、AIは脱「人間」化されると同時に、ロボットの〝主体性〟＝〈自立＝自律〉性は非局所化され、分散化された。一方、石黒のロボットは前節で見たとおりロボットの〈インターフェース〉化と〈メディア〉化とを推進している。ロボットとAIの現在は、この二つの方向が合流し交叉した地点に位置づけることができる。そのことを最も明瞭に示しているのが、本章ですでに何度か触れた二〇一五年初夏に発表・発売されたソフトバンクの「ペッパー」（Pepper）である。

ペッパーは〈自立＝自律〉型のヒューマノイドで、石黒のロボット同様やはり「人間らしさ」にこだわった設計になっている。ただし外見はのっぺりしておりまた二足歩行もできずヒューマノイドとはいえさほど人間には似ていない。ペッパーが「人間らしい」のは外見というよりその共鳴・共振的な情動性においてである。例えば製品（ペッパーのことである）発表会場では、一人暮らしの若い女性が失意に沈んで帰宅し、出迎えたペッパーにけんもほろろな態度をとったのに対して、ペッパーが「いないいないばあ」をしてチアアップを試み、その行為に絆《ほだ》された女性がペッパーにべそをかきながら抱きつくというデモンストレーション動画が映し出された。本当にペッパーにこのような振る舞いができるかどうかはともかく、ペッパーの設計がこうしたシーンに象徴されるような、情動的コミユニケーションにフォーカスしていることだけは確かである。実際ペッパーが数種類の脳内伝達物質の分泌を擬似的にシミュレートするという触れ込みの「感情エンジン」を搭載していることが公表されている。筆者としては、結局「脳」をモデルとして感情を表現・説明しようとする手法に旧パラダイムの残滓と一抹のいかがわしさを感じないではないが、重要な事は、ペッパーがマイクロフォン、カメラはもちろん感圧、振動といったあらゆるセンサーを用いて人間の感情データを収集しようとし、また手足の動き、視線、姿勢、胸部ディスプレイといったありったけのアクチュエーターとチャンネルを駆使して感情を表現しようとしている、という事実である。さきにわれわれは、ヒューマノイドもまたロボットである以上は、人間〈労働〉の代替と〈自動化〉を実現しなければならず、ヒューマノイドの場合その領域は「感情労働」と「シャドウ・ワーク」になるであろうことを指摘したが、その市場性も含めた可能性をペッパーに垣間見《かいまみ》ることができる。

「知能」本体がペッパー個体には実装されておらず、したがってある意味において〝遠隔操作〟されている、という点においてもそれは石黒のロボットと共通する。ただし、ロボットの向こう側で〝遠隔操作〟しているのは、石黒の場合と違って、人間ではなくAIである。また、そのAIはクラウド上にあって、インターネットによって全てのロボット個体と繋がっている。したがって、石黒のロボットが人間相互のコミュニケーションのインターフェースの役割を果たしていたのとは違い、ペッパーはAIと人間とのコミュニケーションのインターフェースである。この点が石黒のロボットとペッパーとの決定的な違いである。

この点においてペッパーはむしろブルックスのロボットの系譜上にある。なぜなら、ペッパーのクラウド上のＡＩは、人間の「知能」との類比を許さない脱人間化された〝知能〟だからである。現在のＡＩは、4-2-3小節で示唆したとおり、人間の意識に所与として与えられる情報・データと比べた時、その処理情報データは質の点でも量の点でもまるで次元を異にしている。すなわち現在の人工知能はもはや人間の知能の模倣や模擬ではなく、ビッグデータに特化された別種の〝知能〟である。そしてペッパーが繋がっているのもまたこの種のＡＩである。われわれは、石黒の「携帯電話《ケータイ》はロボットである」という発言とも併せ、ペッパーという新世代ロボットを手掛けたのが、携帯電話を扱うソフトバンクであることの意味をあらためて考えてみる必要がある。われわれはペッパーを、WABOT→ASIMO→QRIO と続く日本の伝統的ものづくりの系譜に繋がるヒューマノイド開発の歴史の延長線上にではなく（すでに述べたとおりペッパーの開発元はフランスのロボットベンチャーである）、Twitter、YouTube、LINE、facebook、Instagram といったスマートフォン上のサービスであるＳＮＳや Google Glass、Apple Watch といったウェアラブル端末のインターフェースの発展形として捉える。すでに第二章末尾で示唆したとおり、それらの端末やサービスは、連絡・告知やアミューズメント、あるいは時計やメガネといった意識化可能な表《おもて》の機能の他に、ビッグデータ収集のためのインターフェースという、その存在を意識させない識閾下で遂行される〈裏〉の機能を併せ持つ。そして、その〈裏〉の機能によってマーケットが維持されてもいる。例えば Google Glass は「視線データ」、Apple Watch は「身体データ」、Twitter ならば「ある特定の時間・位置にタグ付けされた個人的（ただし一般的には非人称的な）断片的イベントデータ」をビッグデータとして収集し、それがクラウド上のＡＩによって解析される。重要な点は、こうして収集されたビッグデータは本質的に匿名的・

非人称的ではあるが、アンケートなどと違い、無意識裡の発露や表出であるため、そこに「ウソがない」ことである。したがってそれは精確・厳密なマーケッティングの材料になる。基本的にペッパーが人間との情動的相互行為の〈裏〉で行うのも同種のオペレーションである。すなわち、それはユーザーの時々の感情をビッグデータとして収集し、クラウド上のAIがそれを解析する。そして、その解析結果がユーザーにロボットというインターフェースを通じて「提案」や「推薦」というかたちでフィードバックされる。ここで生じているAIと人間との、ロボットというインターフェースを介したコミュニケーションは、意識されることがない。そして繰り返すが、そのことがデータの信憑性を担保してもいる。以上の点において、このAIは人間の「知能」とは隔絶している。

最後に一点補足しておく。ペッパーが携帯電話あるいはSNSのインターフェースの発展形である以上、それが人間の外見を取り、人間の振る舞いをするヒューマノイドである必然性はどこにもない。ペッパーはただ、感情労働の代替と〈自動化〉にとって、またビッグデータとしての感情データの収集のために最適なインターフェースとして「人間」を擬しているに過ぎない。その意味で、現在のヒューマノイドに従来のような「からくり」的な含意を詮索することは見当違いである。また、したがってこの種のロボットがグーグルの自動運転車のように自動車の外見を取り自動車としての振る舞いをしても一向に差し支えない。要はそれがAIと人間との格別な〈コミュニケーション〉のインターフェースの役割を果たしてさえいればよいのである。そして今後は冷蔵庫や洗濯機、掃除機そして家屋が下意識的〈コミュニケーション〉のインターフェースとして〝ロボット〟化し、生活全般の〈自動化〉を推進してゆくであろう。われわれはこうした事態を技術的水準でのみ平板化した、業界で今流行りの「ＩｏＴ《インターネット・オブ・シングズ》」（Internet of Things）というお手軽な概念に纏め上げキャッチフレーズ化することで、事を矮小化するつもりはない。事態は技術的水準を包含した社会的水準において構造化されているからである。

4-4-2　情報社会とＡＩ／ロボット

ＡＩは（そしてロボットもまた）インターネットというネットワークメディア登場以前と以後とではその社会的意味と機能を全く変じている。それらが組み込まれる社会のパラダイムが異なるのである。インターネット登場以前のＡＩは、マスメディアに象徴されるヒエラルキカルで権威的な社会構造を前提しつつ、またそれと共鳴しながら、エキスパートシステムに見られるが如き一極集中的な情報処理を通じた社会関係維持に貢献してきた。だが、一九八〇年代半ばを転機として、社会的にはインターネットの前身であるARPANETの学術・教育、更には商用分野への拡大、技術的にはコネクショニズムの盛り返しとロボティックスにおける「包摂」アーキテクチャの成功によって、社会的次元においても技術的次元においてもヒエラルキカルな構造は徐々に退潮してゆき、並列分散的なネットワークがそれに取って替わっていった。二一世紀に入って十数年が経った現在、両者の逆転はもはや誰の目にも明らかである。そして、ＡＩはロボットとともに新たな社会関係に、その一項として組み込まれようとしている。われわれはこうした意味において、ＡＩもロボットも時代の〈メディア〉に原理的に規定されている、ないし少なくとも連動していると主張したい。

では、AIとロボットがそこへと組み込まれつつある新しい社会とは如何なるものなのか？　本章の行論をここまで辿って来られた読者にはもはや明らかであろうが、端的に言えばそれは、〈コミュニケーション〉が非人称的〝演算《オペラツィオーン》〟(Operation)として持続的に連鎖する中で、社会構造が〈再帰的《レフレクスィーフ》(reflexiv)＝自己言及的《ゼルプストレフェレンツィエル》(selbstreferenziell)〉に、すなわち社会過程《プロセス》の反復によって力動的《デュナーミッシュ》に再生産される一つの〈システム〉である。すなわち、現在の情報社会とは、AIによって確率論的、非決定論的、不確定的に制御される〈コミュニケーション〉の自己言及的システムである。ただしこのとき、AIもロボットも社会そのものを構成する単位要素ではない。飽くまでも、それらは〈コミュニケーション〉の持続的連鎖を実現する〈システム〉にとっての技術的〈環境《ウムヴェルト》〉(Umwelt)に過ぎない。社会の単位的要素は飽くまでも非人称的〈コミュニケーション〉そのものである。

人は、AIが社会的コミュニケーションを制御する以上、AIとは社会の〝頭脳〟であり、ロボットがその〝身体〟をなすと言ってよいのではないか、と借問するかもしれない。だが、そうしたもの言いは、説明の方便や比喩、あるいは惹句としてすら認めるわけにはいかない。なぜなら分かりやすくはあっても、そうした表現は〝お馴染み〟のいわゆる「社会有機体論」の電脳版というイメージへと理解をミスリードするのに加え、そもそも事態の把握としても誤っているからである。〝頭脳〟というメタファーは「人間」をモデルとして立てているだけでなく、「知能」の中枢の存在を前提してしまっている。これでは、ヒエラルキカルな旧パラダイムに舞い戻ることとなって元の木阿弥である。(92) AIは情報社会における「知能」の中枢ではない。情報社会とは、中枢が不在の、換言すればネットワークのあらゆるノードが中枢であるようなパラダイムである。このことは「知能」だけではなく、懸案の〝主体性〟＝〈自立＝自律〉性についても言える。〝主体性〟の在処はＡＩでも、ロボットでも、次小節で述べるように人間でもない。それら具体的な個体的定在《ダーザイン》は飽くまでも自己言及的な社会再生産の契機であって、それらが持つとされる〝主体性〟や〈自立＝自律〉性は、システムをある界面で切り取った際に現れる（ヘーゲルが言う意味で）〝抽象的《アブシュトラクト》〟（abstrakt）な規定性に過ぎない。もし〝主体性〟や〈自立＝自律〉性をどうしてもどこかに求めようとするならば、それは〈システム〉としての情報社会それ自体（すなわち〈コミュニケーション〉）をおいてほかない。情報社会においては「知能」も〝主体性〟も〈自立＝自律〉性も、社会全体に拡散し分散している。コネクショニズムに仮託して言うなら、それらはニューラル・ネットワークならぬ、ソーシャル・ネットワークに遍在《オムニプレゼント》（omnipresent）する。

4-4-3　情報社会における「人間」の地位

従来、ＡＩもロボットもともに「ＡＩ vs.人間」「ロボット vs.人間」という対立的構図の中で、人間との比較において常に捉えられてきた。記号計算主義は、というよりも記号計算主義に加担するある種の〝哲学〟は、人間の「知能」を言語能力一般と同一視することで、ＡＩと人間の「知能」を、「記号」（＝〝表象〟）計算の統辞論的《シンタクティック》な水準において形式的な〝純粋知性〟として機能的に汎化しようと企てた。[93] しかもあろうことか、この〝哲学〟は「心語」（Language of Thought）と称するその統辞論的な〝知能〟の素質が人間に生得的に具備されているとすら（チョムスキーの生成文法を笠に着つつ、また機能局在説の言挙げに際してあの骨相学のガルまで復権させつつ）主張するのである。

　こうした形式的な機能の等価性を盾に取った人間の「知能」と「人工知能」との等置に対しては当然、様々な立場の論者が、様々な思惑から、様々な論拠を持ち出して反駁してきた。現象学やハイデッガーを持ち出しつつ「世界‐内‐存在」（In-der-Welt-sein）とはなりえない点でＡＩを「現‐存在《ダー・ザイン》」（Da-sein）としての人間から峻別するＨ・ドレイファスについてはすでに触れた（彼はコネクショニズムには〈同情／同調〉的である）。「知能」も含めた〝心〟の本質的規定を「志向性《インテンショナリティ》」（intentionari-ty）――ただし現象学のそれとは似て非なる分析哲学ローカルの概念――に見定めた上で、その源を機能の形式的等価性にではなく、ニューロンという生物学的器質の固有性に求めることで、ＡＩと人間との異質性を説く、「中国語の部屋」の思考実験でも有名なＪ・サール。[94] ゲーデルの不完全性定理を盾に取りつつ、人間にはその真理性が分かっても、ＡＩには証明不可能な定理が公理系内部に存在する点に、人間の知能のＡＩに対する優位をみる理論物理学者のＲ・ペンローズ。[95] 人間の〝心〟のメカニズム解明の鍵は、計算機科学の水準では接近不可能な、〝クオリア〟レベルの〝精神物理〟（psy-chophysical）領域にあるとの観点からＡＩを批判するＤ・チャーマーズ。[96] 多士済済の揃い踏みであるが、反ＡＩの旗の下に一括りにされはするものの「知能」「心」「意識」といった類似の、しかし全く内包においても外延においても異なるカテゴリーが無反省に混用され、呉越同舟とは言わぬまでも、〝戦線〟は全く統一できておらず、〝百家争鳴〟の言いっ放し状態である。

　だが問題はそれとは別のところにある。ＡＩ派も反ＡＩ派も争っているように見えて、実は二つの前提を共有している。一つは、言うところの「ＡＩ」がほぼ記号計算主義のそれであること。このアジェンダ・セッティングによって各論者の意図はどうあれ、「AI＝記号計算主義」という暗黙の合意が形成されてゆく。しかもAIをめぐる論争がジャーナリスティックな関心を呼ぶにつれて、本来「知能」の問題であったはずのものが、「意識」や〝心〟の問題に掏《す》り替わり、あるいは膨れ上がっていき、「心はコンピュータで実現可能か？」「ロボットには意識があるか？」といった「擬似《プソイド・》問題《プロブレーム》」(Pseudo-problem) にまで仕立てあげられてゆく。

二つ目は、双方ともに「知能」を個体水準に封じ込めてしまっていること。つまり、それがロボットであれ人間であれ、個々のロボット、個々人といった「個体」のレベルでAIや「知能」が論じられている。また、「知能」が〝心〟や〝意識〟と同一視されることによって、「知能」の「個体」における〈封じ籠め〉とその〈私秘〉化は更に助長されてゆく。本論で詳述したとおり、「知能」は決して個体レベルで閉じてはいない。また単に技術的レベルにおいて個体に〝実装〟できるようなものでもない（石黒の〝ハリボテ〟ロボットを想起せよ！）。そして、こと現在の情報社会においては、AIそしてロボットは「社会」という水準で論じなければ、その本質を捉えることはできないし、またそうでなければ無意味である。冒頭で「意識性」や「心身問題」や「クオリア」という枠組みがAIを論じる上でトリビアルと記した所以である。

問題なのは「個体」主義が「人間」主義と連動していることである。「知能」が個体レベルで論じられる大きな理由の一つは、実際には《フュア・ウンス》(für uns)「知能」とは社会関係が物象化され個体に「内－自－有《イン・ズィッヒ・ザイン》」(In-sich-sein) 化したものであるにもかかわらず、人間個人にとっては (für es)「知能」の具有は所与の事実であり、またその時々の現場で抱かれる実感でもあるからである。こうして

「人間vs.ＡＩ」「人間vs.ロボット」という、ロボットやＡＩを常に「人間」個体と比較する図式が成立をみ、双方の優劣や進化が云々されるに至る。そしてその行き着く先に「シンギュラリティ」がある。

だが、シンギュラリティとは、ＡＩの知能が人間の知能を超えること、ＡＩを進化論上の「人間後《ポスト・ヒューマン》」の〝種〟と考えることであって、その意味において新しいパラダイムである脱人間主義の思想とは言えないか？　残念ながら全くそうではない。むしろその正反対である。まず、それは極めて独善的で偏った〝知能〟観を土台にして自説を構築している。それが想定する〝知能〟なるものは記号計算主義における推論の形式的機能に「意識性」までを我田引水的に読み込みつつ〝純粋知性体《ヌース》〟化した代物《しろもの》である。その証拠にそれはどのような物質であるかを問わず、すなわち有機体であろうが機械であろうが、論理素子の機能を果たすものであれば、何に対してでも〝インストール〟や〝アップロード〟が可能な「プログラム」としてイメージされた〝知能〟である。

また、それは「人間」主義を相対化する思想でも、またそれを超える思想でも何らない。逆にそれはウルトラ人間主義の主張であり、明け透けに言ってしまえば「人間知能」の生き残り戦略に過ぎない。なぜなら、ＡＩが人間に取って代わったとしてもＡＩの「知能」は元の人間の「知能」（しかも〝心〟や〝意識〟と同一視されたそれ）が都合よく「プログラム」化されたものに過ぎないからである。要は、ロボットやナノ機械の発明によって、いつかは消滅してしまう有機体身体からいつでも更新可能な機械〝身体〟に乗り換えることで、不滅の〝霊魂〟ならぬ、不滅の「人間知能」を実現しようという、しみったれた〝不老不死〟思想、〝神仙〟思想の電脳版に過ぎない。更に言えば、メディア論史からみてもこの種の〝思想〟は何ら珍しいものではなく「よくある話《セイム・オールド・ストーリー》」の一つである。すなわち、それはＤ・Ｊ・バナールの「理性的霊魂《ラショナル・ソウル》」（Rational Soul）[97]に端を発し、テイヤール・ド・シャルダンの「叡智圏《ヌースフェア》」（Noosphère）[98]を経てＭ・マクルーハンの「地球村《グローバル・ヴィレッジ》」（Global Village）[99]へと続く、〈メディア〉技術の進展による人類の意識統合と霊性の完成を待望するカトリック的伝統の「情報社会」版《ヴァージョン》[100]、すなわちマクルーハンの惹句を捩《もじ》るなら意識の範囲を地球から全宇宙へとヴァージョン・アップした「地球村」ならぬ「宇宙村《ユニヴァーサル・ヴィレッジ》」（Universal Village）の待望思想ともみなし得る。すなわち、人間「知能」が宇宙に永遠に君臨することを望む、人間中心主義のそれは極致である。

だが、本章全体を通じて論じてきたとおり、情報社会が指し示す方向はその対極にある「人間」の相対化、ないしはＭ・フーコーが言うのとはまた異なった意味での「人間の終焉《ディスパリション・ド・ロム》」（disparition de l'Homme）[101]である。〈メディア〉パラダイムの変動に応じてＡＩやロボットが、「知能」や「人間」の〈シミュレーター〉から、〈エージェント〉そして〈アクター〉へとその役割を転じていったのと同様に、「人間」もまた社会〈システム〉の水準からは、〈コミュニケーション〉を連鎖的に紡ぎ出すことで社会を再生産する、したがってＡＩやロボットと機能的に等価なネットワークのノードとして位置づけ直されざるを得ない。もはや、人間《ヒューマン》のみが〝主体性〟や〈自立＝自律〉性の特権的所有を誇る理由はどこにもない。そしてそれこそが「ポスト・ヒューマン」[102]（post human）の語によって本来指し示されるはずの事態なのである。

注

（1） McLuhan, M. *Understanding Media: The Extension of Man* (1964), Introduction.

（2） *Ibid*, 18. Printed Word: Architect of Nationalism.

（3） 「器官-投射」とは、物理的な技術的機構《メハニスムス》（Mechanismus）を、人間の有機的器官《オルガニスムス》（Organismus）が外界へと拡張的に「投射《プロイエクト》」（Projekt）されることで「客観《オブイェクト》」（Objekt）化されたものと捉える（「Objekt」と言う語そのものが「ob」〔（主観に）対して〕「jekt」〔投げられたもの〕という原義を有することに注意）技術哲学の立場である。Kapp, E., *Grundlinien einer Philosophie der Technik* (1877)、Noiré L., *Das Werkzeug und seine Bedeutung für die Entwickelungsgeschichte der Menschheit*, 1880（邦訳『道具と人類の発展』岩波書店）を参照。

（4） 脳死臓器移植やiPS細胞の開発もまた身体の資源化の顕著な兆候である。

（5） 直ぐにＡＩは「人工身体」技術ではなく「心」の人工的実現である、という反論が予想されるが、〈われわれ《ヴィア》〉は「心vs.身体」というデカルト以来の構図を自明の理として前提し、ＡＩを「心」の〝哲学〟に固有の問題領域とみなすこうした発想そのものを斥ける。

（6） ただし、こと「人工身体」の問題に関しては「拡張せる身体」というマクルーハン流の〈メディア〉理解は〈ネット-ワーク〉パラダイムにおいてはもはや適用不可能であることを予め言割っておく。マクルーハン〈メディア〉論の中心に位置するのもまた「人間」だからである。彼の主著の副題が「人間の拡張」（the Extensions of Man）だという事実に改めて注意を喚起しておきたい。

（7） Kurzweil, R., *The Singularity is Near: When Humans Transcend Biology*, Penguin Books, 2006.（邦訳『ポスト・ヒューマン誕生―コンピュータが人類の知性を超えるとき』、日本放送出版協会）

（8） 以下を参照。http://www.wired.com/2013/04/kurzweil-google-ai/（二〇一六年七月一五日現在）

（9） ただし、ビル・ゲイツに関しては、ソースが米国の電子掲示板「reddit」での質問に対するゲイツの回答であるため、信憑性はさほど高くない。以下のURLを参照。http://www.techradar.com/news/world-of-tech/scared-of-robots-bill-gates-voices-concern-about-the-future-of-ai-1282712（二〇一六年七月一五日現在）

（10） 二〇一四年一二月に行われたＢＢＣによる博士へのインタビューにおいて。http://www.bbc.com/

news/technology-30290540（二〇一六年七月一五日現在）

（11） http://singularityu.org/

（12） Moravec.H., *Mind Children: The Future of Robot and Human Intelligence*, Harvard University Press, 1988.（邦訳『電脳生物たち――超ＡＩによる文明の乗っ取り』岩波書店）

（13） 例えば、以下を参照。http://techcrunch.com/2015/08/31/yes-it-can-handle-deer/（二〇一六年七月一五日現在）

（14） http://www.wired.com/2013/03/google_hinton/（二〇一六年七月一五日現在）

（15） Ng.A. et al., "Building High-level Features Using Large Scale Unsupervised Learning," in *Proceedings of the 29 th International Conference on Machine Learning*, 2012.

（16） http://ir.baidu.com/phoenix.zhtml?c=188488&p=irol-newsArticle&ID=1931950&highlight=（二〇一六年七月一五日現在）

（17） ＡＩの歴史を扱った文献としては、Ｐ・マコーダックの *Machines Who Think*（W. H. Freeman. 1979.）（邦訳『コンピュータは考える――人工知能の歴史と展望』培風館）が有名であるが、ジャーナリスティックなスタイルおよび記述範囲がコネクショニズム登場以前までに限られるという致命的な難点がある。二〇〇四年に出た改訂版（25th Anniversary Update, Natick, MA: AK Peters.）で一九八〇年代以降の四半世紀の概観がロボティックスの発展も含めて「後記」のかたちで増補されはしたが、依然として記号計算主義に偏した立場は変わっていない。カバラに代表されるユダヤ神秘思想とＡＩを結びつける議論は、Marcus, M., "Computer Science, the Informational and Jewish Mysticism," in *Science and the Spiritual Quest: New Essays by Leading Scientist*, Routledge, 2002. を参照。

（18）「情報的世界観」については拙稿「情報的世界観と基礎情報学」（西垣通ほか編『基礎情報学のヴァイアビリティ――ネオ・サイバネティクスによる開放系と閉鎖系の架橋』東京大学出版会、に所収）を参照。

（19） Ashby, R., *Design for a Brain*, Chapman & Hall, 1952.（邦訳『頭脳への設計』宇野書店）

（20） 生理学者のＡ・ローゼンブリュートと数学者Ｊ・ビゲローとの共著になるサイバネティックスの創始

者N・ウィナーの最初期論文「行動、目的および目的論」からそのことは明瞭に読み取れる。Wiener, N., Rosenblueth, A. and Bigelow, J., "Behavior, Purpose and Teleology," in *Philosophy of Science* 10（1943）.

（21） Gardner, H., *The Mind's New Science: A History Of The Cognitive Revolution*, Basic Books, 1985.（邦訳『認知革命――知の科学の誕生と展開』産業図書）

（22） Leibniz, G. W., *Dissertatio de arte combinatoria,*（1666）. *Elementa Characteristicae universalis,*（1679）in Hauptschriften zur Grundlegung der Philosophie. Zur allgemeinen Charakteristik. Philosophische Werke Band 1.（邦訳『ライプニッツ著作集　1論理学』工作舎）

（23） Boole, G., *An Investigation of the Laws of Thought on Which are Founded the Mathematical Theories of Logic and Probabilities*, 1854.

（24） Frege, G., *Begriffsschrift: eine der arithmetischen nachgebildete Formelsprache des reinen Denkens*, 1879.（邦訳『フレーゲ著作集　1概念記法』勁草書房）

（25） Whitehead A. N., & Russell B., *Principia Mathematica*, 1910-13.

（26） Gödel, K., "Über formal unentscheidbare Sätze der Principia Mathematica und verwandter Systeme I," in *Monatshefte für Mathematik und Physik 38.*（1931）

（27） Turing, A., "On Computable Numbers, with an Application to the Entscheidungsproblem", in *Proceedings of the London Mathematical Society*, 1937.（邦訳「計算可能な数について、その決定問題への応用」『コンピュータ理論の起源［第1巻］チューリング』所収、近代数学社）

（28） 更にチューリングは、一つのチューリングマシンが他のあらゆるチューリングマシンを模倣的に再現できることを証明し、原理的にチューリングマシンは唯一つしか存在しないことを証明した。いわゆる「万能チューリングマシン」（universal Turing machine）である。

（29） Shannon, C. E., "A Symbolic Analysis of Relay and Switching Curcuits," in *Transaction of AIEE 57*, 1938.

（30） 例えば、チューリング時代のイギリスにおいて「計算《コンピュテーション》」とは「知性」を要しない煩雑なだけの単純〈労働〉とみなされており（しかも多くの場合、女性が担当した）、「computer」とはこうした作業に携わる〈労働〉者を意味していたことに注意せよ。つまり現在の計算機《コンピュータ》は元来「計算」という人間〈労働〉を代替し〈自動化〉する機械として構想されていたことになる。この点については、4-3節のロボットの考察において別のアングルから復唱する。また、以下の文献を参照のこと。Croarken,M., "Human Computers in Eighteenth- and Nineteenth-century Britain," in *The Oxford Handbook of the History of Mathematics*, Oxford Univ. Pr., 2008.（邦訳「18世紀および19世紀の英国における計算者」『Oxford 数学史』共立出版）。

(31) Turing, A., "Computing Machinery and Intelligence," in *Mind* vol. 59, No. 236, 1950.（邦訳「計算機械と知能」『コンピュータ理論の起源［第1巻］チューリング』所収、近代数学社）

(32) McCorduck, P., *Machines Who Think*, Ch. 5 & 6. を参照。

(33) ただし、技術的には当時の制限ある記憶領域リソースの効率的配分を実現する「リスト処理《プロセッシング》」(list processing) を産み出し、これが後にマッカーシーが手懸けAIプログラミングの標準高級言語となるLISPの誕生に繋がった、という功績はある。

(34) 「エキスパートシステムの父」との異名をとる計算機科学者のE・A・ファイゲンバウム、ノーベル賞を取った遺伝学者のJ・レーダーバーグらが一九六五年から開発に着手。DENDRALのAI史における意義については以下を参照。Rindsey, R. K., Feigenbaum, E. A. et al., "DENDRAL: A Case Study of the First Expert System for Scientific Hypothesis Formation," in *Artificial Intelligence* 61, 1993.

(35) 一九七二年にスタンフォード大学で開発を開始。MYCINに関しては以下の文献を参照。Buchanan, G. B., Shortliffe, E. H., *Rule Based Expert Systems: The Mycin Experiments of the Stanford Heuristic Programming Project*, Addison-Wesley, 1984.

(36) 第五世代コンピュータとエキスパートシステムの関係については以下の文献を参照。Feigenbaum, E. A., McCorduck, P., *The Fifth Generation: Artificial Intelligence and Japan's Computer Challenge to the World*, Addison-Wesley, 1983.（邦訳『第五世代コンピュータ——日本の挑戦』阪急コミュニケーション

ズ）Feigenbaum, E. A., McCorduck, P., and Penny, H., *The Rise of the Expert Company*, Macmillan, 1988.（邦訳『エキスパートカンパニー――第五世代コンピュータ挑戦と成功の物語』ＴＢＳブリタニカ）

（37）エキスパートシステム以外に、記号計算主義のＡＩで成功したといえるのは、最初期から手懸けられ、一九九七年に当時の世界チャンピオンであったカスパロフを破ったチェス・プログラムの「ディープ・ブルー」（ＩＢＭ）や、二〇一一年に米国のクイズ番組『ジョパディ！』で人間を破って優勝を果たした〈質問‐応答〉プログラム「ワトソン」（ＩＢＭ）などに代表されるゲーム分野であろう。現在日本で国立情報学研究所が音頭をとって進行中の、東大入試突破を目指す（いかにも日本的な）ＡＩプロジェクト「東ロボくん」もまたこうした系譜に連なる。だが、この分野は知識やルールの閉鎖性においてエキスパートシステムの比ではないほど社会性が希薄である。ゲーム・プログラムは実用というより記号計算主義におけるＡＩ進化の〝指標〟ないし〝里程標〟とみなしたほうが実情に見合う。

（38）Newell, A., "Physical Symbol Systems," in *Cognitive Science*, 4, 1980, 135-183. また、Newell, A., & Simon, H. A., "Computer Science as Empirical Inquiry - Symbols and Search," in *Communications of the ACM*, 19 (3), 1976, 113-126.

（39）McCarthy, J., Hayes, P. J. (1969). "Some Philosophical Problems from the Standpoint of Artificial Intelligence", in *Machine Intelligence* 4, 1969, 463-502.（邦訳『人工知能になぜ哲学が必要か――フレーム問題の発端と展開』哲学書房）および McCarthy, J., "Applications of Circumscription to Formalizing Common Sense Knowledge", in *Artificial Intelligence*, vol. 26 (3), 1986, pp. 89-116.

（40）Dennett, D., "Cognitive Wheels: The Frame Problem in Artificial Intelligence", in *The Robot's Dilemma: The Frame Problem in Artificial Intelligence*, 1987.（邦訳「コグニティブ・ホイール――人工知能におけるフレーム問題」『現代思想』1987・4、青土社）

（41）Harnad, S., "The Symbol Grounding Problem", in *Physica* D 42, 1990, 335-346.

（42）Winograd,T., *Understanding Natural Language*, Academic Press, 1972.（邦訳『言語理解の構造』産業図書）

(43) Minsky,M., "A Framework for Representing Knowledge," in *The Psychology of Computer Vision*, 1975.
(44) Schank, R. C. & Abelson, R.（1977）. *Scripts, Plans, Goals, and Understanding*, Psychology Press.
(45) Dreyfus,H., *What Computers Can't Do: A Critique of Artificial Reason*, The MIT Press, 1972.（邦訳『コンピュータには何ができないか――哲学的人工知能批判』産業図書）
(46) Winograd, T., Flores, T., *Understanding Computers and Cognition : A New Foundation for Design*, Intellect Books, 1987.（邦訳『コンピュータと認知を理解する――人工知能の限界と新しい設計理念』産業図書）
(47) 第五世代コンピュータの評価については、西垣通『ペシミスティック・サイボーグ――普遍言語機械への欲望』（一九九四、青土社）も参照。
(48) McCulloch, W. S., Pitts, W., "A Logical Calculus of the Ideas Immanent in Nervous Activity," in *Bulletin of Mathematical Biophysics* vol. 5, 1943.
(49) Bolter, J. D., *Turing's Man: Western Culture in the Computer Age*, Univ. of North Carolina Pr., 1984.（邦訳『チューリング・マン』みすず書房）を参照。
(50) Searl, J. R., "Minds, Brain and Programs," in *The Behavioral and Brain Sciences*, vol. 3, 1980.（邦訳「心、脳、プログラム」『マインズ・アイ――コンピュータ時代の「心」と「私」』［下］所収）
(51) Hebb, D. O., *The Organization of Behavior*, 1949.（邦訳『行動の機構』岩波書店）
(51) Rosenblatt, F., *Priciples of Neurodynamics: Perceptrons and the Theory of Brain Mechanisms*, 1961.
(53) Minsky, M. L., and Papert, S. A., *Perceptrons*, MIT Press, 1969.（邦訳『パーセプトロン』パーソナルメディア）
(54) 所与の二命題の一つのみが「真」の場合に真理値が「真」となる推論である「排他的論理和」（XOR《エクソア》、お馴染みの「ベン図」で言うと、二つの円から重複を除いた部分）をパーセプトロンが認識不能であることを証明した。ただし、これは単層パーセプトロンに限っての話でしかない。ミンスキーとパパートの著書によって、これがパーセプトロン一般の限界であるかのような印象が振り撒かれたことは否定できない。

（55） McCorduck, P. *Ibid*, pp. 105ff. ただしマコーダックの記述はミンスキーサイドの情報に専ら依拠しており公平とは言い難い。

（56） ローゼンブラットは当初よりこの点に自覚的であった。Rosenblatt, F., "The Perceptron: A Probabilistic Model for Information Storage and Organization in the Brain", in *Psychological review*, 65 (6), 1958.（下線は大黒による）

（57） もちろん記号計算主義においても、例えば「探索木《サーチ・ツリー》」（search tree）のようなヒューリスティックなプログラムは存在する。だがここで重要なのは、それが「ヒューリスティック」であるのは飽くまでもそのプログラムを書く人間にとって、という事実である。ＡＩのほうでは人間の書いたヒューリスティックな「プログラム」に決定論的に従うほかない。

（58） この点については、記号計算主義陣営の領袖ミンスキー自身が、「人工知能は一九七〇年以降原理的な進展がない」と、半ば自嘲気味に、そして同分野の研究者に対しては八つ当たり気味に、認めている。以下を参照。http://archive.wired.com/science/discoveries/news/2003/05/58714（二〇一六年七月一五日現在）

（59） 物理学者のＪ・ホップフィールドが、格子中の原子が持つスピンの配列状態からヒントを得て一九八〇年代初頭に開発した動的安定を実現するニューラル・ネットワーク。

（60） 現在ディープ・ラーニングの第一人者と目されるＪ・ヒントンとＴ・セノフスキーが一九八〇年代半ばに開発した、局所解に囚われて準安定状態となり最適解をみつけられないというホップフィールド・モデルの欠点をいわゆるモンテカルロ法を用いて改良したモデル。

（61） Ｄ・ラメルハート、ヒントンらが開発した多層パーセプトロンの学習プログラム。パーセプトロンの出力が最初の教師信号と一致するように各層間の結合の重み付けを修正するというのが基本。このとき、与えられた教師信号とネットワークの出力の誤差が最小化されるように各ユニットの結合の重み付けを更新する。つまり最終層ユニットの出力の誤差を、最初の層のユニットの学習にまで逆伝播的に遡及修正してゆくわけである。

(62) Rumelhart, D., McClelland, J., *Parallel Distributed Processing: Explorations in the Microstructure of Cognition*, A Bradford Book, 1986.（抄訳『PDPモデル――認知科学とニューロン回路網の探索』産業図書）

(63) 典型的にはJ・フォーダーやZ・ピリシン。

(64) Minsky, M., *The Society of Mind*, Simon & Schuster, 1987.（邦訳『心の社会』産業図書）記号計算主義陣営にとっての数少ない成功分野であるゲームAIにおいても、人間を超えるのは難しいとされていた囲碁対局で、このほど（二〇一六年三月）韓国のイ・セドル九段を破ったAI「アルファ碁」（グーグル傘下の英ディープマインド社が開発）が、記号計算主義に基づいた設計ではなくコネクショニズムの衣鉢を継いだ「機械学習」（ディープ・ラーニング）の手法に依ったものであることは注目に値する。

(65) 「一九八四年」の文学作品や社会現象も含めた〈メディア〉史的な意義については拙著『「情報社会」とは何か？』第三章を参照。

(66) Pearl, J., *Probabilistic Reasoning in Intelligent Systems: Networks of Plausible Inference*, Morgan Kaufmann, 1988.

(67) グーグルのAIが「深層学習《ディープ・ラーニング》」によって猫の顔を〝再現〟したことを恰《あたか》もAIが「概念形成」を成し遂げたかの如く言い募る向きがある（例えば谷口忠大『記号創発ロボティクス』第二章）が、われわれの立場からすれば、これはなんら「概念形成」ではない。本当に「概念形成」できたのであれば、体毛のないスフィンクスや凡そ顔つきが猫らしくないエキゾチックショートヘアをもAIは猫として認知できなければならない。人間の「概念形成」とは本来、H・パットナムも正しく指摘するとおり（Putnam. H., Much Ado About Not Very Much, in *The Artificial Intelligence Debate*, MIT Press, 1988）実践的な機制の介在に俟つものであって、単なる知覚的認知によって成し得ることではない。人間は椅子らしい形状のものから「椅子」概念を〝抽象〟するわけではない。人間にとって〈腰掛ける〉という行動を（ギブソン流に言えば）〝アフォード〟するものが「椅子」として「概念」化されるのである（だからこそ座り心地の良い単なる「石」ですらも「椅子」にカテゴライズされる）。筆者は「深層学習」によるＡＩの猫の顔〝再現〟の実現に対して難癖をつけるつもりは毛頭ないし、その画期性も認めるのに何ら躊躇はない。ただし、その画期性は、人間の「概念形成」の真似事ができたことにあるのではなく、人間には成し得ない膨大な写真からのパターン抽出をＡＩが行ったという点にこそある。「猫の顔」は大向うに最もアピールしそうな印象的な事例というに過ぎない。グーグルの〝セールストーク〟を真に受けて、ＡＩをまたぞろ人間に擬えることで事態の意義をミスリードすべきではない。

（68）　ＡＩによる「データマイニング」が、ビッグデータという〝ゴミの山〟から、こうした「課題」や「問題」という「価値」を掘り出すオペレーションに他ならないことは第二章（2-3節）ですでに指摘した。

（69）　例えば、Cohen, J. *Human Robots in Myth and Science*, A. S. Barnes, 1967. 邦語文献ではロボット工学者の手になる、菅野重樹『人が見た夢ロボットの来た道』（ＪＩＰＭソリューション、二〇一一）。

（70）　Čapek, K., *R.U.R.*, 1920.（邦訳『ロボット』岩波書店ほか）

（71）　l'Isle-Adam, Villiers de, *L'Ève future*, 1886.（邦訳『未来のイヴ』岩波書店）

（72）　Ford, H., *Today and Tomorrow*, 1926.（邦訳『藁のハンドル』中央公論新社）

（73）　Hochschild, A. R., *The Managed Heart: The Commercialization of Human Feeling*, Univ. of California Press, 1983.（邦訳『管理される心――感情が商品になるとき』世界思想社）

（74）　Illich, I., *Shadow Work*, 1981.（邦訳『シャドウ・ワーク――生活のあり方を問う』（岩波書店）

（75）　例えば以下をみよ。http://www.pewinternet.org/2014/08/06/future-of-jobs/（二〇一六年七月一五日現在）また、Brynjolfsson, E. and McAfee, A., *Race Against The Machine*, Lightning Source Inc., 2011.（邦訳『機械との競争』日経BP社）も参照のこと。

（76）　Hillis, W. D., "Intelligence as an Emergent Behavior; or, The Songs of Eden," in *The Artificial Intelligence Debate*, MIT Press, 1988.（邦訳「創発的行為としての知能、またはエデンの唄」『知能はコンピュータで実現できるか？――人工知能（ＡＩ）大論争』森北出版株式会社、所収）。

(77) ただしヒリス本人が開発に携わり、したがってここで彼が念頭に置いている「並列コンピュータ」は、ハードウェア水準でのそれであって、設計思想としての「コネクショニズム」と必ずしも等置できるわけではない。

(78) Brooks, R. A., *Flesh and Machines: How Robots Will Change Us*, Vintage, 2002. pp. 22ff.（邦訳『ブルックスの知能ロボット論――なぜＭＩＴのロボットは進化し続けるのか?』オーム社）

(79) Brooks,R. A., "Intelligence without Representation," in *MIT Tech Report*, 1988. のち *Artificial Intelligence* 47: 139-159, 1991.（邦訳「表象なしの知能」『現代思想』一九九〇,vol. 18-3 所収）

(80)「ぶらつく」プログラムは、コネクショニズムで言えばボルツマンマシンの挙動に近い。

(81) Brooks, R. A., *Flesh and Machines*, Ch. 3.

(82) サルトルの「非措定的意識《コンシャンス・ノン・テティク》」（conscience non thétique）張りに、「無意識の因果性」まで言い出す論者もあるが、何をか言わんや、である。以下を参照。Crane, T., *The Mechanical Mind*, 1995.（邦訳『心は機械で作れるか』勁草書房）。その点ではデネットの「志向的構え」（Intentional Stance）のほうが、身体性への顧慮をみせているぶんまだマシであるが、そこでも依然「他者からの視点」は欠落している。Dennett, D. C., *The Intentional Stance*, A Bradford Book, 1989.（『「志向姿勢」の哲学――人は人の行動を読めるのか?』白揚社）

(83) Brooks, "Intelligence without Representation."

(84) この点については以下の論考および対談を参照。廣松渉「ＡＩ問題についての偶感――完璧なロボットには意識は無用なのでは?」（『哲学 vol. II-4』哲学書房、一九八八に所収）、甘利俊一・廣松渉「意識という脳のダイナミクス」（『現代思想』一九八八、vol.16-4）。

(85) Brooks, *Flesh and Machines*, pp. 51-2.

(86) ブルックスは「振る舞い」という対他者的な機制をロボットに組み込もうとしてはいるが、昆虫がモデルであるために、それが「社会性」の水準まで昇華できていない憾みがある――例外はヒューマノイドの「コグ」（Cog）およびその発展形としての顔だけのロボット「キズメット」（Kismet）である。ただし同時に、われわれは、「家事」という人間〈労働〉の、〈自動化〉による代替というかたちでロボットの「社会性」を初めて実現したロボット掃除機「ルンバ」（Roomba）が、ブルックスが立ち上げたiRobot社の製品であるという事実にもまた注意を払っておく必要がある。

（87）谷口忠大『記号創発ロボティクス――知能のメカニズム入門』（講談社、二〇一四）、同『コミュニケーションするロボットは創れるか――記号創発システムへの構成論的アプローチ』（NTT出版、二〇一〇）

（88）石黒浩『ロボットとは何か――人の心を映す鏡』（講談社、二〇〇九）

（89）石黒、前掲書、第六章。

（90）同、『ロボットは涙を流すか――映画と現実の狭間』（PHP研究所、二〇一〇）

（91）けいはんな社会的知能発生学研究会編『知能の謎――認知発達ロボティクスの挑戦』（講談社、二〇〇四）所収の座談会における石黒の発言。

（92）「人間」をモデルとして立てることなく、また「情報」を焦点化しつつ、社会にもある種の〝知能〟や〝主体性〟を帰属させようとするとき、G・ベイトソン流の生態学的《エコロジカル》な「精神《マインド》」（Mind）を社会に認めてゆくという方向が考えられる。だがその場合でも、社会の〈意識〉性の残滓は払拭されておらず、下手をするとニューサイエンスの「地球生命体《ガイア》」や「全体《ホロン》」的な方向にミスリードされる虞《おそれ》も出てくる。それに対してルーマンの社会システム論では、〈意識〉が心理システムに委ねられることで、社会から〈意識〉性が一掃される。われわれがルーマンの用語系を採用・踏襲する所以である。

（93）典型的には、フォーダーそしてピリシン。Fodor, J. A., *The Language of Thought*, Harvard University Press, 1975, *The Modularity of Mind: An Essay on Faculty Psychology*, MIT Press, 1983.（邦訳『精神のモジュール形式』産業図書）、Pylyshyn, Z. W., *Computation and Cognition: Toward a Foundation for Cognitive Science*, A Bradford Book, 1984.（邦訳『認知科学の計算理論』産業図書）

（94）Searl, J. R., "Mind, Brains, Programs," in *The Behavioral and Brain Sciences*, vol. 3, 1980.（邦訳「心・脳・プログラム」『マインズ・アイ』TBSブリタニカ、所収）、*Intentionality: An Essay in the Philoso-*

phy of Mind, 1983.（邦訳『志向性』誠信書房）

(95) Penrose, R., *The Emperor's New Mind: Concerning Computers, Minds, and The Laws of Physics*, Oxford Univ. Pr., 1989.（邦訳『皇帝の新しい心——コンピュータ・心・物理法則』みすず書房）

(96) Chalmers, D. J., *The Conscious Mind: In Search of a Fundamental Theory*, Oxford Univ Pr., 1996.（邦訳『意識する心——脳と精神の根本理論を求めて』白揚社）

(97) Bernal, J. D., *The World, the Flesh & the Devil: An Enquiry into the Future of the Three Enemies of the Rational Soul*, Jonathan Cape, 1929.（邦訳『宇宙・肉体・悪魔——理性的精神の敵について』みすず書房）

(98) Teilhard de Chardin, P., *Le Phénomène Humain*, Seuil, 1955.（邦訳『現象としての人間』みすず書房）

(99) McLuhan, M., *The Gutenberg Galaxy: The Making of Typographic Man*, Univ. of Toronto press, 1962.（邦訳『グーテンベルクの銀河系——活字人間の形成』みすず書房）*Understanding Media: The Extensions of Man*, McGraw Hill, 1964.（邦訳『メディア論——人間の拡張の諸相』みすず書房）

(100) もちろん、この場合の「情報社会」とは、〈ネットワーク〉メディアパラダイムのそれを指す。また、バナールからマクルーハンに至る思想的伝統がカトリック的な共同体主義にその根を有するのに対し、シンギュラリティは、そうした伝統からは個人主義的としてむしろ批判の対象となるプロテスタンティズムから派生した「ユニテリアン・ユニヴァーサリズム」(Uniterian Universarism）の思想的系譜に属しており、カーツワイルの言動からも窺えるとおり、シンギュラリティにおいては「共同体」よりもむしろ「個人」が前面に出る傾向が顕著である。ここに来て〝メディア神学〟におけるカトリック的伝統がプロテスタンティズムに乗っ取られた恰好である。Kurzweil, K., *The Singularity is Near: When Humans Transcend Biology*, p19f.

(101) Foucault, M., *Les mots et les choses*, Gallimard, 1966.（邦訳『言葉と物』新潮社）

(102) 現在、欧米ではネガティヴな形においてではあれ「人間」への拘泥りを引摺る「ポスト・ヒューマン」(post human）の語を、より中立的だが、実在論的な含意がある「ノン・ヒューマン」(Nonhu-

man）の語でリプレースしようという動きがある（Grusin, R., *The Nonhuman Turn*, Univ. of Minnesota press, 2015）。だが、これはこれで歴史性を顧慮することなく、徒らに形而上学的存在、でなければ思弁的〝実在〟を膨大させてゆくという問題を孕んでいる。この点については、次章の後注（100）において別のアングルからコメントしたい。

終章　情報社会において〈倫理〉は可能か？

5-1　情報倫理とは何か？

5-1-1　「情報倫理」というディシプリン

情報倫理がブームである。例えばAmazonで「情報倫理」の語で検索をかけると数百のオーダーで関連書籍がみつかる。そして、その際見過ごせないのは、検索にかかった本の大半が教科書や手引書の類であることである。試しにそのいくつかを繙読してみると、強調点に差異はあるものの、内容は大同小異で、例外なく「著作権」「プライヴァシー」「情報セキュリティー」「表現の自由」「メディア・リテラシー」が項目として立てられている。また御丁寧に各章ごとに「まとめ」と「練習問題」まで付いていている。

こうした「情報倫理」本のレイアウトや構成という些細で表面的な事象一つをとっても、現在流行中の「情報倫理」の本質が、「情報社会における諸現象を倫理的なアングルから〈学〉的《ヴィッセンシャフトリッヒ》に分析・反省する」ことにではなく、「情報社会を生き抜くために」求められる実践的《プラクティカル》な順守細目の列挙とその「教化」・「刷り込み」にあることがわかる。もちろん「はしがき」や「あとがき」などで、「倫理についての多様な見解」の存在を念押したり「自分とは異なる倫理観」への配慮を説いたり、「異論や反論」を読者に期待したり、説明を鵜呑みにせず「読者自らが問題を考える」ことを勧めたりといった、無くもがなの弁解や尤もらしくはあるがいかにも〝上から目線〟の御為倒《おためごか》しがみられはする。だが、こうした手引書・指南書を手掛かりにして本当に情報社会における倫理的原理の本質を「自ら考える」ことができるかといえば、極めて心許ない。「自ら考えてほしい」などという言い草は、それが他意なく書かれたものであったとしても、読者の自主性尊重を騙ることで結果として「情報倫理」というディシプリンが本来持つ企図を掩蔽するための〝隠れ蓑〟ないし〝アリバイ工作〟として機能し、立てられた問いそのもののアジェンダ・セッティングによって予め用意された倫理的枠組みへと結局は読者を誘導し囲い込んでゆく（もちろん、それが実際に功を奏するかどうかは別問題である）。

「現在の日本において」という限定付きで言えば、安倍政権下において、それまでの教科外の扱いから「教科」への格上げが検討されている小中学校科目の「道徳」、そして昨今（おそらくは〝業界〟の後押しと圧力を受けて）喧《かまびす》しさを増しつつある、教育現場における「著作権」教育の手薄さの指摘によって倫理的要素の強化が予想される後期中等教育科目の「情報」、と連動しつつ、またそれらの高等教育課程における総仕上げの役目を果たすものとして、「情報倫理」を位置付けることが目論まれているはずで、その意味で「情報倫理」は情報社会時代に適合した〝望ましい〟規範の内面化を推進するというミッションの遂行役《エージェント》として、「その筋」の期待を一身に集めているわけである。

5-1-2 「方針《ポリシー》の空白《ヴァキュウム》」

「情報倫理」を旧套墨守的で体制護持的な保守的ディシプリンとして性格づけるこうした観方に対しては、あまりにも一方的で偏見に満ちた極めつけではないか、という疑義が当然予想される。だが「情報倫理」というディシプリンの成り立ちと来歴を考えたとき、右の見解が必ずしも一方的なものでも、偏ったものでもないことが自《おの》ずと明らかとなる。「情報倫理」は最初、一九八〇年代の半ばに「コンピュータ倫理」(Computer Ethics) の名でアメリカにおいて登場した。一九八〇年代半ばが、Apple が Macintosh を発表・発売したパソコンの黎明期であると同時に、インターネットの前身である軍用の ARPANET が学術ネットワークである NSFNET に引き継がれた、コンピュータ・ネットワークの拡張期にあたってもいることに留意されたい。当初は、コンピュータ・ネットワークが研究者に代表される〝エリート〟たちによって運用される、現在との比較においては相対的に〝閉じた〟コミュニティであった関係もあって、「コンピュータ倫理」は、ソフトウエアや情報の扱いをめぐっての「専門家倫理」「技術者倫理」の色合い、すなわち〝選良〟の「高貴なるが故の義務《ノブレス・オブリージュ》」(noblesse oblige) の性格が濃厚であった。(1) だが、一九九〇年代に入ってネットワークが商用にも開放されインターネットとして破竹の勢いで膨張してゆく段階になると「コンピュータ倫理」は、徐々に「専門家倫理」の色彩を薄めてゆき、インターネットが基盤技術《インフラストラクチャー》をなす情報社会において人が守るべき諸規範、すなわち「情報倫理」(Information Ethics) へと変容を遂げることになる。にもかかわらず、ディシプリンの核をなす根本原理は「コンピュータ倫理」からそのまま引き継がれ、両者の間で本質的な変化は見られない。その原理とは、この分野の草分けであるJ・ムーアによって一九八五年に書かれ、発表当時はもちろん現在に至るまで大きな影響力を持つ論文「コンピュータ倫理とは何か?」[2]の中で示された「コンピュータ倫理（情報倫理）の課題は〈方針の空白《ポリシー・ヴァキュウム》〉（Policy Vacuum）を塞《ふさ》ぐことにある」という見解である。ムーアは当該論文において、コンピュータ・プログラムに代表される無形の知的財産の扱い、コンピュータの導入によって変容を遂げる「仕事」（work）の意味や「貨幣」の存在意義、コンピュータによる〝教育〟と伝統的「教育」との関係、コンピュータ内部処理の「不可視性《インヴィズィビリティ》」（invisibility）が引き起こす、財産やプライヴァシーの侵害、そして監視（surveillance）のリスク、といった現在のホットイシューの大半をこの段階ですでに先取り的に指摘しており、この論文が「情報倫理」分野の「参照枠組み《フレイム・オブ・レフェレンス》」（frame of reference）として高く評価され、範として仰がれるのも尤もなことと首肯されるのだが、重要なことは、コンピュータ技術の進展によって既存の政策や方針を以ってしては扱うことができない〝真空地帯〟が生じ、この〝政策の真空地帯〟において様々な不法行為や社会的軋轢が出来するというムーアの認識であり、その認識に立って〝真空地帯〟を埋める新たな方針を示すことが「コンピュータ倫理」ないし「情報倫理」の根本課題であるとする彼のディシプリン規定である。われわれはここでムーアの「真空《ヴァキュウム》」（vacuum）という語用の妙に気づく必要がある。この語には、〝真空〟が自然状態としては「存在しない」、ないし「存在してはならない」――不自然な事態であるという含意がある。つまり、〝真空〟は即座に埋められ内実によって満たされることで「自然」な状態が恢復されなければならない。アリストテレスに所謂「匡正的正義」が「情報倫理」の名において行使されるわけである。つまり、「方針の空白《ポリシー・ヴァキュウム》」の状態とは、飽くまでも暫定的な過渡状態であって、いずれは然るべき方針と政策によってその「空白」が埋められることが予想・前提されている。あるいはこうも言える。新技術によって生じた逸脱現象すなわち無秩序を、如何にして既存の道徳的枠組みに（もちろんその彌縫と改変と拡張を伴いつつ）囲い込むことで秩序を取り戻すか、という作業を事とするという点で「情報倫理」というディシプリンは暗黙裡に、既存社会と情報社会との本質的連続性を前提しており、前者と後者の間に変化を認めるとしてもそれが漸進的なものであることを予想している、と。

5―1―3　高度科学技術と「応用倫理」

現在の「情報倫理」というディシプリンが持つ本質的な保守性は、それを更に大きな歴史的文脈に位置づけるとき一層際立ってくる。「情報倫理」は、「環境倫理《エンヴァイロンメンタル・エシックス》」（Environmental Ethics）、「生命倫理《バイオエシックス》」（Bioethics）とともに「応用倫理《アプライド・エシックス》」（Applied Ethics）の一角を占めるものとして一般にはみなされる。「応用倫理」と言っても、不動の倫理的原理がどこかにあって、それが新規の現象に単に適用されるわけではない。そもそも総元締めである倫理学〝本山〟で当の「原理」が何なのかが常に争われている状態なのである。むしろ、それは一九七〇年代以降の急速な科学技術の高度化によって開示された、倫理学の新たな領野と捉えたほうが実情に合っている。

すなわち一九七〇年代に世界的規模で進んだ、都市化や自然景観の観光資源化のための大規模土地開発、日本でもイタイイタイ病、水俣病、四日市ぜんそくなどの公害病によって遍く知れ渡ることになった工業排水や煤煙による水質汚濁や大気汚染、そして自然開発や環境破壊の影響で棲息・繁殖が困難な状況に追い込まれた絶滅危惧種の顕著な増加、こうした人間を取り巻く環境への「配慮《ゾルゲ》」(Sorge)的眼差しが「自然」を倫理的存在として改めて浮かび上がらせることとなり、そうした思想が「環境倫理」というディシプリンの中で結実していった(3)。

一九九〇年代に入ると遺伝子操作を軸とした先端的な医療技術が飛躍的な進展を遂げる。すなわち一九九〇年には人間のDNA完全解読を目指すヒトゲノム・プロジェクトが発足（二〇〇三年解読完了）、同年イギリスで初の着床前診断が実施され、これ以降性別選択や染色体異数性検査が技術的には可能となる。一九九六年には同じイギリスで胚細胞を使ったクローン羊ドリーが誕生、移植用人工臓器の大量産生をも見込んだクローン技術の〝パンドラの箱〟が開かれた。それを受けるように日本では一九九七年に脳死臓器移植法が施行、脳死状態の人体からの臓器摘出と移植が合法化される。こうした目まぐるしい展開の渦中で「こころ《ヌース》」(νοῦς)とは異質の、むしろそれとは対立的な関係にある身体という境位《エレメント》にその座を持つ「いのち《ビオス》」(βίος)が、「生命倫理」の企図の中で新たな倫理的存在として発見されていった(4)。

一九七〇年代に「自然」の技術的改造、一九九〇年代に「生命」の技術的改変へと歩を進め、〝征服〟領域を拡大してきた高度科学技術は、二〇一〇年代に入った現在《いま》、その照準を「コミュニケーション」に、すなわち「社会」に向けつつある。それを「応用倫理」の一環と位置づけると否とに関わりなく、「情報倫理」は当然こうした高度科学技術が二一世紀に入って呈するに至っている新たな様相、すなわち〈メディア〉技術によるコミュニケーションの地球規模での再編成と全面的コントロールという新段階の意義をトータルに対自化し、これと理論的に対峙するという役割を自らに任じて然るべきであろう。だが、「情報倫理」の現状を見る限り、そうした役割を果すことからは程遠い地点にあると言わざるを得ない。

なるほどムーアが、情報技術の進展によってこれまでにない新たな倫理的課題領域が出現した事実に注意を喚起し、新領域の諸課題に対応してゆくことが「情報倫理」の役目であると喝破した限りにおいては、「情報倫理」もまた他の「応用倫理」の分肢的ディシプリン同様、高度科学技術に当初より密かに仕込まれ、その展開に伴って不可避的に発現する〝逆機能《ディスファンクション》〟(dysfunction)(5)を、限定的にせよ、指摘し得てはいる。すなわち、高度科学技術がローカルあるいは微視的には――つまり「当事者にとっては《フュア・エス》」(für es)――「役に立つ」(=順機能)と思われても、システム全体から見れば――つまり「〈われわれ学知〉の立場からは《フュア・ウンス》」(für uns)――システム阻害的ないし自己破壊的なもの(=逆機能)として立ち現れてくるという事態に気づいてはいる。われわれとしても、高度科学技術のこうした〝逆機能〟をハイデッガーの所論と重ね合わせつつ、「役に立つこと」の自己目的化による科学技術のオートポイエティックな増殖、すなわち〈集-立《ゲ・シュテル》〉(Ge-stell)として捉え返すなかで科学技術の本質に迫るというミッションを遂行している限りにおいてはムーアと問題意識を共有していると言ってよい。にもかかわらず、高度科学技術(具体的にはメディア技術・情報技術)によって開示された倫理的に〝無記〟の地帯を、既存の倫理を相対化するための試金石として積極的に評価・活用するのではなく、「方針の空白」「政策の真空地帯」とみなして従来の道徳の枠組みを拡張しつつ、そこに吸収・併呑し、軋轢・矛盾を可及的速やかに糊塗・彌縫することで解消を図ろうとする点にディシプリンとしての「情報倫理」の限界がある。

5-1-4　既存道徳と応用倫理

「環境倫理」や「生命倫理」においても、特にそれが科学技術の推進サイドにおいて唱えられる場合には、初期の「情報倫理」の場合同様、「技術者倫理」「専門家倫理」の側面が強く現れる。すなわち、それらはエンジニアや医療担当者の科学技術行使に際しての〝心構え〟ないし〝ノブレス・オブリージュ〟として、科学技術の濫用に内側から歯止めをかけるための規範としての機能を担う。そしてそれは時に、高度技術・先端医療のスムーズな社会導入の、倫理的〝啓蒙〟による〝地均《なら》し〟、悪く言えば〝お先棒担ぎ〟の役割をも果たすことになる。特に、専門性の高い医療技術が関わる「生命倫理」の場合、専門家のノブレス・オブリージュとしての義務感は容易に「人命救助」を振りかざした抽象的な正義（例えば臓器移植における「命のリレー」などといういかにも押し付けがましい道徳的惹句に表れているが如き）の主張に転化しがちでもある。こうした場合には応用倫理は、既存道徳の科学への従属を先導するだけの〝プロパガンダ〟と化す。

にもかかわらず、「環境倫理」「生命倫理」において特筆すべきは、それらの試みの一部が、既存の道徳を相対化するかたちで、新たな倫理の枠組みを提示し得た点である。「環境倫理」の場合、人間のみを倫理的主体として据える従来の道徳的枠組みの自明性を疑問視し、「大地」「動物」「植物」といった従来、人間にとっての環境〝資源〟としてしか考えられてこなかった存在を、人間と並ぶ倫理的〝主体〟として、あるいはそこまで行かずとも少なくとも倫理的〝当体〟、当事者として世界に位置づけ直すという思想に辿り着いている(6)。「生命倫理」の場合もまた、近代的な医療技術が、それに依拠しつつ発展を遂げてきた、デカルトの創始になる〈物‐心〉二元論の構図、すなわち「考エルモノ《レース・コギタンス》」(res cogitans)としての意識を持った「精神《メンス》」(mens)が単なる「延長セルモノ《レース・エクステンサ》」(res extensa)である「物質=身体《コルプス》」(corpus)から存在論的にはっきりと区別された上で、前者による後者の支配、つまり〈心〉による〈物〉世界の主宰を説く「意識」中心的な世界理解――そこでは、意識を持たぬ脳死状態の〝人間〟は、意識を有する「人間」にとっての〝資源=物質〟とみなされる――を相対化し、「身体と不可分な存在としての人間」の主体的原理である〈いのち《ビオス》〉(βίος)をこれに対置する水準にまで到達している(7)。

重要なことは、「環境倫理」「生命倫理」いずれの場合も、高度科学技術が開示した倫理的空白状態を契機とも撥条《ばね》ともしつつ、既存の道徳的な枠組みを相対化し、それを超える新たな倫理的「地平《ホリツォント》」(Horizont)、更に言えば、新たな「世界観《ヴェルトアンシャウウンク》」(Weltanshauung)の提示を成し得ていることである。対して「情報倫理」は、倫理的空白に直面しても尚、既存の道徳的枠組みにしがみつき、例外事例・逸脱事例を、枠組みの糊塗と彌縫によって処理しようと図っている。

もちろん、無形著作物としてのソフトウェア・プログラムの増殖を機縁として逸早《いちはや》く一九八四年にフリーソフトウェア財団を立ち上げたR・ストールマンが著作物の「共有」を原理とする「コピーライト」ならぬ「コピーレフト」の概念を提示したことで、従来の「所有」概念に早々と疑義が呈されたし[8]、サイバー法の権威であるL・レッシグが、そこから更に一歩を進めて「創造性」の観点から「著作権」全般を見直す「クリエイティヴ・コモンズ」の可能性を問うたという事実もあるにはある。[9]またオープンソースの象徴的存在であるLinux《リナックス》の生みの親L・トーヴァルズを理念的首魁に据えつつ情報の中央集権・中央統制に対抗する、無条件での汎ゆる情報への無制限アクセスと、ネットワークによる情報の協同加工と授受を通じた一種無政府的《アナーキスティック》な世界連帯を主張・実践する「ハッカー倫理」[10]が高唱された時期も存在した。だが、こうした既存道徳への対抗運動は「所有」「著作権」「創造性」といった個別的イシューに限定されており、そしてそうであるがゆえに結局は現行の道徳、既存の倫理的枠組み[11]——すなわち、L・ウィナーが夙《つと》に批判している「サイバーリバタリアニズム」(cyberlibertarianism)——に絡め取られていかざるを得ない。現に嘗て尊称であった「ハッカー」(hacker)という称号は今や「電子犯罪者」の別名、ネット上の〝無法者〟をしか意味しない。要は、「環境倫理」「生命倫理」という他の二つの「応用倫理」分野と比較するとき、「情報倫理」は現行の道徳と倫理的枠組みをトータルに相対化し、それを超える世界了解を提示する水準に未だ達していないのである。

　政策担当者や現場のエンジニアが逸脱事例を既存の倫理的枠組みに当て嵌め、そこに押し込もうとするのは世の習いであり、ある意味で仕方がないとも言える。だが、仮にも「思想」として「情報倫理」を標榜するからには、現在のように既存の倫理的枠組みを無批判に踏襲しつつ「情報社会を生き抜く」ための〝サバイバル術〟を指南するが如きスタンスは、思想的な退嬰であるという以上に、「政策の道具」あるいは〝プロパガンダ〟としての役割を暗黙裡に「情報倫理」の名において引き受けることを意味し、端的に思想としての退廃、堕落である。体制内在化された「情報倫理」の現状を〝他山の石〟としつつ、われわれが以下で取り組みたいのは、これまでの各章で検討に付した高度〈メディア〉技術が開示しつつある新たな〈世界了解の地平〉の輪郭を倫理的アングルから描き出すことである。その遂行に際しては、「情報社会」の本質的洞察に基づきつつ、そこで編成される〈倫理的地平〉をトータルに、また原理的に考察しているいくつかの「思想」――もちろんそれは体制護持ディシプリンとしての「情報倫理」ではあり得ない――を手懸りとして利用したい。

5-2　倫理／道徳の本質とその史的展開

5-2-1　「倫理」とはそもそも何か？

「倫理《エティーク》」（Ethik）とは第三者的見地からは一般に、明文化されない水準において――すなわち「法」とは区別された水準で――共同体統合の機能を果たす社会メカニズム、として規定できる。「倫理」が「法」のように明文化されず、またサンクションのための機関や組織も公式には存在しないために、それは各共同体成員に〈内面化〉されるかたちで〝存在〟し機能する。この内面化された規範は一般に「道徳《モラール》」（Moral）と呼ばれるが、実際には「倫理」と「道徳」とは区別されずに混用されており、事実上「交換概念《ベクセルベグリッフ》」（Wechselbegriff）となっている。(12)

だが、こうした「倫理」規定、「道徳」の定義を読者は受け入れ難いはずである。どこかが違う、何か重要なものが抜け落ちているという印象をおそらくは持たれよう。そしてそのセンスは極めて健全である。実際、右の規定は「倫理」と「道徳」の本質の半面をしかカヴァーしていない。では右の規定に欠けているものは何か？　われわれは「道徳」を〈根拠〉によって説明したり正当化したりはしない。例えば「なぜ〈人を殺してはいけない〉のか?」などとわれわれは問いはしないし、「嘘をついてはいけない」理由を考えることもない。もちろんわれわれは日常的に「嘘をつく」が、その場合でも「嘘をついてはいけない」ことが常に意識されている。もし、そう考えない者がいたとすれば、その人物は社会的に〝壊れた〟者、より端的には「不道徳」な者、すなわち「うそつき」とみなされ、当該共同体から事実上（すなわち拘禁や追放というかたちではなく、軽蔑や黙殺といったかたちで）排除される。

こうした①〈自明=無根拠〉性を基礎とする端的な所与的事実性、および②内面化された規範であるにもかかわらず、個人の肆意的運用を超えて行為を拘束する或る種の〈超越性〉、が「道徳」にはある。[13] ①の性質ゆえに「道徳」は人為的起源を持ちながらも、恰も「モノのように《コム・デ・ショーズ》」（comme des choses）存在し、「第二の自然《セコンド・ナチュール》」（seconde nature）を構成しつつ我々に現前する。〈モノ〉に対してはその存在理由を問う者がいない道理である。また②によって「道徳」は共同体に属する人間の行為を一定の方向へと縛る〝普遍的〟な〝法則〟としての存在性格を持つことになる。ただし、その〝普遍〟性は、自然界を統《す》べる物理法則とは違い、（先の「嘘」の例のように）〝法則〟に背くことも可能である。思想史的に、こうした道徳〝法則〟が持つ〝超越〟的で〝普遍〟的な存在性格は、物理法則のそれと区別しつつ「妥当《ゲルテン》」（Gelten）と呼び慣わされてきた。

われわれは、「倫理」のこうした二面性、すなわち第三者的には（für uns）《フュア・ウンス》社会統合原理として理解される一方で、共同体の当事者には（für es）《フュア・エス》超越的事実性として現前するというその〝双面神《ヤヌス》〟的あり方を統一的に把握しなければならない。[14] われわれの見地からするとき、「倫理」は常に「システム」（現在の文脈においては〈共同体〉という〝システム〟）相対的な存在である。したがって「システム」と切り離して「倫理」を云々すること、つまり「システム」を超えた絶対的〝善〟の存在を主張することは端的なナンセンスである。なぜなら、その場合の〝善〟とは当該「システム」にとっての（今の文脈では「共同体システム」の統合にとっての）〝善〟であるに過ぎず、外部から「システム」を観察する者にとって、謂うところの〝善〟とは、統合を阻害するものとして「システム」から括り出され排除された〝悪〟と同位的な対立関係を構成する〈善／悪〉という「区別」の一項に過ぎないからである。つまり「システム」外部からの観察においては〈善／悪〉は単なる「区別」の事実性を意味しており、したがって〝善〟と〝悪〟とは価値的に等価である。〝善〟も〝悪〟もともに善くも悪くもない価値無記な区別の両項というに過ぎない。ただただ両者の区別の事実のみが存在する。

　ところが「システム」の内部にいる者にとっては「システム」が彼の全てであって、そうであるがゆえに、その境界が、すなわち自らがその中にいる「システム」そのものが見えない！　なぜなら〈内部／外部〉という「区別」もまた「システム」の〈外部〉において初めて見えてくるのであって、「システム」に内在している限り、その者は「システム」と一体化的に生きており、彼にとっては〈外部〉は、というよりそもそも〈内部〉すらも、存在しないからである。「システム」〈内部／外部〉という〈外部〉からの「区別」の消去は同時に〈善／悪〉の「区別」の事実性をも消し去る。彼に見えるのは〝悪〟が排除された後に残った〝善〟のみである。ここにおいて「システム」内部で、区別の一項に過ぎなかった〝善〟が、他項である〝悪〟を抑えこみつつ「システム」内部での全権を掌握することで〝普遍〟性と〝超越〟性とを獲得するに至る（すなわち「善」のみが常に善く、「悪」は常に悪い、とする〝善〟の選好という事態の成立）。このときシステム内部の「妥当」はシステム内部の者にとって「……せよ！」「……する勿れ！」という絶対的「命令」、道徳的「当為《ゾッレン》」（Sollen）のかたちをとって現れ、ポジティブな価値（すなわち〝善〟）のみが選好・推奨され、反価値（すなわち〝悪〟）は排除・貶下される。こうして「システム」〈外部〉における「区別」の〈事実性〉が、「システム」の〈内部〉で「妥当」の〈超越性〉へと変貌を遂げる。これが「道徳」的価値の「妥当」、という事態存立のメカニズムである。

留意を要するのは、この「道徳」的価値の〝普遍〟性と〝超越〟性とは、「システム」〈内部〉でのみ有効であることである。「システム」から一歩出た途端に「道徳」的価値の「妥当」、その「当為」的性格は雲散霧消する。例えば、イスラム圏において絶対的な道徳的〝善〟とされる女性のヒジャーブ（ヴェール）着用が、共同体外部では価値無記の行為に一変することを考えればよい。システム外部からの「観察」においては、「反価値」が「システム」とともに視界に入るがゆえに、「価値」と「反価値」は〈価値／反価値〉として、すなわち「区別」の両項をなす等価な規定性として「記述」される。本節冒頭で暗示した「倫理」の〝ヤヌス〟的二面性、また先に断定的に述べた「倫理」の「システム」相対性とは、観点の転換による道徳的価値のこうした〈出現／消失〉の事態の謂にほかならない。

5-2-2 共同体の変遷と「道徳」

原始的共同体、例えば氏族《クラン》（clan）社会のごとき小規模な地縁的コミュニティがほとんど相互に接触することなく並存していた環節的《ゼグメンテール》（segmentär）社会においては、〝善〟は神話上の神々の事蹟や伝説上の英雄の行いといった模範とすべき人格の具体的行為のかたちをとって、またネガティブな価値としての〝悪〟も同様に「見せしめ」や「村八分」といった反面教師とすべき具体的な実例として、それぞれ実体化される。それはまた「掟」というかたちも取り、「法」とも明確に分化していない。すなわち環節的社会にあっては自明性の現前という形式において道徳が共同体にビルト・インされているために、道徳がそれとして反省されることも疑われることもない。もちろん、第三者的《フュア・ウンス》に（für uns）みるときには、それは共同体統合の原理として機能している。にもかかわらず、共同体の成員は、共同体と一体化的に生を営んでいるため、共同体外部的な第三者の視点を採る余地が無い。ヘーゲルは共同体に埋め込まれ共同体と一体化することで共同体成員によって生きられている原初的道徳のこうした在り様《よう》に、ギリシア語で「習慣」を意味する「ἦθος《エートス》」の語義を受け継いだドイツ語である「人倫《ジットリヒカイト》」（Sittlichkeit、語基の「Sitte」が「慣習、しきたり」を意味する）の語を充て、これを共同体の理想的なあり方と考えた[15]。

共同体が、その成員が互いに顔見知りである程度に小規模であるうちは対面的相互行為《インタラクション》（interaction）による干渉性《コヒーレンス》（coherence）の効果もあって、行為における成員間での斉一性の実現も容易であり結果として共同体の秩序は自己組織化的に保たれる。そして、共同体の秩序が保たれている限り〝道徳〟は実効的に機能しており、すなわち共同体の成員において「生きられて」(gelebt sein, be lived) おり、「道徳」がそれとして社会的に主題化されることはない。だが、相互に没交渉な閉じた地縁的共同体の集合である環節的社会が、交易や戦争によって合従連衡を繰り返し、版図が拡大してゆくときには、事情が違ってくる。異なる「習俗」との接触は、自らがこれまで自明なものとして受け容れ、従ってきた〝道徳〟に〈外部〉が存在することを気づかせると同時に、自らの〝道徳〟の相対性を、つまり〝善〟は「別様にもあり得る《アオホ・アンダース・メークリヒ・ザイン》」(auch anders möglich sein) ことを気づかせ悟らせる。ここにおいて「道徳」は、共同体成員において (in) 無意識的に「生きられる《ゲレーブト》」ものから、共同体成員によって (durch) 意識的に「制御される《コントロリールト》」(kontrolliert)〈対象〉へと変化を遂げる。この段階で初めて、個別具体的な道徳的行為と区別された「道徳」そのものが社会から析出されてくる。

一八世紀に入って「欲望の体系」としての市民社会が成立すると事態は複雑さと剣呑さを増してくる。まず、諸成員を恰も〝羊水〟のように浸し込んでいた地縁的共同体がアトミスティックな個人へと解体された上で、水準の異なる複数の人為的な擬似〝共同体〟へと改めて組み込み直されてゆく。まずは個人の欲望を軸に編制される経済的〝共同体〟のメンバーとして、次に各人が国民としての義務を果たし権利を行使することで成り立つ国家〝共同体〟のメンバーとして、そして各人が互恵的にそれぞれの幸福を追求する福祉〝共同体〟のメンバーとして。問題はそれぞれの擬似〝共同体〟が目指す〝善〟が異なることであり、それればかりか、それらの諸〝善〟が排他・拮抗関係を構成する場合すらあることである。ここに諸〝善〟間の優劣を確定し、それらの拮抗・衝突を調整する役目を負った「道徳哲学《モラールフィロゾフィー》」(Moralphilosophie) 登場の必然性がある。

道徳哲学には、どの擬似〝共同体〟を優位に置くかに応じていくつかのヴァリエーションが岐《わか》れ得る。B・マンデヴィル、A・スミスは経済的〝共同体〟の〝善〟を最優位に置きつつ、意識的な道徳行為に依らぬ「利己心《プライベート・ヴァイシーズ》」(Private Vices)[16] ――マンデヴィルの場合――や「共感《シンパシー》」(Sympathy)[17] ――スミスの場合――を通じた、統合における〝共同体〟の自己調整機能を強調する。つまり、各人が営利行為に励むことが結果的に〝共同体〟統合という〝善〟を実現するという主張である。一方、カントはプロイセンの忠実な臣民として、国民国家〝共同体〟の〝善〟を最高位に置きつつ、「目的の王国《ライヒ・デア・ツヴェッケ》」(Reich der Zwecke) という人格共同体のメンバーであるための「義務《プフリヒト》」(Pflicht) を果たすことこそが〝善〟であると喝破する。「義務」の内容は「道徳律《モラールゲゼッツ》」(Moralgesetz) という形式的〝検定〟公式――〝共同体〟の成員全てがその義務を履行したとき何の矛盾も齟齬も来さないこと――によるテストを通過することで普遍性と〝善〟性の〝お墨付き〟が付与さる仕組みになっている。[18] そしてJ・ベンサムは、福祉〝共同体〟を最優位に据えつつ、〈快〉の増大と〈不快〉の低減の実現を〝善〟と規定する。もちろん〝共同体〟の或る成員の〈快〉が別の成員にとっての〈不快〉であり得るが、〝共同体〟の〈快〉の総量と〈不快〉の総量を合算したときに〈快〉が最大化される社会において〈幸福=福祉《ウェルフェア》〉(welfare) という最高〝善〟が実現される、とこの立場は説く。[19]

依拠する擬似〝共同体〟に応じて、それぞれの「道徳哲学」が認定する〝善〟が異なるのは当然だが、にもかかわらず、いずれの立場にも共通するのは、①〝善〟の基礎づけに際しての高度の技巧性と、②〝善〟規定における〈内容〉の欠如、すなわち〝善〟規定の形式性・抽象性、である。社会は、複数の擬似〝共同体〟を包含するがゆえに複雑化し、その統合を実現するための「道徳」コントロールもまた抽象的で技巧を凝らしたものにならざるを得ない。それにも増して重要なことは、「道徳哲学」の登場によって初めて〝善〟が「道徳」によって実現すべき「課題」として人々に意識されると同時に、「現実」が〝善〟の未到状態として、すなわち〝悪〟が混在する「〝善〟の欠損状態《プリヴァチオ・ボニ》」(privatio boni)として逆照射されてくることである。(20) 社会による「倫理」や「道徳」の主題化そのこと自体がすでに当該社会の〝病理〟的兆候であり、社会的機能不全の指標なのである。

5-2-3 「倫理」と「道徳」

ここで、これまで特に根拠を示すことなく使い分けてきた「倫理」と「道徳」をわれわれなりの立場から概念規定しておこう。語源的《エチュモロジカル》には「倫理」(Ethik《エーティク》)は、先にも述べたとおりギリシア語で「慣習」を意味する「ἦθος《エートス》」に、「道徳《モラール》」(Moral)もまたラテン語で「慣習」を意味する「mores《モーレス》」にそれぞれ起源を持ち、語義上さほどの開きはない。したがって両者が同義語として使われ、交換概念とみなされるのも故無しとはしない。それでも両者を截然と区別するいくつかの重要な議論が存在する。(21)

一つはヘーゲルのそれである。ヘーゲルは「倫理」(前小節で触れたように厳密には「ἦθος《エートス》」の語義をドイツ語において受け継ぐ「人倫《ジットリヒカイト》」)を明確に「道徳」の上位に置く。この際、ヘーゲルが「道徳」の語において予想しているのはカントの「道徳哲学《モラールフィロゾフィー》」である。カントの場合、まず存在するのは〈自立=自律〉的「個人」であり、これが寄り集まって第二次的に社会（ただし国民国家の枠内における）という擬似〝共同体〟を構成する。「道徳」とは個人が社会に組み込まれる際、調和を実現するために個人に対して外から天下り的に課せられる〝枷〟である。その〝枷〟が〈内面化〉され、「自発性《シュポンタナイテート》（Spontaneität）＝自由《フライハイト》（Freiheit）」や「道徳律への尊敬」のかたちを取ることで、個人における〈自立=自律〉性の体裁は繕われているが、実際にはカントにおける「道徳」は、個人の自由を束縛する「義務」の〈強制〉以外の何ものでもない。ヘーゲルはここに個人と共同体との分裂を見る。そして、個人と共同体とが一体化しつつ、しかもその中で各個人が共同体に埋もれることなくそれぞれの個性を最大限に発揮するような〈われわれとしてのわれ=われとしてのわれわれ《イッヒ・ダス・ヴィア・ウント・ヴィア・ダス・イッヒ・イスト》〉（Ich das Wir, und Wir, das Ich ist）(22)という境位に、分裂を「止揚《アウフヘーベン》」（aufheben）する可能性を見、それを「倫理」として「道徳」に対置する(23)。

第二は和辻哲郎の「区別」。和辻倫理学はヘーゲルを援用した、旧大日本帝国の国体護持理論という基本性格を持つため、ヘーゲル倫理学との類似点は少なくないが、それでもヘーゲルにはない独自の「区別」がみられる。和辻の場合、ヘーゲルのように「倫理」に対して「道徳」を貶めるという発想はなく、両者はむしろ相補いながら国体護持の両輪をなす補完関係にある。骨格のみ示すとすれば、和辻にとって「倫理」は、〈間柄《あいだがら》〉という関係性によって支配される人間の〈存在論〉的《オントローギッシュ》（ontologisch）な普遍的原理である。これに対して「道徳」は、〈存在論〉的原理としての「倫理」の具体的な〝現れ〟、その〈定在形態《ダーザインスフォルメン》〉（Daseinsformen）、〈現象形態《エアシャイヌングスフォルメン》〉（Erscheinungsformen）である(24)。例えば、「倫理」が日本という国家に現れるとき、それは「国体」と一体不可分の「国民道徳」という〈定在形態〉を取り、またそれが人間の内面に現われるときには「道徳意識」という〈現象形態〉を取るが如くである。[25]

そして第三が、理論社会学者N・ルーマンによる「区別」である。ルーマンは、「システム」の〈内部／外部〉という視点の差異によって両者を「区別」する。すなわち彼は、「システム」〈内部〉に在《あ》る共同体の成員に対して有無を言わせぬ命令や禁止として現れる、したがってその来歴や根拠が問われることのないポジティブな超越的価値を「道徳」と、対して「システム」の〈外部〉的視点からの「観察」において、反価値も含めて「記述」されることで共同体統合の機能が可視的となる水準を「倫理」と、それぞれ呼んで区別する。すなわち「システム」の〈外部〉からの「観察」による、〈内部〉「道徳」の〈反省《レフレクスィオーン》〉（Reflexion）がルーマンにとっての「倫理」である。[26] こうしたルーマンの「区別」的定義に従えば、一八世紀に叢生した「道徳哲学」諸派はいずれも、その呼称にもかかわらず「道徳」ではなく「倫理」とみなされる。[27] ルーマンの「区別」は学説史的な文脈を無視とは言わぬまでも相当に逸脱したものではあるが、指摘そのものの重要性に鑑みるとき、取り上げるに十分値する。

上の三者の「区別」を参照・総合しつつわれわれは、「道徳」と「倫理」を以下のように概念的に捉え返したい。「道徳」はヘーゲルの指摘どおり、〈自立=自律〉的個人の存在に基礎を有する。したがってそれは和辻・ルーマンが考えるように「システム」〈内部〉にある個人を内面的に拘束する、心理的次元における〈意識の事実〉である。一方「倫理」は、ルーマンが指摘するように、「システム」〈外部〉からの「観察」によって初めて見えてくる、「道徳」の「システム」統合機能である。

「倫理」が「システム」〈外部〉からの「観察」によるものである限りにおいて、それは和辻の言うように「システム」〈内部〉の存在者(das Seiende)を規定する〈存在論《オントローギッシュ》〉的(ontologisch)原理とみなし得る。また「システム」を共同体システムと解するならば、個人と共同体との対立関係が或る意味で(つまりヘーゲルが謂うのとは違った意味で)〝止揚〟されてもいる。というのは、この場合の「倫理」とは、〈内部〉的「道徳」によって統合の実現がすでに成った共同体「システム」の、〈外部〉からの事後的な「観察」に過ぎないからである(an sich=für uns)[28]。

以上のわれわれの「区別」は概《おおむ》ねルーマンのそれをベースとしたものであるが、留意を要するのはルーマンの区別が飽くまでも「観察」による「記述」水準での「区別」であり、したがってそこからは実践的な含意が完全に排除されていることである。対して和辻の「道徳」やヘーゲルの「倫理」には明確に実践が含意・予想されている。以後の論述においては、「記述」概念としての使用に際しては山括弧で括った〈倫理〉/〈道徳〉を採用することで、実践的含意を有する「倫理」/「道徳」とのコノテーション上の差異の明確化を図りたい[29]。

5-3 〈メディア〉の展相の中の倫理

5-3-1 メディアと倫理

二〇世紀に入ると「社会」は更に地縁的〝共同体〟を併呑しながら拡張を遂げ国家に匹敵する存在、

場合によっては国家を超える存在となる。こうした「社会」の急速な拡張と膨大をもたらしたのは、一九世紀半ばに登場し、二〇世紀に入って技術革新を遂げたことで劇的な普及を果たした(30)、新聞、雑誌、映画を中心とするマスメディアである。国家内部の無秩序であれば「法」による外部からの矯正も可能（もちろん、これにも限界がある）だが、〝インターナショナル〟な様相を呈するに至った「社会」に対して「法」の効力は期待できない。それはどうしても「道徳」ないし「倫理」の水準に求めるほかない。

こうした現象を背景として、この時期「メディアと倫理」という問題系が社会的に主題化される。それを象徴する出来事は一九三〇年にアメリカ映画界に導入された制作における自主倫理規定「ヘイズ・コード」（Hays Code）であるが、アカデミズムにおいても、アメリカでは社会学者のC・H・クーリーや哲学者のJ・デューイ、イギリスではフェビアン協会員で政治学者のG・ワラスらが、この問題に逸《いち》早く取り組んだ(31)。彼らはマスメディアが、従来の地縁的共同体ないしクーリーの所謂「第一次集団《プライマリー・グループ》」（primary group）を、その調和性と斉一性とを済し崩しにしながら、ワラス謂うところの「大社会《ザ・グレイト・ソサイエティ》」（the Great Society）へと組み込んでゆく事態に注目し、これを分析した。更に地縁的共同体において統合原理として機能していた「倫理」が「大社会」においても機能し得るのか？　また、機能し得るとすれば、それは如何なる「倫理」か？　と問うた。

第二次世界大戦期と冷戦期には、マスメディアが政治的プロパガンダのための格好の〝道具〟とみなされたために、マスメディア研究の主流は、「行動主義心理学」の手法による「効果研究」によって、また「行動主義」の退潮後は、統計的な手法による「社会心理学」的な研究によって占められるようになった。そのため、「メディアと倫理」をめぐる議論は、アカデミズムにおいては下火となり、ジャーナリズム現場における一種の「専門家倫理」、つまり専門性と使命感に裏打ちされたジャーナリストの「職業倫理」――ノブレス・オブリージュとしての〝ジャーナリスト心得〟――が、その欠を埋めるに留まらず、それがアカデミズムに逆輸入された結果、このテーマに関する限り、ジャーナリズムとアカデミズムとが極めて世俗的水準で野合する事態を生むとともに、研究水準も低下を来した。しかも、その影響は現在にまで尾を引いている。

　こうした動向に対し、マスメディアに対する「歴史的アプローチ」によってこの問題系に新たな視界を拓いたのが一九五〇年代にＨ・イニスによって創始され六〇年代後半からＭ・マクルーハンの登場によって勢力を増すに至った〈メディア〉論である[32]。読者は、ジャーナリズムとアカデミズムとの野合をもたらし、マスメディア研究の世俗化を推進したのは、むしろメディアに過剰なまでに露出し、広告まがいの自説のキャッチコピーを振り撒いたマクルーハンのほうではないのか、と訝るかもしれない。だが、現在のアカデミズムにも根強く残るそうした観方は、不見識の〝賜物〟であって全くの事実誤認である[33]。そのスタイルによって一見軽薄にみえる〈メディア〉論であるが、それが提起した、複数のメディア技術によって構成される時代時代のメディア〝生態系〟が、それを情報移送や保存に使用する社会の構造、また、それをコミュニケーションに際して使用する人間のあり方の大枠を決定する、という「メディア史観」のテーゼは、マスメディアという二〇世紀に登場したこれまでにない新たなメディア〝生態系〟を、〈メディア〉史全体の中に位置づけ直すことでその文明史的な意義を闡明するという貢献を為《な》した。それればかりではない。〈メディア〉論は、ディシプリン全体として

──カトリシズムをベースとした宗教的バイアスを伴いつつではあるが──倫理的な性格を色濃く有している。あるいはより端的に、それは〈メディア〉論の装いを纏った一つの〝倫理学〟の企てである、そう言ってもよい。

マクルーハンに代表されるトロント学派〈メディア〉論の構図的枠組みにおいては、メディア〝生態系〟は、〈声〉→〈手書き文字〉→〈活字〉→〈マスメディア（TV）〉と推移するが、彼ら〈メディア〉論者が理想状態として仰ぐのは〈声〉のパラダイムである。なぜなら、そこでは対面的相互行為によって個が全体に切り離し難く溶け込んで一体化し、〝理想的〟な共同体が実現されているからである。〈手書き文字〉のパラダイムにおいても「文書」の〈唯一性〉が、それが置かれた場所の特権性を担保することで、共同体の統合は引き続き維持された。ところが〈活字〉パラダイムにおいて、「文書」の大量複製が技術的に可能となることで、文書が保管・保存される〈場所〉の特権性が失われるのと並行して、書籍が各個人の手許に置かれるようになる。それによって「読書」という行為が個人の内面的な営み──「黙読」というテクノロジーの普及がそのことを証拠立てている──となってゆく。こうして個人主義と〈内面化〉が助長され、共同体は寸断されてアトミスティックな個人に解体される。かくの如く「メディア史観」は、メディア技術の発展史を、社会的統合の弛緩・解体の歴史、共同体「倫理」の崩壊過程として捉える。

序章でも述べたように〈メディア〉論者はカトリシズムの、教会を中心とした原初的宗教共同体を理想視するため、『聖書』の印刷によって個人主義を蔓延させたプロテスタントに対しては評価が辛い。だがプロテスタントの中にも主流派による迫害を通じて、自派のアイデンティティーを護るために共同体的伝統の重視を余儀なくされたセクト——例えば再洗礼派に属するメノナイトやアーミッシュ——も存在する。メディア技術が有する共同体解体の潜在的威力に、彼らはナーヴァスとも言えるほど敏感で、いまなお極めて凝集性の高い共同体を維持する彼らが採ったのは、共同体から一切のメディア技術を締め出すというドラスティックな方策であった。電話、ラジオ、テレビはもとより、『聖書』以外の書籍までシャットアウトする個人「道徳」が、全ての共同体成員に〈内面化〉されている。それは共同体から外的に強制されるのではなく「ラムシュプリンガ」（Rumspringa）と呼ばれる猶予期間を経た自発的な再洗礼後に課される「道徳」であるため個と共同体との同一化は自然発生的かつ根柢的なものとなる。「大社会」との絶縁を果たすことで「共同体」の同一性を護る途を彼らは採るのである。(34)

一方カトリシズムの伝統に属する〈メディア〉論者の対案は、彼らとは著しい対照を成す。彼らが採る方策は、メディア技術との絶縁による「大社会」からの撤退と個人「道徳」の徹底による共同体統合の強化、というプロテスタント少数派の謂わば〝引き籠もり〟戦術とは全く逆に、メディア技術によって崩壊した共同体「倫理」を、社会全体をメディア技術に浸し込み、メディアを全面化させることで再生させる、という謂わば〝死中に活を求める〟シナリオである。例えば、マクルーハンは、テレビを増幅・拡張された〈声〉メディアとみなし、地球規模にまで膨張した「大社会」が、テレビによって「地球村《グローバル・ヴィレッジ》」（Global Village）という擬似共同体として再編されることで「倫理的」統合が再び果たされることを予言し期待した。

5-3-2 「道徳」の〈零度〉としてのメディア

われわれはマクルーハンに端を発し、W・オング、そしてF・キットラーへと引き継がれながら洞察を深化させてきた〈メディア〉論の知見、とりわけ彼らによる、〈メディア〉を介した社会システムの〈自己言及〉的強化メカニズムの解明を高く評価する。

〈メディア〉と「倫理」との関係を考える際、〈メディア〉は「倫理」による制御《コントロール》の対象とみなされるのが普通である。「ヘイズ・コード」などはその典型例であるが、現行の「情報倫理」というディシプリンの根底にあるのもこうした発想である。例えば「メディア・リテラシー」「著作権問題」「プライヴァシー侵害」はいずれも「情報倫理」の枠組みにおいては、〈メディア〉による越権と逸脱に対する「倫理」による制御、として処理される。

だが、事態はそれほど単純ではない。〈メディア〉の越権に対抗し、〈メディア〉の逸脱を防遏《ぼうあつ》するための「倫理」の個人への〈内面〉的規範化、すなわち個人意識への「道徳」の〝刷り込み〟を実現するのは、「社会化《ソーシャライゼーション》」(socialization)を含めた広義の「教育」である。ところが「教育」は、その時代において支配的に流通している(prevailing)、すなわち制御《コントロール》の対象であるはずの〈主導的メディア〉によって行われるほかない。このとき〈主導的メディア〉は、使用に供されているがゆえに〈対象〉として前景化されない〝盲点〟をなしている。すなわち〈主導的メディア〉は、その時代、その社会の「教育」を含む汎《あら》ゆるコミュニケーションの不可視の「環境」を構成している。〈主導的メディア〉は、それを使用する社会の内部においては、その使用が自明であるがゆえに、〈メディア〉の表層的現象は見えても、それが果たしている機能の本質が見えない！　例えばテレビというメディアの〈メディア〉性は、テレビが〈主導的メディア〉である時代・社会においては、その自明性ゆえに気づかれず、注意は透明な〈メディア〉を通り越して常にその内容《コンテンツ》である「番組」へと向かう。テレビの〈メディア〉性がゲシュタルトとして前景化するのは、例えばインターネットの登場と普及による〈主導的メディア〉の交代によって、テレビという〈メディア〉パラダイムをその〈外部〉から「観察」可能となったときに限られる。マクルーハンの有名な惹句「〈メディア〉はメッセージである」（The Medium is the Message.）は、〈メディア〉パラダイムのこうした閉鎖的〈自己言及〉性と、その〈外部〉からの「観察」による〈自己言及〉構造の看取可能性、を警句風に指摘したものに他ならない。〈メディア〉技術は、以上の意味において、〈社会的《ゾツィアーレス》ア・プリオリ〉（soziales *Apriori*）(35)、ないし社会の「可能性の条件《ベディングング・デア・メークリヒカイト》」（Bedingung der Möglichkeit）をなす。したがって、それはまた「道徳」の〈零度《ドゥグレ・ゼロ》〉（degré zéro）でもある。すなわち〈メディア〉という地盤において初めて「道徳」は成立し得るのであり、その意味で「道徳」は常に時代時代の〈メディア〉の制約下にある。決してカントの「道徳律」の如き無制約に妥当する普遍的「道徳」が、〈メディア〉的現実の彼岸に存在するわけではない。「道徳律」が採用する〈箴言《マクシーメ》〉（Maxime）という〈形式〉からしてすでに或る〈メディア〉的な制約を含意しているのである。

マクルーハンは、こうした認識を未来へと推及しつつ、テレビという〈メディア〉がもたらすであろう新しい「道徳」によって統合された地球規模の共同体を「地球村」として構想した。ところが、見てのとおりテレビによる「地球村」の実現はならぬどころか、テレビが「一家に一台」の水準を通り越して「一人一台」、更には「ワンセグ」などの普及で「一人複数台」が実現されてみると、テレビはその絶頂期を越えた一九八〇年代以降においては共同体的統合とは逆に個人主義を助長することで伝統的共同体の解体過程を早めた節もあるのではないかと訝られさえする。一九九〇年代後半には、インターネットの急速な普及を背景に、「地球村」を実現するのはテレビではなくインターネットだったとして、時ならぬマクルーハン思想のリヴァイバル現象も起きた。だが、冒頭で取り上げた「情報倫理」ブームが示すとおり、現在問題になっている社会的無秩序の主要因は、そのインターネットなのである。

われわれは〈メディア〉による「倫理」の制約というマクルーハンの洞察を是とする一方で、彼が期待を懸けた〈メディア〉技術の更なる進展による理想的共同体「倫理」の復活といった甘美な夢想とは手を切らなくてはならない。そうしたシナリオには、もはや些かの見込みもない(36)。

5-3-3　インターネットと「世界社会」

一七世紀以降ヨーロッパ各地で相次いで起こった市民革命と軌を一にするように拡大を遂げた「社会」は一八世紀には「国家」の枠組みを超え始めた。すでに見たとおり、擬似〝共同体〟に過ぎない「社会」は、その統合のために諸個人をその〈内面〉から斉一化する「道徳哲学」の企てを必要とした。二〇世紀に入ると「社会」はマスメディアの覇権を後ろ盾としつつ、既存の地縁的共同体を併呑しながら更なる膨張を続け、ワラス謂うところの「大社会」(the Great Society) への進化を果たす(37)。この世紀初頭のアメリカ社会学の主要テーマである「伝統的共同体とその崩壊」(W・I・トーマス、

F・ズナニエッキ[38]、C・H・クーリー[39]、R・M・マッキーヴァー[40]や「都市」(R・E・パーク、E・バージェス[41])は、この「大社会」によってもたらされた道徳的次元も含めた矛盾・軋轢や〝病理〟現象への当時のアカデミズムなりの対応とみなせる。ラジオやテレビの登場と普及によって、マスメディアを〝梃子《てこ》〟とした「社会」の膨張は二〇世紀後半も衰えをみせない。こうした時期に現れたのが〈メディア〉による根底的な「社会」規定性——それは同時に〈メディア〉による「倫理」の規定をも含意する——テーゼである「メディア史観」を打ち出したマクルーハンらの〈メディア〉論であった。

われわれは、一九世紀後半から二〇世紀にかけて輪郭を明確にしてきた「大社会」が更に膨れ上がって全地球を覆うまでに至ることを的確に予言した点で、マクルーハンの慧眼を認めざるを得ない。問題はマクルーハンの予言した、地球規模にまで膨張した「大社会」、すなわち「地球村《グローバル・ヴィレッジ》」が〈マスメディア〉という〈メディア〉〝生態系〟をベースに構想されていることにある[42]。〈メディア〉〝生態系〟としての〈マスメディア〉の特性は、その階層性《ヒエラルキー》である。すなわち、それは新聞、雑誌、映画、ラジオ、テレビといった〈メディア〉技術の如何にかかわらず、例外なく「情報」頒布における権威主義的な〝中央統制〟、すなわち〈放―送《ブロード・カースト》〉(broad-cast)[43]という情報流通体制をとる。〈マスメディア〉が本質的に持つこのヒエラルキカルな構造に依拠しながら、それが人々の「道徳」意識を一色に染め上げる効果を恃《たの》むことで、人類が一つの意識に統合された——P・T・ド・シャルダン謂うところの——「叡智圏《ヌースフェア》」(Noosphère)の地上における実現、原初的なカトリシズム共同体のヴァージョンアップされた復活である「地球村」の出現を、マクルーハンは待望することができた。

マクルーハンの予言どおり、確かに二一世紀に入って地球規模に膨大した「大社会」は出現した。ただ彼の予想とは異なり、それが依拠していたのは、テレビによって象徴される〈マスメディア〉〝生態系〟ではなく、インターネットの急速な普及によって成立を見た新たな〈メディア〉〝生態系〟、すなわち〈ネット-ワーク〉メディアだった。しかし、このたった一つの誤算によってマクルーハンの「地球村」計画は完全に頓挫する。なぜなら、〈ネット-ワーク〉メディアのパラダイムにおいては、一元的「道徳」による社会の「倫理」的統合を実現するための鍵を成す〈階層〉性の占める場所はどこにもないからである。

「小包の比喩」に妥協・仮託しつつ特徴づけを試みるならば、〈ネット-ワーク〉（net-work）メディアの特性は、〈マスメディア〉の「構造」を成す〈放-送〉（broad-cast）と対比するとき、情報〝流通〟における、①二次元的な平面性《フラット》と、②〈無-中心〉性、あるいは同じことだが〈汎-中心〉性、にある。情報〝フロー〟は〈マスメディア〉のように、同一の情報が一つの頂点（例えば、放送局）から下方の周縁部（大衆）へと逐次的にしかも一方的に注がれる、というパターンはとらない。種々雑多な情報が、バラバラな方向に無秩序に、しかも同時並行的に、交錯する。また、そこには情報の〝流通〟を制御・統制するための特権的で固定的な〈場所〉は存在しない。存在するのは情報〝フロー〟のみであって、〝フロー〟が偶々《たまたま》交叉した偶発的〈位置〉が、〈ネット-ワーク〉の「ノード」としてその時々に顕在化してくるに過ぎない。

〈ネット-ワーク〉と「ノード」とが織り成す〝地形〟はもちろん完全に平面的《フラット》なものではない。「コテハン（固定ハンドルネーム）」と呼ばれる〝小高い丘〟は存在するし、「ＲＯＭ（Read Only Member)」と称される〝低地〟もある。にもかかわらず全体としての〈ネットワーク〉は、〈マスメディア〉が〝尖塔〟の如き高層建築物に比定されるのとは対照的に、多くの小高い丘が生み出すなだらかな起伏から構成された無限に続く〝平地〟、あるいは〈無数の高原《ミル・プラトー》〉(mille plateaux)として最も剴切にイメージされる。そこでは「ノード」のそれぞれが相対的に〈ネットワーク〉の〝中心〟たり得、したがって全体として見たとき、「中心」は不在である。[44]

このような特性を持つ〈ネットワーク〉メディアのパラダイムを技術的基盤として、「社会」の地球規模化は達成されている。われわれは〈ネットワーク〉メディアを基礎とする現在の地球規模「社会」を、〈マスメディア〉を基礎として構想された「地球村」との対比において、ルーマンのターミノロギーを借用しつつ「世界社会《ヴェルトゲゼルシャフト》」(Weltgesellschaft)と呼ぶことにしたのだった。[45]

5-3-4　「世界社会」における「倫理」の不可能性

「世界社会」とは、グローバリゼーションがもたらした国境の形骸化によって単に地理的に世界大にまで拡大した社会のことではない。第三章でも述べたとおり、そもそもそれは地理的・空間的概念ではない。機能としては、それはルーマンが直接対面的な「相互行為《インタラクツィオーン》」(Interaktion)や「組織《オルガニザツィオーン》」(Organization)との区別において立てる「社会《ゲゼルシャフト》」(Gesellschaft)と異なるものではない、というより両者は機能的には完全に相覆う。すなわち、それは事態としては〈コミュニケーション〉の縦横無尽な同時並行的生起と連鎖の総体以外のものではない。敢えて一つだけ注意を喚起しておくとすれば、「社会《ゲゼルシャフト》」の〝実体〟が飽くまでも非-人称的な〈コミュニケーション〉連鎖の総体《アンサンブル》（ensemble）であって、「人格《パーソン》」（person）の総和《サム》（sum）やその諸関係《リレーションズ》（relations）から成るいわゆる「共同体《ゲマインシャフト》」（Gemeinschaft）との類似は寸毫もない、という点である[46]。

さて、ルーマンがわざわざ「社会《ゲゼルシャフト》」とは別に「世界社会」の概念を立てる以上、前者においては潜在的でしかないコノテーションの明確化が意図されている。それは一つには社会の〈唯一性《アインツィヒカイト》〉（Einzigkeit）の強調であり、いま一つは、逆説的《パラドキシカル》ではあるが、社会の多元的分散化の強調である。「社会」がコミュニケーションの総体であって、しかもそれら総てが〈意味〉的な次元においても、また（インターネットによって）物理的な次元においても、繋がり絡まり合っている以上、総ては唯一の〈コミュニケーション・ネットワーク〉、すなわち「世界社会」へと収斂せざるを得ない。複数の諸「社会《ソサイエティーズ》」（societies）を云々することは、情報社会においては方便以上の意味を持たない。また、ルーマンの見立てでは「世界社会」においては「法」「経済」「学問」「芸術」といった社会諸領域のそれぞれが独自の仕方で〈世界性〉（Weltheit）を獲得することで〝普遍化〟を遂げる。ただし、この場合の〝普遍化〟は、特定の一領域によって社会的統合が実現されることを微塵も含意しない。一八世紀の「道徳哲学」の企図においては各領域に優劣の差がつけられ、階層《ヒエラルキー》の最高位に位置する領域の〝善〟が擬似〝共同体〟としての「社会」全体を統合する普遍的な「善」、絶対「善」に仕立て上げられた。だが「世界社会」においては、各領域の〝善〟は完全に等価であって、そこに優劣の序列はない。各領域の〈世界性《ヴェルトハイト》〉が持つ〝普遍性〟は、世界を「観察」する際の〈観点〉の普遍性を意味するに過ぎない。例えば、「経済的」な〈観点〉を採用する「限りにおいて《インゾッフェルン》」（insofern）、世界は「経済的」価値に染め上げられた相で立ち現れてくる。だが「法」的な〈観点〉を採用するや否や、それまで世界を支配していた価値は消失し今度は「法」的価値に彩られた世界が出現する、といった具合である。つまり、各領域の〈世界性〉は、相互の交替可能性を含意しているのであって、その意味で「世界社会」は、次元を異にしながら併存する複数の〝善〟を抱え込みながら成立している。つまり、ここでは絶対的優位を主張できる〝善〟は構造的に存在し得えず、結果として「道徳」は各領域に分散化される。問題は「世界社会」において成立をみた分散化され相対化されたこうした〝道徳〟をしも果たして「道徳」と呼び得るのか、という点にある。

すでに述べたようにルーマンが「世界社会」の概念を最初に提示したのは一九七〇年代に遡る(47)。時代に先駆けて「社会」の構造的変容を洞見したルーマンの先見の明には敬服せざるを得ないが、と同時に、ルーマンも予想しなかった速度で〈ネット-ワーク〉メディアが進化を遂げた現実をもわれわれは見据えなければならない。未だ情報社会が本格化せざる時期に提示された「世界社会」の概念に、〈メディア〉論的な見地から改めて意味を与え返してゆく作業が要請される所以である。

〈コミュニケーション〉連鎖の総体である「世界社会」は、情報社会の本格化に伴い、その時空的な纏縛性からの離脱と、非-人称性とを愈々《いよいよ》昂進させている。インターネットを社会基盤とする現在の〈コミュニケーション〉連鎖は、従前と比して、もはやどのような意味においても時間や空間の枠組みに縛られることはない(48)。〈ネット-ワーク〉メディアにおける〈コミュニケーション〉にとっては、国境を含め如何なる空間的な障壁といえども障害とはならない。〈コミュニケーション〉の連鎖を唯一、中断・遮断し得るのはネットの〝経路〟上に設けられた〝ファイヤーウォール〟のみである。また、「タイムライン」の設定次第で〈コミュニケーション〉の時系列のコンテクストも、組み替えや再編集がいつでも可能である。なぜなら、〈コミュニケーション〉の連鎖において重要なのは「ノード」としての発言者の「人格」（の一貫性《コンシステンシー》）などではなく、「テーマ」を軸糸《スレッド》とした〈コミュニケーション〉の持続そのものだからである。

重要なことは、〈ネットワーク〉メディアにおいては飽くまでも〈コミュニケーション〉が第一次的で、そのノードとしての「人格」は、〈コミュニケーション〉の効果として第二次的に構成されるに過ぎないという点である。〈コミュニケーション〉における「匿名性《アノニミティ》」（anonymity）の支配ないし優越、と言ってもよい。〈ネットワーク〉メディアにおける〈コミュニケーション〉のデフォルト値は「匿名《アノニム》」であり、特異点としてのみ「実名」を持つ人格が事後的に構成される。しかもその「実名」を持った「人格」が、確かにその本人であるという保証はどこにもない。「成り済まし」の可能性は常にあり、その疑いを完全に払拭することは不可能である。これもまた、〈ネットワーク〉メディアのデフォルト値が「匿名」であるがゆえに生じる事態である。

もちろん〈コミュニケーション〉の連鎖的接続の総体である「世界社会」を、「ノード」を中心に記述し直すことも不可能ではない。だが、その時立ち現れて来るのは、〈誰でもない者《アノニマス》〉たちからなる〝共同体〟である。筆者は嘗て、こうした〝共同体〟をB・ラトゥールの顰に倣いつつ「collective《コレクティーヴ》」と名付けたが[49]、collective の〝メンバー〟には確定的な「人格」が欠けている[50]。〝人格〟があったとしてもその場限りの一過性《トランズィエント》の（transient）ものであるために、そこには常にブレが生じている。したがって、collective にあっては「道徳」の〈内面化〉は不可能である。〈内面化〉しようにも、そもそもその当体である「人格」が、つまり〈内面〉が存在しないのである。

〈ネット‐ワーク〉メディアが「サイバーワールド」という閉じた世界として、「現実世界《リアル・ワールド》」と、存在的《オンティッシュ》（ontisch）にも――すなわち〈者=物《レース》〉（res）の集合体として――、そして存在論的《オントローギッシュ》（ontologisch）にも――すなわち存在者《ダス・ザイエンデ》（das Seiende）の〈地平《ホリツォント》〉（Horizont）として――区別されているうちはよかった。「サイバーワールド」を「現実世界」から遮断することで、「現実世界」の「倫理」を防衛する手立てがまだあったからである。だが、両世界が二重化的に癒着し、更には、「現実世界」が丸ごと〈ネット‐ワーク〉に包摂されつつある今[51]、それも無駄な抵抗でしかない。「サイバーワールド」における「倫理」の原理的不可能性は、両世界の融合によって不可避的に「現実世界」へと〝伝染〟し〝蔓延〟するからである。インターネットがもたらした〝表現の自由〟の拡大、と言えば聞こえがよいが、従来であれば〈マスメディア〉という権威によるフィルタリングによって決して公の前に出ることはなかった、「ヘイトスピーチ」という名の、聞くに堪えない罵詈雑言と厚顔無恥がネット上で飛び交い、そしてそれは今や「公道」にまで溢れ出している。それは従来の政治団体による（かたちだけではあったとしても）「演説」の体裁をすら成していない。単なる私怨・思い込みに満ちた「情動」の「垂れ流し」である。そして、その「垂れ流し」が、無知（=無恥）と無教養とを伴いつつ国政をまで覆うという稀代の「不道徳」が今や罷り通っているのである。その「不道徳」の掣肘を現在の〈マスメディア〉に期待しても無駄である。〈マスメディア〉が嘗て誇っていた〈権威〉は今や、無惨なまでに地に堕ち、「権力の監視」という最低限の「職業倫理」すら機能不全に陥っている為体《ていたらく》だからである。

「世界社会」における「倫理」の不可能性、という本小節のタイトルは、単にインターネットの登場によって前景化してきた「主張・言説の相対化」を指摘したいがためのものではない。そのような事態はすでに従前から存在しており、今更事々しく騒ぎ立てる類のトピックではない。ここで確認しておきたいのは、「倫理」もまた〈マスメディア〉同様、或る〈権威〉の承認を必要とすること、それに対して〈ネットワーク〉メディアは、その〈権威〉を（本節および第三章で指摘した、その二次元的平面性《フラット》によって）原理的に無化する構造を持つこと、である。そしてそれは「道徳」の座である「人格」をも（デフォルト値としての「匿名」性によって）消し去ってゆく。情報社会の本格化によって「道徳」／「倫理」が存立の危機に直面している、とは如上の意味においてである。

5-4　情報社会における〝普遍的〟倫理の試み

情報社会においては、〝共同体〟もそれを構成する〝個人〟ももはや明確な輪郭を持たない。非-人称的な〈コミュニケーション〉の連鎖が織り成す茫漠たる全体である「世界社会」を統合する「倫理」は、では、果たして可能なのか？　そしてもし可能であるとすれば、それは如何にしてなのか？本節では、情報社会を見据えた、あるいは少なくとも情報社会に敷衍可能な三つの〝普遍的〟倫理の試みを検討したい。

第一は、J・ハーバマスの「討議倫理《ディスクルスエティーク》」（Diskursethik）を「サイバースペース」にまで拡張し、「世界社会」全体をハーバマス謂うところの「公共圏《エッフェントリッヒャー・ラウム》」（Öffentlicher Raum）化するという

〝電子的公共圏〟の企図である。[52] この立場にあっては「倫理」は、その〈内容〉にではなく、〈手続き〉ないし〈プロセス〉に求められる。異なった〝善〟の主張が、予め優劣をつけられることなく、公平で平等な対話の席に着き――所謂「理想的発話状況《イデアーレ・シュプラーハズイトゥアツィオーン》」(ideale Sprachsituation)――、互いが「合意《フェアシュテンディグンク》」(Verständigung) に辿り着くまで「討議《ディスクルス》」(Diskurs) が重ねられる。新たに対立する〝善〟が現れても、同様のプロセスが繰り返されるだけである。この「啓蒙的《アウフクレーレント》」(aufklärend) プロセスは、情報社会も含めた「近代《モデルネ》」(Moderne) を貫く、終わりなき「未完《ウンフォレンデット》のプロジェクト」(unvollendetes Projekt) だからである。このとき「倫理」は、〝共同体〟の〈空間的〉統合原理としてではなく、「合意」への果てしない〈時間的〉〝道程《みちのり》〟を先導する謂わば〝手引き〟として捉え返されることにもなる。

だが、この「プロジェクト」には大きな落し穴がある。「公平」を装いつつも、「討議によって合意すべし」という特定の「当為」(Sollen)〈内容〉を、〈形式〉的「手続き」の名の下に、この「倫理」は強要し、権利づけを欠いたままそれを絶対化している。「主張が異なるならば、そもそも同じテーブルに着く必要がない」とする「問答無用」の〝善〟、あるいはそもそも同じテーブルに着くことが叶わぬ〝善〟もあり得るわけだが、こうした〝善〟もまた当然同じテーブルに着くものと高を括り、そうでない場合には、その〝善〟は切り捨ての対象になる。要は、この「倫理」は最初からそうした〝善〟を「非‐道徳的」ないし「前‐道徳的」な主張として排除しているわけである(「テロリズムには断じて屈しない」という紋切《クリシェ》り型、あるいは「慈〝善〟」というアメリカ的〝美徳〟によって示されているのは、こうした類の「倫理」である)。現在の焦眉の急が、「タリバン」や「イスラム国」などに典型的にみられるこうした反《アンチ》民主主義的な〝善〟の扱いであるにもかかわらず、である。この立場の「倫理」はいかにも俚耳に心地良く、俗耳にも入りやすいが、それはわれわれの多くが民主主義的〝善〟を共有しているからに過ぎない。以上を考慮に入れるとき、この「倫理」が「民主主義」を楯に取った、あるいは「民主主義」を笠に着た、実は「〈権威〉主義《オーソリタリアニズム》」(Authoritarianism)であることが判明する。だが、情報社会は――現実を見ればわかるとおり――「民主主義」の自明性を掘り崩しながら進展している。「倫理」を〈時間的〉プロセスとして捉え返すという発想には学ぶべき点があるにもかかわらず(53)、民主主義的〈手続き〉に「倫理」の根拠を求めようとする試みは、こうして隘路に嵌らざるを得ない。

　第二は、セカンド・オーダー・サイバネティックス(second order cybernetics)の代表的論客、H・v・フェルスターが提唱した「多様性の倫理」である(54)。フェルスターの倫理学が前提するのは、世界の「不確定性《アンディサイダビリティ》」(undecidability)である。これは世界あるいは社会に対するセカンド・オーダー・サイバネティックスの適用からダイレクトに導かれる帰結である。サイバネティックスは、従来アリストテレスのいわゆる「四原因」のうちの「起動因《カウサ・エフィキエンス》」(causa efficiens)すなわち因果関係をしか認めなかった近代科学に革《あら》めて「目的因《カウサ・フィナーリス》」(causa finalis)=「形相因《カウサ・フォルマーリス》」(causa formalis)を、「フィードバック」(feedback)という制御概念(すなわち出力結果の、所期の「目的」値からのズレを入力に差し戻す操作)として導入したが、古典的な、すなわちファースト・オーダーのサイバネティックスが、制御系の外部に「観察者」を設定するのに対し、セカンド・オーダーのそれは「観察者」をシステムそのものに組み込む。このときシステムの「目的」はその外部から「観察者」によって与えられるのではなく、システム自体が自己目的的な〈自己言及〉(self-referential)システムへと蟬脱を遂げることで最初から「目的」がシステムにビルト・インされる。この自己言及システムは、外部からの「観察」によってその振る舞いが予測可能なそれまでの制御系(トリビアル・マシン)とは違い、「観察」行為そのものがシステムに拘束・制約されざるを得ないために、振る舞いの予測が原理的に不可能な、不確定的「ノン-トリビアル・マシン」(non-trivial machine)である。そして「社会」もやはり、システムが「観察者」を包摂する、したがってシステム〈外部〉からの「観察」を原理的に許さない〝ノン-トリビアル・マシン〟である。

　社会は情報社会段階に入って、更に「不確定性」を増大させているが、これはフェルスターにとっては慶賀・祝福すべきことである。なぜなら個人の「自由《フリーダム》」(freedom)は多様性からの「選択《チョイス》」(choice)に存し、「不確定性」が増大すればするほど、「多様性」は増し、したがって選択の「自由」もまた拡大するからである。「多々益々弁ず」と考えるフェルスターが掲げる倫理的命法はこうである。「常に選択肢が増えるように行為せよ！」(Act always so as to increase the number of choices!)その結果、個人の選択如何に応じて、各人にとって固有の世界が生ずるが、個人はそれぞれの選択によって生じたそれぞれの世界に対して「責任《リスポンスィビリティ》」(responsibility)を持つ。こうした、個人の選択による結果に対しての責任がフェルスターの「倫理」の核心を成しており、その意味でこの立場は或る種の「責任倫理《フェアアントヴォルトゥングスエティーク》」(Verantwortungsethik)である。[55]

　フェルスターの「倫理」は、生国のオーストリアで家族付き合いをしていたウィトゲンシュタインの影響を受けて、アナーキスティックと言ってもよいほど独我論的な傾向が顕著である。「倫理」の個人化・単独化の試みと言っても良い。そこでは従来の「倫理」の機能である〈社会的統合〉は完全に打ち捨てられ、〈自己責任〉がそれに取って代わっている。情報社会における「倫理」の一つの可能なあり方の提示として、それはまあよい。問題は、情報社会においてわれわれは、本当に自己の「責任」において「選択」を行っていると果たして言えるのか？　そして、われわれは本当に「自由」を拡大させているか？　という点にある。フェルスターは選択肢が多ければ多いほどわれわれの選択の「自由」が増すと言うが、われわれは実のところ人工知能によって選択させられているのではないのか？　情報社会に生きるわれわれの「選択」はシステムのオペレーションに過ぎず、〈主体性〉は人間的個人からシステムへと委譲されているのが実情ではないのか？　この「倫理」は、そのオプティミズムのために、ハイデッガー謂うところの〈配備‐集立《ゲ・シュテル》〉（Ge-stell）の拡大によって、個人の自己決定と意思決定までがシステムに組み込まれることで自動化される現在の事態を予見できず、「選択の自由」をシステム〈外部〉に括り出せると考えてしまっている。

　第三は、現在ヨーロッパを中心にその影響力を急速に拡大させている新進気鋭の情報哲学者、L・フロリディによる「倫理」の〈情報〉工学化の企図である。フロリディは、先にその流れの概略をわれわれが整理した「応用倫理《アプライド・エスィックス》」の展開を踏まえつつ、自らが提案する「倫理」を〈情報倫理〉（Information Ethics）と称する。ただし、既存の「情報倫理」に対しては単に個別のトピックやイシューのみにかかずらう「ミクロ倫理」（micro ethics）として批判し、自らのそれを情報社会の普遍的な倫理的原理を問題にする「マクロ倫理」（macro ethics）として特徴づける。フロリディは、環境倫理において達成された理論的成果である、人間中心主義からの離脱と倫理的主体の自然への拡張を、更に推し進めることで議論を展開する。すなわち、自然ばかりでなく、機械や無機物も含めた汎ゆる存在者が、「情報的《インフォメーショナル》」(informational) な「受苦的存在者《ペイシエント》」(patient) として倫理的価値を帯びた存在であると彼は考える。そして、この倫理的価値を帯びた「受苦的存在者」からなる世界を、「情報圏《インフォスフィア》」(Infosphere) と名付ける。それは「生物中心主義を存在者中心主義で置き換えたエコロジカルな倫理」に他ならない。

では「情報圏」に属する「受苦的存在者《ペイシエント》」が持つ倫理的価値とは具体的には何か? それはまず何よりも「情報」そのものに必然的に付随する「エントロピーの増大」――「情報」が或る〈秩序〉である以上、それは時とともに拡散的に崩壊し〈無秩序〉へと向かう――傾向に、汎ゆる情報的存在者が晒されており、情報的存在者は、そうした傾向に受苦的に抗いながら辛くも自らを維持しているという事実に求められる。「受苦的存在者」にとっての、この維持されるべき〈秩序〉こそが、それらの〈倫理的=情報的〉価値に他ならない。全体として「情報圏」のエントロピーの縮減に貢献する行為は〝善〟であり、逆にエントロピーの増大をもたらす行為は〝悪〟である。したがって汎ゆる「受苦的存在者」は自らの情報価値を毀損されず、保持し、更には豊富化する〝権利〟を有し、行為者は「情報圏」におけるエントロピーの増大を防ぐ〝義務〟を有するということになる[56]。

フロリディの〈情報倫理〉は、応用倫理としての「情報倫理」の正統的歴史を踏まえ、それと批判的に対質した成果とみなすことができ、また「環境倫理」や「生命倫理」が達成した(そして現行の「情報倫理」には未だ達成できていない)、新しい倫理観の提示をも成し得た点で、高く評価されてよい。「倫理」の主体を「行為者《エージェント》」(agent) から「受苦的存在者《ペイシエント》」(patient) へと転換し、「倫理」の〈地平〉

そのものを従来の「行為」から「存在」することそれ自体にまで引き下げることで、「倫理」的当体の大幅な拡張を可能にした点が、彼の「倫理」の最大の功績だろう。生命を欠いた機械的存在でありながら、社会に組み込まれることで今後「受苦的存在者《ペイシェント》」となることが見込まれる人工知能やロボットの倫理的な位置づけへの目配りも怠りない。フロリディの理論枠組みにおいて、従来の「共同体」は、ロボットや人工知能をも包摂した「情報」的〝共同体〟へと拡張されると同時に、〈情報倫理〉は、その〝共同体〟の統合原理とはいかずとも、少なくともミニマムな統制原理として機能することが目論まれている。

だが、彼の立論にもやはり難点が存在する。まず、西垣通が指摘するように[57]、そもそも情報価値の尺度は誰によって決められるのか、という問題がある。「観点」の設定次第で「情報」価値は如何様にも変わり得るからである。この問題に対しては、フロリディはおそらく「抽象化レベル」(level of abstraction)という情報工学的な概念装置で応酬するだろう[58]。曰《いわ》く、もちろん「情報」価値は飽くまでもその都度都度の便宜的で相対的な尺度に過ぎない。だが、焦点は〈情報倫理〉によって或る普遍化の「枠組み」が与えられることにある、と。

しかしながら、フロリディの立論にはもう一つの、そして今度は致命的な錯誤が潜んでいる。それは、彼が「社会」を静態的《スタティック》な「情報」存立体として捉えてしまっている、という点である。彼が前提する「情報」観が、嘗て筆者が「小包の比喩」と命名した[59]、「情報」を以って発信者から受信者へと転送される「実体《エンティティ》」(entity)として把握する、旧態依然たるものである事実からもそのことは窺える。フロリディの想定とは違い、「社会」とはルーマンが喝破するとおり、〈コミュニケーション〉の連鎖的接続からなるダイナミックな運動体である。そうした情報社会のダイナミズムをフロリディは完全に捉え損なっている。このことは単なる「見解の相違」では済まされない。フロリディが密かに抱懐する「完全なものの段階的な崩潰」というネオプラトニズム的ないわゆる〝流出論《エマナチオ》〟(emanatio)の構図は、情報社会の現実とは到底相容れないからである。繰り返すが、「社会」を構成しているのは「情報」ではなく〈コミュニケーション〉なのである。

5-5　三つの倫理的多元主義

右で検討した三つの「倫理」は、どのような意味においても〝共同体〟的統合を成就させない「世界社会」において、従来の、〈行為〉の同型性や社会的〈快〉に代わる普遍化可能な変数を追求することで、新たな〝倫理〟的〈原理〉を打ち立てようとする試みである点で共通している。すなわち、ハーバマスは〈手続き〉の普遍性に、フェルスターは〈多様性からの選択による自由の拡大〉の普遍性に、そしてフロリディは〈情報価値のエントロピー増大への抵抗〉の普遍性に、それぞれ新たな「倫理」の根拠を据えようとした。だが、前節で見たとおりいずれの試みも成功しているとは言い難い。

革《あらた》めて考えてみれば、「情報社会」において価値の多元性は、謂わば「所与の事実」である。先の三つの立場もその事実を大前提として認めた上で、多様性の中に普遍化可能な因子を探ろうとした。であれば、一層《いっそ》のこと方針を転換して、普遍性を追求するのではなく、むしろその「多元性」を逆に推進する方向に舵を切ればよいと考えることは極く自然な成り行きである。倫理においてこうした発想を採るのが倫理的多元主義である。

倫理的多元主義にはいくつかのタイプを区別できる。ここでは①プラグマティズム的多元倫理、②伝統主義的多元倫理、③機能的多元倫理に三大別した上で、順に検討したいのだが、先に検討した三つの立場とは異なり倫理的多元主義の各倫理説は必ずしも情報社会の存在を前提とした議論ではなく、また単独の思想家によって主張された立場でもない。そのため検討にあたっては、時代を遡りつつ、各倫理説の核をなす構案を原理的水準において遡及的に——すなわち情報社会の現状とは差し当たり独立に——再構成するという手続きを取りたい。もちろん、その評価に際しては「情報社会においてそれは妥当か」という観点から批判的に検討する。

5-5-1　プラグマティズム的多元倫理

プラグマティズム的多元倫理は、心理学者W・ジェームズの「多元的宇宙《プルーラリスティック・ユニヴァース》」（Pluralistic Universe）論に基づいた倫理的多元主義に端を発し、政治学者J・ロールズのリベラリズム倫理を経て、哲学畑であるR・ローティのアイロニカルな「自文化中心主義《エスノセントリズム》」（ethnocentrism）へと至る水脈である。この立場の特徴は、個人の生や必要といった「具体的現実《プラーグマ》」（πρᾶγμα）から乖離・独立した真理や価値の実在を拒否する点、したがって個人の水準における価値意識や価値選好すなわち〝善〟の多様性を最大限に尊重しようとする点にある。個人の水準での価値の多様性を担保するという原則は、情報社会の現状と親和的ではあるが、単なる多様性の主張に留まるのであれば、そこからは肆意とアナーキーしか帰結せず「倫理」説としては欠格の譏《そし》りを免れない。したがって、この立場にとって何らかの方途によって「多」を「一」によって「包摂する」ないし「基礎づける」ことが必須の課題となる。ジェームズの場合、エマーソン以来のアメリカの伝統である「超越主義《トランスセンデンタリズム》」(transcendentalism)と軌を一にしながら、宗教的な次元において「多」を「一」に包摂することで、多様性の調和を図ろうとするのだが、[60]もはや宗教さえ多様化の大勢に抗し得ない現在、そうした超越的次元に統合の〝場〟を求めることは時代錯誤であると同時に非現実的でもある。そこでロールズは、ジェームズのように「多」の〝彼岸〟に「一」を求めるのではなく、逆に「多」の〝此岸〟に「一」を据えることで「多」を政治的水準において基礎づける途を採る。すなわち個人的な価値選好＝「善《ザ・グッド》」(the Good)における多様性の可能性の条件として、一元的「正《ザ・ライト》」(the Right)＝「公正としての正義《ジャスティス・アズ・フェアネス》」(justice as fairness)の実現を位置づけるのである。[61]

ここで重要なことは、ジェームズの場合には「多元性」の口実の下に「普遍性」が裏口から密輸入され、ロールズの場合には、「多元性」の基礎づけと称してやはり「普遍性」が、しかし今度は公然と導入されていることである。すなわち、この立場は「選択可能性の地平」としての「多元性」を前面に打ち出しはするもののその背後で、当の「多元性」を構成する選択肢として認められるために「普遍的原理」の受け容れを要求するという二重構造になっている。明け透けに言えば、この立場は、アメリカ的価値観の倫理学的表現であって、「多様性」という〝土俵〟に乗る条件としてアメリカ的価値観の受け容れを強要する、「多様性」の〝錦の御旗〟の下にアメリカ的リベラリズムの普遍化＝グローバル化を推し進めてゆく隠蔽された権威主義である。その意味で、すでに検討済みのハーバマスの討議倫理における隠蔽された権威主義――見解の「多様性」を、所与の状況として前提しつつ、民主主義という不可疑の「権威」を後ろ盾に、「討議」による「合意」を重ねながら、見解の一元化に漸近してゆくという「普遍主義」――とも、この立場は構造的に同型である。更に言えば、「複雑性の増大」＝「選択肢の多様性」を〝最高善〟と考える点においてフェルスターのセカンド・オーダー・サイバネティックス倫理もまた情報科学の言葉で表現された同じ立場の表明とみなすことができる。ただ、フェルスターの場合「多様性」＝「選択の自由」への信仰をカントの道徳律に擬《なぞら》えるかたちでナイーブに、あるいは〝正直〟に、表明することで「普遍性」のモメントが強調されているのに対し、プラグマティズム的多元倫理の場合には、その「普遍性」のモメントが「多元性」の陰に隠れがちである点でより眩惑的でもありまた巧妙でもある。

もう一点、プラグマティズム的多元倫理には看過できない問題点がある。それは、「多元性」の〝構成要素〟としてこの立場が想定する「個人」における関係の対称性の自明視である。個々人が抱懐する価値意識・価値選好は権利上等価であって、そこに価値上の優劣が予め想定されてはならない、とこの立場は主張する。同様の想定は、理論構制において同型のフェルスターとハーバマスにおいてもなされており、フェルスターの場合には、「多様性からの選択」の「責任《リスポンスィビリティ》」(responsibility)を、選択を決断した「個人」が負う、という価値選好における自己言及的閉鎖性によって、ハーバマスの場合には「討議」参加者の権利上の平等の想定、すなわち「理想的発話状況《イデアーレ・シュプラーハズィトゥアツィオーン》」(ideale Sprachsituation) という擬制によって、それぞれ表明されている。が、この種の多元的倫理が前提する「個人」について、その対称性が最も鮮明に表れている理論範型は、ロールズの「原初《ズィ・オリジナル・》状態《ポジション》」(the original position)に止《とど》めを刺す。「無知のヴェール」(veil of ignorance)とロールズが呼ぶ操作によって、個人の特性を徐々に剝ぎ取っていった後に残る非人称的な、したがって相互に対称的で平等な〝人格〟によって構成される関係態が、謂うところの「原初状態」に他ならず、この水準において「公正としての正義」が謳われることになる。ロールズのこの手続きからは政治権力の介入による対称的個人の併存状態の成立を、倫理的多元性実現のための必須の要件とみる社会観がはっきり窺える。「個人」を以て伝統や文化と不可分の充実体と捉える立場、すなわち次に検討する伝統主義的多元倫理の立場からするとき、こうした政治と倫理の関係把握は倒錯以外の何ものでもなく、またその「個人」観も、M・サンデルによる「負荷なき自己《アンエンカンバード・セルフ》」(unencumbered self)との批判にみられるように[62]、人為的な虚構と断じられる。〈メディア〉論的な見地からは、「個人」における内実の空洞化を「虚構」と断じ去ることは必ずしも当を得ていないが、「無知のヴェール」の結果として導入される「個人」における関係の対称性は、後に述べるとおり――とりわけ情報社会においては、その「フラット化」への傾向にもかかわらず(あるいは、その傾向ゆえに)――完全な虚構である。

　アイロニストを自称するローティになると、〝善〟の多元性の基礎にアメリカ的リベラリズムの〝正義〟を配置するという理論構図はロールズやハーバマスをほぼ踏襲しつつも、多元性の土台をなすアメリカ的リベラリズムの無根拠性《コンティンジェンシー》(contingency)には自覚的となっており、それによる多元倫理の〝基礎づけ《ファウンデーション》〟(foundation)は断念される。[63]〝基礎づけ〟に替えて彼が持ち出すのが「自文化中心主義《エスノセントリズム》」という謂わば〝開き直り〟の戦略である。ローティは倫理の多元性を巧妙(あるいは姑息）にも「われわれ」（We）という主体の複数性によって表現し、倫理的見解の相違を互いに認め合った上での「連帯《ソリダリティ》」（Solidarity）を、合意を調達しながら拡大してゆくという謂わば〝アナキスト連合〟的なシナリオを描く。[64] H・パットナムはローティの立場を文化的な「相対主義」と断ずるが、[65] ローティ本人は理論的には相対的であることを認めても理論外部での、すなわち政治的な合意の調達によって「われわれ」（＝アメリカ）の範囲を拡大するというポリシーを以って、自らの立場が「相対主義」であることを否定するのだから質《たち》が悪い。これは過去にアメリカが押し進めてきた西部開拓の自己正当化を、哲学の水準で行っているに等しい。いずれにせよ、アメリカ的リベラリズムの枠内でのみ〝多元性〟は許容されるという構図はロールズやハーバマスと共有されていても、そのソクラテスを気取ったアイロニカルな〝無知の知〟（というより〝無恥厚顔〟）、すなわちアメリカ的リベラリズムの「自文化中心主義」への確信犯的な居直りによってプラグマティズム的多元倫理は、ローティにおいて伝統主義的多元倫理へと合流せざるを得ない。

5-5-2　伝統主義的な多元倫理

伝統主義的な多元倫理が、プラグマティズム的なそれと異なるのは、一つには倫理的な多元性の単位を「個人」ではなく、共同体的なアイデンティティーに置く——「個人」を考える場合にも、ロールズの「無知のヴェール」による操作後に残る〝空っぽ〟の非人称的な個人ではなく、共同体的な価値に浸潤され滲透された充実体としての個人を考える[66]——こと、いま一つは、共同体における倫理的多元性の要因を歴史的・文化的伝統に索《もと》めることである。共同体的倫理の根拠として、通時的な共同的体験の蓄積によってかたちをなしてゆく共有文化資源としての「先例《プレスィデント》」（precedent）と「知恵《ウィズダム》」（wisdom）の体系を重視するか、あるいは共時的な同一文化の共有による共同体の結束を重視するかに応じて、「保守主義《コンサーヴァティズム》」（conservatism）と「共同体主義《コミュニタリアニズム》」（communitarianism）のヴァリエーションが岐《わか》れるが、倫理の歴史的・文化的相対性を主張する点において双方ともに多元主義の範疇に入る。保守主義に属する代表的論客には思想史家I・バーリン[67]や政治学者のM・オークショット[68]がおり、一方、哲学者のC・テイラー[69]やM・サンデル[70]、政治学者のM・ウォルツァー[71]や多文化主義の論客W・キムリッカ（ただし一時期のという限定がつく）[72]らは共同体主義者として括ることができ、前項のプラグマティズム的多元倫理と鋭い対立関係を構成する。

伝統主義的多元倫理は一般的に、多元性を共同体の水準で積極的に打ち出すことはしない。この立場は、自文化の歴史的・文化的「相対性」を第三者的な視点からは認めはするものの、それ故に自文化の歴史的・文化的な「特殊性」を同時に主張する。すなわち他の文化的共同体の自文化との並立を認めはするが、その並立は決して対等な関係を構成せず、自文化を頂点とした価値的なグラデュエーションを成す。ローティ謂うところの「自文化中心主義《エスノセントリズム》」であり、ここからもローティの立場がプラグマティズム的多元倫理と伝統主義的なそれとの折衷物・混淆物——しかも最も性質《たち》が悪い部類のそれ——であることが分かるのだが、それはともかく、こうした事情によってこの立場の外部的共同体に対する態度は、多元性を前提としたうえでの「不干渉」、および外部的価値からの自文化のアイデンティティー「防衛」という消極的なものに留まらざるを得ない[73]。

ローティ流の「自文化中心主義」と伝統主義的多元倫理とが袂を分かつのは、むしろ共同体内部における価値の扱いをめぐってである。ローティの「自文化中心主義」においては、「自文化」すなわち「プラグマティックなアメリカ的リベラリズム」の枠内で〝多様な価値〟が認められた。それに対して、この立場では自文化の内部において価値の「一元性」が貫かれる。すなわち共同体的価値を各成員がどれだけ体現しているかに応じて、「個人」間においても人格的価値のグラデュエーションが形成される。共同体的価値を完全に体得した人格は「徳《ヴァーテュー》」（virtue）を有する人物と評価され「尊敬」を集める一方で、共同体的徳に背馳する行為は「悪徳」とみなされ、そのような行為を行った者は「軽蔑」の対象となる。言い換えれば、ローティ流の「自文化中心主義」において個人に要請される美徳が、各人がそれぞれ異なる価値観（ただし飽くまでもアメリカ的リベラリズムの枠内における）を有すること、すなわち「個性的《ユニーク》」（unique）であることなのに対して、伝統主義において個人に要請されるのは各人が価値実現の「模範」たること、つまり「有徳《ヴァーチュアス》」（virtuous）であること、となる。前者が枠組み内部での価値の多様性を、後者は逆に共同体内部での同一価値の共有を、その前提としていることに注意しよう。こうして伝統主義的多元倫理と、アリストテレス以来の伝統を有する――そして、近年（正確には一九八〇年代半ば以降）B・ウィリアムズ[74]やA・マッキンタイア[75]の仕事を機縁として、その価値が見直されつつある[76]――所謂「徳倫理《ヴァーテュー・エシックス》」（virtue ethics）とは互いに親和性を有し補完関係を構成することとなる。

だが、この立場も実際には維持できない。なぜなら現在の情報社会において、自文化の価値を他文化の価値の滲入・侵蝕から防御し、そのアイデンティティーを護り通すことは極めて困難だからである。インターネットを〈メディア〉的社会基盤とする「世界社会」において文化的な〝引き籠もり〟・孤立に徹することは、先に触れたプロテスタント少数派の現状から考えても現実問題として極めて難しい。この立場は、倫理における技術の関与をあまりに少なく見積もり過ぎている。

5-5-3　機能的多元倫理

プラグマティズム的多元倫理が「多元性」を「個人」の水準に設定し、伝統主義的多元倫理が「多元性」を「共同体」の水準に設定することで、多元倫理は「リベラリズム的（≒個人主義的）普遍主義」vs.「コミュニタリアニズム的相対主義（≒歴史主義）」という対立構図に絡め取られ、その枠内で理解されてしまう。だが、すでに論定したとおり情報社会とは、〝共同体〟もそれを構成する〝個人〟ももはや明確な輪郭を持ち得ない社会形態であり、そうである以上〝共同体〟や〝個人〟の水準に倫理的多元性を求めることはそもそも当を失している。

ここで想起されるべきは、リベラリズム的な文脈からもコミュニタリアニズム的な文脈からも独立に、技術論的および人類学的な観点から独自の多元倫理を提唱したA・ゲーレンの存在である。ゲーレンは一九五七年に公刊した『技術時代の心』において現代社会を「産業社会《インドゥストリーレ・ゲゼルシャフト》」（industrielle Gesellschaft）と規定した上で、その特性を、①社会の抽象化、と②人間の原始化、との同時進行に見定めている[77]。「社会の抽象化」とは社会が高度な専門分化を遂げることで、機能的に複雑化し、その全体を見渡すことが困難になった結果、〝ブラックボックス〟化——ゲーレンはこれを社会の

「超構造《ズーパーシュトゥルクトゥーア》」(Superstruktur) 化と呼ぶ(78)——してしまう事態である。専門分化を遂げた各領域(医療、法、経済、学問 etc.) は、それぞれ独自の〝合理性〟に基づきつつ、固有の専門〝倫理〟を形成する。形成された各々の〝倫理〟は他領域の〝倫理〟とは依拠する〝合理性〟が異なるために互いに齟齬を来たし得る。したがって、それら全ての諸〝倫理〟を統合する唯一の「倫理」は望むべくもない。こうして本来、社会統合の至上原理であった「倫理」は社会の諸領域に分散化されることになる。

他方で機構に組み込まれて分散化された〝倫理〟との区別における個人的「道徳」は、個々人の心情へと委ねられざるを得ない。このとき「道徳」と「倫理」とは完全に乖離し、前者は客観的で実在的なものから主観的で肆意的な不確かなものへと変じることになる。同じ事態を「人格《パーソン》」(person) の側から記述し直せば、諸人格は各専門領域にリソース(人材)として多重的に包摂され(例えば、医療的には「患者」として、経済的には「消費者」として、法的には「被告」として、学問的には「研究者」として etc.)、そしてその謂わば〝残り滓〟がパーソナルな〝人格〟となる。従来はこの個人的な「人格」が、実在的「倫理」の〈内面化〉である「道徳」の担い手であったが、今や〝人格〟には〝残り滓〟としての空白しか遺されていない。そしてこの空白を埋めるのが主観的で肆意的な〈情動《エモツィオーン》〉(Emotion) である。技術時代における人間の「心《ゼーレ》」はゲーレンに言わせれば〝情動の殻鞘《エモツィオーンスヒュルゼン》〟(Emotionshülsen) に過ぎない(79)。そしてこれこそ、ゲーレンが指摘する「人間の原始化《プリミティヴィズィールンク》(Primitivisierung(80))」の事態である。

ゲーレンは以上のように、倫理の「多元性」の根拠を、技術の社会への全面的組み込みによる産業社会化に応じた「機能的分化《フンクツィオナーレ・ディフェレンツィールンク》」（funktionale Differenzierung）に探り出す[81]。ゲーレンのこの「産業社会」分析による洞察を、現在の「情報社会」の存立構造解明において引き継ぐのがルーマンである。

ルーマンもまたゲーレンと同様、「世界社会」において普遍的倫理を断念する域を越えて、そもそもその存立の可能性を否定する。ルーマンにとって「世界社会」（≒情報社会）とは、「倫理」を頂点に頂くことによって（あるいは「道徳」をすべての成員が〈内面化〉することによって）社会的統合を実現・維持してきた、旧来の「共同体」社会が、「倫理」が占めていた頂点の座を他の諸々の諸領域（政治・経済・学問 etc.）に明け渡すと同時に、階層性《ヒエラルキー》そのものを解体することで初めて成立した多文脈的《ポリコンテクストゥエル》（polykontextuell）な相対性をその本質とするシステムである。そうである以上、社会統合原理としての「倫理」と「世界社会」とは、その存立に関してトレード・オフの関係にあるのであって、両者の併存は原理的にあり得ない。実際、ルーマンの体系に「道徳システム」は存在せず[82]、〈道徳〉のコードである〈尊敬《アハトゥンク》／軽蔑《ミスアハトゥンク》〉（Achtung/Mißachtung）は、他の機能的分化システムに分散化してしまっている。〈道徳〉的〈コミュニケーション〉のコードが、一般にはそう考えるのが妥当だと思われる〈善《グート》／悪《シュレヒト》〉（Gut/Schlecht）ではなく、それぞれの機能的システム内部でのみ通用するシステム固有の価値――〈法・政治的〉価値、〈学問的〉価値、〈経済的〉価値といったルーマン=フェルスター謂うところの〝固有値《アイゲンヴァリュー》〟（Eigenvalue）――を前提した上で、それに適合する形に調整されつつ、システムに〈包摂〉された「人格」に対して適用される、徳倫理学からの流用物としての〈尊敬／軽蔑〉であることにも注意されたい。すなわち、同一の行為、例えば「売れ行きを狙った学術書の執筆」が、経済システムのコミュニケーションにおいては〈尊敬〉に値するものであっても、その同一の行為が学問システムのコミュニケーションにおいては〈軽蔑〉の対象になるが如きであって、「世界社会」においてはシステムの多元性に見合った分だけ、価値の、すなわち倫理の、多元性が存在するのである。

5-6　システムと〈倫理〉

5-6-1　システムによる〈包摂〉と〈排除〉

だが、現在の「世界社会」=「情報社会」に生活するわれわれにとって、倫理の機能的多元化は、言われてみれば極く当たり前の事実であって、事々しく指摘するほどのことではない。むしろ、倫理の機能的多元化の背後で生じている事態に、ルーマンが新たな倫理的領域、倫理的問題系を探り当てていることのほうが重要である。

「世界社会」としての「情報社会」は、法・政治、経済、学問、親密関係、医療 etc. といった各機能的分化システムによって「人格《パーソン》」(person) を多重的に〈包摂《インクルード》〉(include) する。この〈包摂〉された「人格」によって、システムの実体を成す〈コミュニケーション〉という〝演算《オペラツィオーン》〟(Operation) が担われるが、それは有機的〝素子〟の資格においてである。システムの〝演算〟を担う〝素子〟の役目を果たし得る〝素質〟と〝能力〟を有すると評価された「人格」はシステムに〝登録《エントリ》〟

（entry）されることで〈包摂〉されるが、そうでない場合はシステムから〈排除《エクスクルード》〉（exclude）される。システムから〈排除〉された場合、「人格」は剝ぎ取られ、システム〈外部〉の存在である非-人称化された単なる「〈個=孤《インディヴィデュアル》〉人」（individual）[83]、ハイデッガー謂うところの「ヒト《ダス・マン》」（das Man）、或いはむしろG・アガンベン謂うところの〝剝き出しの人間《ホモ・サケル》〟（homo sacer）へと頽落する[84]。もちろん〈排除〉された剝き出しの「孤人《ヒト》」が、ふたたびシステムに〝再《リ》-登録《エントリ》〟されることで「人格」へと復活を遂げる可能性が全く閉ざされているわけではない。だが、ルーマンがいみじくも指摘するとおり[85]、「人格」が或るシステムから〈排除〉された場合、爾余のシステムから連鎖的に排除される傾向が存する（例えば「カード破産」によって、経済システムから〈排除〉された「人格」が信用を失って、政治、教育、親密関係、医療といった諸システムからドミノ倒し式に〈排除〉されて「孤人《ヒト》」へと頽落する場合を考えよ――しかもこの連鎖は「マイナンバー」制度の稼働によって更に助長されるはずである）ことを考えると復活は困難を極める。逆にいま現在システムに〈包摂〉されている「人格」も、いつ「孤人《ヒト》」に頽落してもおかしくない。なぜなら情報社会において「人格」とは――何度も言うが――〈コミュニケーション〉という非-人称的で自動的な〝演算《オペラツィオーン》〟のための〝素子〟として（〈孤人〉との「区別」を通じて）「構成」される存在であり、したがってそれは常に代替可能だからである。

〈コミュニケーション〉という非人称的で自動的な〝演算〟の実行環境であるシステム・リソースとして、「人格」と「ロボット」とはいまや完全に等価な存在になろうとしている。現に、掃除、洗濯といった家事労働や銀行窓口業務（ATM）や発券業務はほぼ「人格」から「ロボット」にリプレースされており、近い将来、移動（自動運転車）やロジスティックス（ドローン）、監視（CCTV）、案内業務一般（ヒューマノイド）がリプレースされることが予想される。そうなれば〈コミュニケーション〉は愈々《いよいよ》「ロボット」によって担われることとなり、「人格」の「孤人《ヒト》」への頽落はますます加速してゆくことになろう。そして、そのとき「人工知能《エー・アイ》」（ＡＩ）は、インターネットによって繋がったロボット群をクラウド上でコントロールするのみならず、〈コミュニケーション〉のプロセスにおいて時々刻々収集されるビッグデータから、〝素子〟としての機能を果たし得るものとそうでないものとを〈区別〉する基準を統計的に割り出すことで、システムからの「人格」の〈包摂／排除〉の決定という機能をも果たす、分散化されたシステム全体の（G・ベイトソンの意味における）〝こころ《マインド》〟（Mind）ともなろう。(86)

ただし、〈排除〉は実際にはシステム〈外部〉への追放を意味しない。なぜなら「世界社会」＝「情報社会」というシステム、の〝実体〟というよりシステムそのものである〈コミュニケーション〉に〈外部〉は存在しないからである。すなわち、「世界社会」＝「情報社会」で生じる「出来事《エアアイクニス》」（Ereignis）はすべて再び〈コミュニケーション〉へと連れ戻され、そこに回収されざるを得ない。つまり、システム〝外部〟の〈孤人《ヒト》〉であっても、コミュニケーションの〝素子〟ではあるのであって、ただ、そのコミュニケーションが何らの機能的分化システムにも寄与しないという意味において社会システムから〈排除〉されているわけである。したがって〈排除〉もまたシステム〝演算《オペレーション》〟の一環であり、〈排除〉領域とは実のところ、「人材」のプールや再利用や廃棄によって〝演算素子〟の調整を行う〝バッファー〟として、システム〈内部〉に創設された〝外部〟に過ぎない。〈排除〉はシステム〈内部〉における〝外部〟化であり、したがって〈包摂〉はシステム〈内部〉での更なる〝内部〟化である。

こうしたシステム境界の二重化によって「人間」はシステム・リソースという観点から「人格《パーソン》」と「孤人《ヒト》」とに二分され非-対称化される。「脳死状態」は医療システムにおける、「非正規雇用」は経済システムにおける、「不法滞在移民」は法・政治システムにおける、「不登校」は教育システムにおける、それぞれ〈排除〉の実例である。重要なことは、〈排除〉によるこうした「人格《パーソン》」の「孤人《ヒト》」化が、「人間」の多元化や多様化といった「価値」レベルの〈区別〉ではなく、生存や生活に関わる絶対的な断絶である点である。すなわちシステムから〈排除〉された者は、「生活」や場合によっては「生存」の権利を保証されない。なぜなら、それは「人格《パーソン》」ではないからである。システムから「人格」であることを否定された結果として「孤人《ヒト》」となっている以上、もちろんこれは「トートロジー」である。だが、このトートロジーは、「データ」によって正当化される。システムからの〈排除〉は何ら肆意によるものではない、それは〝客観的〟なデータを統計的に処理した結果として合理的に算出されたのであり、そうなることを回避する選択もあり得た以上〈個=孤〉人の〝自己責任〟の範囲内ともいえる等々……といったロジックに抗弁することは難しい。また抗弁したところで、システムによる〈包摂/排除〉というオペレーションが已《や》むことはない。

誤解して欲しくないのだが、われわれはハーバマスの流儀を踏襲しつつ「生活世界」という地盤から、「システム」の〝内部植民地化〟の告発を目論んでいるわけではない。「システム」としての「世界社会」=「情報社会」の存在は、われわれにとって所与の事実であると同時に議論の前提なのでもあって、「システム」とはそもそも〈批判〉したからといって消えてなくなるような性質《たち》のものではない。また、「システム」の〈外部〉に「生活世界」という絶対的基盤があって、そこを〈批判〉の拠点に据えるという素朴な発想をもわれわれは採り得ない。なぜなら「生活世界」もまたわれわれの見地からは「システム」であり、両者は対立関係を構成するような存在ではあり得ないからである。

　われわれはむしろハーバマスが、そして理論的地平を共有するロールズもまた、コミュニケーションの対称性、あるいは「人格」相互の対等性を自明視している点を見咎めたい。ハーバマスもロールズも、自らが依って立つ地平（「生活世界」あるいは「市民社会」）を堅固な〈地盤〉であるとみなし、それが「システム」であることに気づかないがゆえに、その〈外部〉が見えない。すなわちシステムに〈包摂〉された権利的に同格な「人格」しか彼らの眼には入らない。彼らが等しく想定する、システム内部に〈包摂〉された諸「人格」が取り結ぶ〈関係の対等性〉、〈コミュニケーションの対称性〉の思想的表現が、「公正としての正義」（ロールズの場合）であり、「理想的発話状況」（ハーバマスの場合）に他ならない。だが、実際にはシステムには〝外部〟があり、そこから〈排除〉された「孤人《ヒト》」が存在する。そして、システム〈内部〉の「人格《パーソン》」と〝外部〟の「孤人《ヒト》」との関係は何ら対等でも対称的でもない。ハーバマスやロールズのようなプラグマティズム的リベラリストが〈関係の対称性〉を〝倫理的原理〟として強弁できるのは、彼らが偏《ひとえ》に自らが依って立つ地盤（すなわち「アメリカ的リベラリズム」）の自明性に安らぎ、それを境界を持った「システム」として見ようとしない、したがって「システム」の〝外部〟が視界に入らないからである[87]。

　一方、プラグマティズム的リベラリズムが、ミニマムな一元的価値（アメリカ的リベラリズム）で「世界社会」を染め上げることに腐心する（したがってこのミニマム価値の〝外部〟は存在し得ない代わりに、ミニマム価値を受け容れれば爾余の価値については〝多様〟な選択と選好の〝自由〟が許容される）のとは違って、伝統主義は、システムを地縁的共同体の水準において理解することで、システムの相対性を、したがって自文化の歴史的・地域的な相対性をすすんで認める。ここから伝統主義の二つの帰結が導かれる。第一はシステムの〝外部〟、すなわち自文化と異なる価値共同体の存在、の承認である。ただし、これは「世界社会」という唯一のシステムが存在することの否認――すなわち「諸社会」（societies）の容認――とのトレード・オフにおいて行われる。第二は、すでに指摘したようにシステムとしての共同体の〝内部〟では価値の多元性は認められず、価値の一元化が貫徹されること。したがって「人格」は一元的価値の尺度に照らしつつ、その価値実現の達成度、すなわち「卓越性《アレテー》」（ἀρετή）が各人について測られることになる。ここにプラグマティズム的リベラリズムとは異なり、「人格」の非対称性を主張する「徳倫理《ヴァーテュー・エシックス》」が伝統主義の枠内で唱えられる理由がある[88]。したがって伝統主義は、「人格」における関係の非-対称性を倫理説として積極的に主張することができる。

だが、ここで留意が必要なのは、徳倫理における「人格」の非-対称性が、やはりシステム〝内部〟にしか射程が及んでおらず、しかもそれが〈強者〉を規準としたヒエラルキカルな階層倫理である点である。換言すれば、この立場にとってシステムの〝外部〟は、「倫理」適用の埒外、〝人外境〟ということにならざるを得ない。すなわち、この立場が主張する関係の非-対称性は、下手をすると人種主義《レイシズム》や優生主義に繋がりかねない性《たち》のものである。

5-6-2　新たな「正義」ともう一つの多元倫理の可能性

「正　義《ディカイオスユネー》」（δικαιοσύνη）という観点から改めて事態を眺め直すとき、プラグマティズム的リベラリズムにおける「正義」は、各「人格」の〝スタートライン〟（原初状態《オリジナル・ポジション》）における資源割当の「平等」の実現を主張するアリストテレスに所謂「配分的正義」に該当し、伝統主義における「正義」は、共同体的義務の例外なき履行を求めるやはりアリストテレスに所謂「一般的正義」に当たる。問題は、一見相違があるようにみえて、実は両者ともに「正義」の及ぶ範囲を――ちょうどアリストテレスがその範囲を「ポリス」国家〈内部〉に限定したように――システム〈内部〉に限定することで、同じ〝スタートライン〟に立てない、あるいは共同体的価値を共有しないシステム〝外部〟の〈他者〉を予め倫理的主体として〈排除〉している点である。

だが、現在の「世界社会」＝「情報社会」にあっては、システム〝外部〟の〈他者〉が、〈包摂／排除〉の〈区別〉を介した「人格」から「孤人《ヒト》」への頽落によって構造的に（ということは実はシステム〈内部〉で）不断に生み出されている。とすれば、「世界社会」＝「情報社会」における倫理的課題は、システム〝外部〟へと〈排除〉されることでシステムの駆動の持続を担っている（したがって実はシステム〈内部〉で再生産されている）〈他者〉としての（「人格」とは〈区別〉された）「孤人《ヒト》」を倫理的主体として捉え直すこと、倫理的主体の概念的拡張でなければならない。

すでにその兆候がいくつかの倫理説に窺える。出産・育児・介護・看護といった主に医療を中心とするケアの場面において、医師サイドで要請される規範的で普遍的な「公正」の倫理に対抗する形で、ケア現場の当事者サイドから提起された「ケア倫理」(care ethics)は、医療システムの〝外部〟へと〈排除〉された――「人格」以前の、あるいは「人格」を剝ぎ取られた――〈他者〉の〝異なる《ディフェレント・》声《ヴォイス》〟(different voice)に耳を澄ます、文脈依存的《コンテクスチュアル》(contextual)で個別化された《パーソナライズド》(personalized)「責任」と「配慮」の倫理を提唱する。[89] ここには、システム境界によって隔てられた人間における「関係の非-対称性」への明確な認識がある。留意を要するのは、徳倫理が同じく「関係の非-対称性」を強調してはいても、それが結局はシステム〈内部〉における〈強者〉を頂点とした階層を予想するのに対して、ケア倫理がシステム〝外部〟の、積極的な主張や発言を封じられた〈他者〉の〝声〟を掬い上げようとする――誤解を懼《おそ》れずに言えば――〈弱者〉の倫理である点において、(ケア倫理がともすれば徳倫理の一分肢として解される傾向があるにもかかわらず)両者は本質的に異質であることである。

一方、レヴィナスの倫理思想は〈顔《ヴィザージュ》〉(visage)として現れてくる〈他者〉の〝命令〟に対する「〈応答〉責任《レスポンサビリテ》」(responsabilité)を主張の根幹に据える。このとき見逃せないのはレヴィナスが〈他者〉を、すべてを併呑して閉じた〈全体《トタリテ》〉(Totalité)と化そうとするシステム(=私)の〝外部〟にあって、汲み尽くそうにも汲み尽くし得ない、恒にシステムの〝残余〟として立ち現われてくる〈無限《アンフィニ》〉(Infini)として捉えようとしていることである。そこでは、〈私〉と〈他者〉との関係が、〈全体〉と〈無限〉という相容れることのない根源的な非-対称性と重ね合わされながら理解されている。[90]

右の二例はいずれも、これまで倫理の適用外であったシステム〝外部〟の〈他者〉を、倫理的主体として捉え直そうとする試みであるが、われわれが注目したいのは、ケア倫理の〝声〟やレヴィナスの〈顔〉に呼応し応答するかたちで、ルーマンとデリダが「正義」の新たなあり方を示唆していることである。

ルーマンのシステム論の枠組みに依拠するならば、システムはその〈内部〉に、更なる〝内部〟と〝外部〟とを設定することで〈コミュニケーション〉という〝演算《オペラツィオーン》〟を担う〝素子〟（＝「人間」）の〝バッファー領域〟を創り出し、そこにそれぞれ「人格《パーソン》」と「孤人《ヒト》」とを割り振るのだった。そしてその際システム〈内部〉において〝内部〟と〝外部〟の〝線引き《ディマーケイション》〟（demarcation）を行うのはシステムの「構造」に属する〈プログラム〉――具体的には個々の「政策」や「法」――の役割である。ルーマンにとって「正義《ゲレヒティヒカイト》」（Gerechtigkeit）とは、現行の〝線引き〟すなわち〈プログラム〉が「別様にもまたあり得る《アオホ・アンダース・メークリヒ・ザイン》」（auch anders möglich sein）ことの〈観察《ベオバハトゥング》〉（Beobachtung）――精確には、システムによる〈自己観察《ゼルプストベオバハトゥング》〉（Selbstbeobachtung）――である。これは換言すれば、システムが、自らが産み出したその〝外部〟（〈外部〉、すなわちシステム〈環境〉ではないことに注意せよ！）によって、自らのパラドックス的状況に直面・対峙を余儀なくされ、自らの構造変容を迫られる、という事態である。ルーマンはこうした事態をシステム「構造」の「偶発性定式《コンティンゲンツフォルメル》」（Kontingenzformel）と呼び、これをシステム論の枠組みにおける「正義」として位置づけるのである。[91] つまり、〝演算〟不能なパラドキシカルな例外的事例に直面することで、システムが現行の「構造」の限界に〝気づき〟その更新を余儀なくさせられることが、システム論の枠組みにおける「正義」の内実をなす。

ほぼ同様の考えをまたデリダも表明している。デリダはシステム〝内部〟における〝演算《キャルキュラーブル》〟可能

(calculable) ではない、すなわち〈不可能なもの《ランポッスィーブル》〉、の「経験」(expérience de l'impossible) を「閉塞路《アポリ》」(aporie) と呼ぶのだが、これはルーマンがシステム「構造」におけるパラドックス的状況として特徴づけた同一の事態のデリダ的〝異文《ヴァリアント》〟とみなし得る。デリダはこのような事態の生起を確認したうえで、「正義《ジュスティス》」(justice) を「経験し得ないものの経験」「演算不可能なものについての演算要求」として規定する。これは取りも直さず、現下のシステム「構造」下では扱うことができないシステム〝外部〟由来の「アポリア」に機縁づけられた、システムが「別様にもまたあり得る《アオホ・アンダース・メークリヒ・ザイン》」ことの洞察、そしてそれに基づいたシステム「構造」の〈脱構築《デコンストリュクスィオン》〉(déconstruction) の実践に他ならない[92]。「正義」に関するデリダの惹句、「脱構築の可能性としての正義《ラ・ジュスティス・コム・ポスィビリテ・ド・ラ・デコンストリュクスィオン》」(La justice comme possibilité de la déconstruction)[93] あるいは「脱構築は正義である《ラ・デコンストリュクスィオン・エ・ラ・ジュスティス》」(La déconstruction est la jus-tice)[94] は、こうした思想水準において受止められなくてはならない。

　またデリダもルーマン同様、「法《ロワ》」(loi) システムの文脈で、「暴力=権力《ゲヴァルト》」(Gewalt) との関連において「正義」を導入している[95]。だが、「亡霊《スペクトル》」(spectre)、「友愛《アミティエ》」(amitié)[96]、「贈与《ドネ》」(donner)[97]、「歓待《レポーンドル》」(répondre)[98]、「獣《ベット》」(bête)[99] といった後期から晩期にかけてのデリダの思索において要《かなめ》の位置を占めるこれらのメタ概念群が、法・政治、経済、親密関係といった諸機能システムの〝外部〟によって顕在化・主題化され、既存システムの「構造」に揺さぶりをかけ亀裂を入れることで、その「脱構築」を迫る働きをする点で、「正義」と同じ問題系に属しており、またしたがって多分に倫理的・実践的な含意をも共有していることに気づく必要がある。しかも、その実践はルーマン=アリストテレス的な「観照《テオーリア》」(θεωρία) の次元には留まり得ないし、またそれは人間的個人の心理的な水準における単なる「道徳」の次元をも踏み越えていかざるを得ない。すなわちそれは超越論的《トランスツェンデンタール》(transzendental) で永続的な、システムの——デリダその人は、〈差延《ディフェラーンス》〉(différance) ＝〈散種《ディセミナシオン》〉(dissemination) の立場からシステムの〝実体〟化・〝主体〟化を拒否するだろうが、事態に即するとき、その——不断の〈自己超越〉の運動となる。

ルーマンが、システムの〈自己超越〉を果たした逸脱的〈コミュニケーション〉が、再びシステムへと〈帰-入《リ・エントリ》〉(re-entry) し、そこに〈再-登録《リ・エントリ》〉されることで、システム〝内部〟へと再度回収されるといった、システムの〈自己超越〉における固着化すなわち〈自己〉同一性の側面を強調するのに対し、デリダは、逸脱的〝演算〟の固着的システムに対する「構造」〈解体⇓懐胎〉的側面、すなわち〈超越〉の側面を強調する、という強調点の相違はあるが、間違いなく両者は、「情報社会」＝「世界社会」の核芯をかたち作っている同一のメカニズムを見ており、そこに理論的照準を合わせている。その意味において、ルーマンとデリダの所説は同じメダルの裏表の関係にある。

ルーマンとデリダが剔抉《てっけつ》したこの事態において見逃せないのは、現行システムが、システムの「別様でもあり得た《アオホ・アンダース・ザイン・ケンテ》」(auch anders sein könnte) 他の潜在的様態の一項として相対化されることによって新たな多元性の領野が浮かび上がってくることである。逆に言えば、現行システムが、非（未）実在的なシステムと並立するシステムの一つのあり方に過ぎない、多元性の或る「偶発態」《アイネ・コンティンゲンテ・フォールム》(eine kontingente Form) として捉え返されることである。

ただしシステムが常に「別様でもあり得る《アオホ・アンダース・メークリヒ・ザイン》」とわれわれが言うとき、それは分析哲学においてしばしば登場する「可能世界意味論《ポッシブル・ワールズ・セマンティックス》」(possible worlds semantics) や「様相実在論《モーダル・レアリスム》」(modal realism）の如きSF紛《まが》いの荒唐無稽な主張や、昨今の〝思想界〟のトレンドともなっている、ベルクソン＝ドゥルーズの系譜の延長線上に出現した「思弁的実在論《スペキュラティヴ・レアリズム》」（speculative realism）という名の哲学ファンタジー[100]とは寸毫の類似もないことに注意されたい。伝統主義的多元倫理の流儀でシステム〈外部〉に別のシステムを見出し、それらを多元性の項として実体化することは、その〈外部〉的存立体が実在世界に属するリアルなコミュニティであろうと、あるいは並行世界の可能的なヴァーチャル・コミュニティであろうと断じて不可である。なぜなら情報社会においては「世界社会」という唯《ただ》一つのシステムが存在するのみであり、しかも社会が〈コミュニケーション〉の連鎖的接続の別名である以上、その〈外部〉は原理的に存在し得ないからである。

　われわれが、ルーマン＝デリダとともに指摘したいのは、「情報社会」＝「世界社会」が構造的に再生産せざるを得ないシステム〝外部〟（〈外部〉ではなく）の〈他者〉＝「孤人《ヒト》」への倫理的関与のみがシステムの多元性をその都度抉《こ》じ開け、開示してゆくという事態の成り立ちであり、システムの倫理的な存立構造である。ここにおいて「倫理」の問題次元は、「人間」ないし「共同体」から〈システム〉へと移される。

　一方、右のような構造に着目するとき、「システムは拡大している」と考えたくなるかもしれない。だが、決して冒頭でわれわれが批判的に検討した「情報倫理」というディシプリンにおける〈方針の空白《ポリシー・ヴァキュウム》〉を梃子とした「制度」の支配領域の漸進的で連続的な拡張過程《プロセス》（アメリカの西部開拓！）としてそれをイメージしてはならない。そうではなく、それはシステムの倫理的〈自己超越〉＝〈脱構築〉の度毎に「断絶」の〝痕跡《トラス》〟（trace）をシステムに刻み込んでゆく、したがって「拡大」というよりはむしろ、非連続的プロセスとしての「変態《メタモルフォーゼ》」(Metamorphose)である。なればこそ倫理的「多元性」をそれは構成する。すなわち、「多元性」とは、システムにとっての所与ではなく、システムの〈自己超越〉=〈脱構築〉の効果なのである。あるいは、倫理は常にシステムの〝外部〟から到来する、そう言ってもよい。

繰り返せば、システムの駆動と進化は、システムが産み出した自らの〝外部〟への倫理的関与によって水路づけられるのであり、その意味においてレヴィナスの場合とはまた異なった水準において以下の立言が妥当する。すなわち「情報社会においては、存在論や認識論が、ではなく、倫理学こそが〈第一哲学《プローテー・ピロソピア》〉(Πρώτη φιλοσοφία)の地位を占める」。情報社会において〈倫理〉は「可能」どころか、逆に〈倫理〉こそが情報社会の「可能性の条件」なのである。

注

(1) インターネットの登場初期にユーザーがしばしば自称した「Netizen《ネティズン》」(net＋citizen)——日本ではこれが「智民」と訳された——という言葉には、まだ少数派であったネットユーザーの過剰な自意識、先覚者意識に裏打ちされた選良的倫理観が端なくも顕われている。

(2) Moor, J. H., "What is Computer Ethics?", in *Metaphilosophy* 16 (4), 1985, 266–275.

(3) もちろん、初期アメリカのJ・ミューアによるロマン主義的な自然保護思想やA・レオポルドの「土地倫理」などにまで系譜を遡ることは可能であるが、ここでは、一九六〇年代末のR・カーソン『沈黙の春』(Carson, R., *Silent Spring*, Houghton Mifflin, 1962)、L・ホワイト「生態学的危機の歴史的根源」(White, L., "The historical Roots of Our Ecological Crisis," in *Science* 155, 1967, pp. 1203–1207)などの登場を機に問題が世界規模で共有された一九七〇年代〜八〇年代を「環境倫理」のディシプリンとしての確立期と考えたい。

（4） 日本において「生命倫理」と呼び慣わされているディシプリンは、すでに「環境倫理」の場合と同じ一九七〇年代にアメリカで「バイオエシックス」（Bioethics）として成立をみている。この背景には、医療技術の進展によってこの時期に顕在化した諸問題——人工透析治療のような高度医療資源の配分格差、心臓移植のドナーをめぐる新たな死の基準、延命措置の是非や人体実験、保守的なキリスト教倫理に抵触する人工妊娠中絶——が存在している。だが、ヒトゲノムの全塩基配列解読完了と軌を一にする形で「生命倫理」の問題は、一九九〇年代に新たな局面を迎えたとわれわれは捉えたい。この新たな段階において「生命倫理」は、個別的な事例に即した「当事者」の情緒や信条に依拠した判断の域を超え、遺伝子治療、出生前診断、着床前診断といった先端医療技術の高度化に促される形で、「生命」とはそもそも何なのか、という一層根源的な問いに多角的な視点から立ち向かうことを余儀なくされた。最近では例えば、小松美彦、香川知晶らによる『メタバイオエシックスの構築へ——生命倫理を問いなおす』（ＮＴＴ出版、二〇一〇）などにそうした問題意識が認められる。

（5） Merton, R. K., *Social Theory and Social Structure: Toward the Condition of Theory and Research*, 1949.（邦訳『社会理論と社会構造』みすず書房）

（6） 一九四〇年代のレオポルドの「土地倫理」にすでにこうした発想の萌芽が認められる一方で、一九七〇年代に功利主義倫理を標榜するＰ・シンガーによって提唱され話題を呼んだ「動物倫理」は、動物の〝権利〟擁護を謳う倫理的革新の装いに反し、デカルトの「意識中心主義」を自説の軸に据えることで実は、極端な人間中心主義・理性中心主義に陥っており、むしろ思想的な退歩がみられる。つまり、「植物状態」の〝人間〟や「脳死状態」の〝人間〟よりも、「人間」と心を通わせ合えるペットのほうが、「意識」の水準において、より「正常な人間」に近い、したがって生存の優先度も高い、と彼は考えるわけで、これは思想史的にみてデカルトの枠組みを墨守し先端医療を追認するだけの倫理的反動以外のなにものでもない。

（7） 特に、Ｍ・トゥーリーの「妊娠中絶」に関する問題提起に端を発し、功利主義倫理を奉ずるＰ・シンガー、医療倫理のH・T・エンゲルハートらによる「意識中心」的な〈人格《パーソン》〉（person）の定式化を経て、「意識」性とは異なる次元に〝人格〟の基盤を求めていこうとする「人格の複合理論」のM・クヴァンテや「ペルソナ」論の森岡正博らの試みへと繋がっていく、所謂「パーソン論」（ただし、その批判も含む）の分野にその成果が看取できる。Tooley, Michael, "Abortion and Infanticide," *Philosophy & Public Affairs*, Vol. 2, No. 1, 1972.（邦訳「妊娠中絶と新生児殺し」『妊娠中絶の生命倫理』勁草書房）、Singer, Peter, *Practical Ethics*, 1993.（邦訳『実践の倫理』昭和堂）、H. T. Engelhardt, Medicine and the Concept of Person, in *Ethical Issues in Death and Dying*, 1977.（邦訳「医学における人格の概念」『バイオエシックスの基礎』東海大学出版会）Quante, Michael, Person, 2007.（邦訳『人格』和泉書房）、森岡正博「パーソンとペルソナ」『人間科学：大阪府立大学紀要』5、2010、を参照。

（8）Stallman, R., GNU Manifesto. *Dr. Dobb's Journal of Software Tools*, Vol. 10, No. 3, 1985.

（9）Lessig, L., *The Future of Ideas: the Fate of the Commons in a Connected World*, Random House, 2001.（『コモンズ――ネット上の所有権強化は技術革新を殺す』翔泳社）

（10）Torvalds, L., & Himanen, P., *The Hacker Ethic: A Radical Approach to the Philosophy of Business*, Random House, 2002.（『リナックスの革命――ハッカー倫理とネット社会の精神』河出書房新社）

（11）Winner, L., "Cyberlibertarian Myths and the Prospects for Community," in *Computers and Society*, September, 1997.

（12）われわれは後に両者を概念的に区別する予定であるが、差し当たり本節ではいちいち言割ることなく両者を使い分ける。

（13）一九世紀半ばから二〇世紀初頭にかけて、立場を異にする哲学諸派が、「道徳」的対象のこうした特性を一致して認めている。分析哲学では「直観主義」を採るG・E・ムーア、現象学派では「実質的価値倫理学」のM・シェーラー、新カント派では「価値哲学」のH・リッケルト、グラーツ学派では「対象論」のA・マイノング、そして新実在論のN・ハルトマン、社会学ではE・デュルケームが、文脈と理論枠組みの相違を超えてほぼ同様の認識に至っている。

(14)「価値」的対象の二面性に関しては、Rickert, H., *Der Gegenstand der Erkenntnis: ein Beitrag zum Problem der philosophischen Transcendenz*, 1892.（邦訳『認識の対象』岩波書店）を参照。

(15) Hegel, G. W. F., *Grundlinien der Philosophie des Rechts*, 1820. §142.

(16) Mandeville, B., *The Fable of the Bees*, 1714.（邦訳『蜂の寓話——私悪すなわち公益』法政大学出版局）

(17) Smith, A., *The Theory of Moral Sentiments*, 1982.（邦訳『道徳感情論』講談社）。スミスの「共感《シンパシー》」（Sympathy）が、師ハチスンの「道徳感覚《モラル・センス》」（moral sense）や「仁愛《ベネヴォレンス》」（benevolence）に窺える宗教的コノテーションを免れており、むしろ「公平な観察者《インパーシャル・スペクテイター》」（impartial spectator）の見地からする他者との「立場の交換」（他者の立場に身を置いてみること）によって成立する、合理的（=利己的）相互行為メカニズムを含意するものである点に注意。先輩格であるヒュームの「共感」もスミスのそれに近い（Hume, D., *Treatise of Human Nature*, 1978.）。ルーマンなどは、スミスの「共感」にG・H・ミードの所謂「他者の態度取得《テイキング・ズィ・アティテュード・オブ・ズィ・アザー》」（taking the attitude of the other）の先取を嗅ぎとるほどなのである（Luhmann,N., “Ethik als Reflexionstheorie der Moral”, in *Gesellschaftsstruktur und Semantik, Band 3*, 1989）。

(18) Kant, I., *Kritik der praktischen Vernunft*, 1877.

(19) Bentham, J., *An Introduction to the Principles of morals and Legislation*, 1789.（邦訳『道徳と立法の諸原理序説』中央公論社）J・S・ミルやH・シジウィックの倫理説もまたこうした系列のリファインされたヴァリアントである。

(20) これは、それまでは宗教的な〝彼岸〟の次元で「神」との関係においてのみ問題とされた——したがって、「弁神論《テオディツェー》」（Theodizee）による説明の対象とはなっても人為的には如何ともし難かった——〈善／悪〉が、「道徳哲学」の登場によって〝此岸〟での人間の相互関係の次元における問題へと世俗化された（したがって人為的コントロールの対象となる）ことで〈善／悪〉が彼・此それぞれに分裂化的に二重化を遂げた、ことをも意味する。

(21) もちろん以下に示す議論で「区別」の全ゆるヴァリエーションが尽くされるわけではない。にもかかわらず以下の三者による議論はわれわれの今後の考察にとってとりわけ重要な「区別」である。

(22) Hegel, G. W. F., *Phänomenologie des Geistes* (1807) IV. Die Wahrheit der Gewißheit seiner selbst.

(23) *Ibid*, III. Kraft und Verstand, Erscheinung und übersinnliche Welt.

(24) 和辻哲郎『人間の学としての倫理学』(一九三四、岩波書店) 第一章 一、同『倫理学』(一九三七、岩波書店) 序論第一節「人間の学としての倫理学の意義」、同『日本倫理思想史』(一九五二、岩波書店)「緒論」をそれぞれ参照せよ。

(25) 同『倫理学』第四章第五節「国民的当為の問題」を参照のこと。

(26) Luhmann,N., "Ethik als Reflexionstheorie der Moral", in *Gesellschaftsstruktur und Semantik, Band 3*, 1989. (邦訳「道徳の反省理論としての倫理学」『社会構造とゼマンティク3』法政大学出版局) これは、もはや「共同体」に即して「倫理」を論じることが叶わぬ情報社会において〈倫理〉を如何に規定するか、という問いに対するルーマンなりの一つの回答とみなせる。分析哲学の〈規範倫理/メタ倫理〉の区別に近くはあるが、ルーマンの場合には語用論的な区別というよりも、〈システム内部での妥当/システム外部からの観察〉という区別との連動が枢要なモメントとして欠かせない。

(27) Ebenda.

(28) 本書序章0-3-1小節を参照。

(29) もちろん、第三章の末尾 (3-2-4小節) で指摘したとおり、アリストテレスに倣いつつ観想的な「〈認知=理論〉的活動《テオーレーティケー》」(θεωρητική) をも「実践」に算入するのであれば、ルーマンの区別も十分に実践的含意を持つが、この文脈においては〝威力行使〟的な〝政治的〟水準におけるそれを想定している。

(30) マスメディアの誕生を二〇世紀、遡っても精々一九世紀半ばとみる筆者の見解の権利づけは拙著『「情報社会」とは何か?』第二章「マスメディアと最初の〝情報社会〟」を参照。

(31) Cooley, C. H., *Social Organization: a Study of the Larger Mind*, 1909 (邦訳『現代社会学大系 4 社会組織論』青木書店) Wallas, G., *The great Society*, 1914 (邦訳『社会傳統論』文明協会事務所) Dewey,

J. *The Public and its Problems*, 1927（邦訳『公衆とその諸問題』みすず書房）

（32）〈メディア〉論はトロント大学在籍者を中心に形成されたトロント学派、具体的にはH・イニス、E・A・ハヴロック、M・マクルーハン、W・オング、さらにはその衣鉢を継いだF・キットラーによって展開された。詳しくは拙著『〈メディア〉の哲学――ルーマン社会システム論の射程と限界』（NTT出版、二〇〇六）を参照。

（33）この点については、本書の序章も参照。

（34）アーミッシュについては、Kraybill, D. B., *The Puzzles of Amish Life*, Good Books, 1990（邦訳『アーミッシュの謎――宗教・社会・生活』論創社）、*The Amish of Lancaster Country*, Stackpole Books, 2008（邦訳『アーミッシュの昨日・今日・明日』論創社）を参照。また、アーミッシュ、メノナイト、ハテライト（フッター派）、プリマス・ブレズレン（キリスト集会）を含むプロテスタント少数派全般については同じ著者による*Concise Encyclopedia of Amish, Brethren, Hutterites, and Mennonites*, Johns Hopkins Univ. Pr., 2010を参照。

（35）この概念はもちろん、カント研究からそのアカデミックなキャリアを開始した社会学者G・ジンメルの有名な、そして優れてカント的な「如何にして社会は可能か？」（Wie ist Gesellschaft möglich?）という問いとそれへの彼自身の回答として提案された三つの「社会的アプリオリ」（Simmel, G., "Exkurs über das Problem: Wie ist Gesellschaft möglich?", in *Soziologische Untersuchungen über die Formen der Vergesellschaftung*, 1908）、およびやはり著名なカント研究者でもあるオーストロ・マルクス主義者のM・アドラーがカント認識論とマルクス主義とを接合する中で編み出した概念である「社会アプリオリ」（das Sozialapriori）の系譜を引き（Adler, M., *Das Rätsel der Gesellschaft: Zur erkenntnis-kritischen Grundlegung der Sozialwissenschaft*, 1936）、またそれらの学的伝統を踏まえている。ただし、彼らの概念が孰れも「主観性の形式」というカント元来の心理主義的バイアスに引き摺られる傾向があるのに対し、われわれの「社会的ア・プリオリ」（das soziale Apriori）は、「人間」の認識形式や「人間」の相互関係の形式といった含意からは一切自由である。なぜなら第三章で論定したとおり社会システムは、「人間」

から成るシステムではなく、飽くまでも非-人称的な〈コミュニケーション〉の連鎖的接続が構成するシステムだからである。

(36) 前章で取り上げた「シンギュラリティ」は、こうした「甘美な夢想」の劣化・堕落した一形態である。

(37) 拙著『「情報社会」とは何か?』第二章「マスメディアと最初の〝情報社会〟」2-26を参照。

(38) Thomas, W. I. & Znaniecki, F. W., *The Polish Peasant in Europe and America. Monograph of an Immigrant Group*, 1918-1920（邦訳『生活史の社会学――ヨーロッパとアメリカにおけるポーランド農民』お茶の水書房）

(39) Cooley, C. H., *Social Organization: a Study of the Larger Mind*, 1909.（邦訳『現代社会学大系 4 社会組織論』青木書店）

(40) MacIver, R. *Community*, 1917.（邦訳『コミュニティ――社会学的研究：社会生活の性質と基本法則に関する一試論』ミネルヴァ書房）

(41) Park, R. E., Burgess, E. W., & McKenzie, R. D., *The City*. Chicago, 1925.（邦訳『都市化の社会学』誠信書房）

(42) この点については、すでに序章でも論じた。

(43) 〈放《ブロード・》-送《カースト》〉の概念規定については前掲拙著『「情報社会」とは何か?』第三章3-10を参照。

(44) この点についての詳細は第三章のSNS分析を想起されたい。

(45) 本書第三章3-2節。

(46) もちろん、この場合テンニースの古典的対立を読み込んで「社会《ゲゼルシャフト》」を、共通の目的を有する者たちからなる結社の拡大版の流儀で、すなわちいわゆる「利益社会」と解してもならない。

(47) Luhmann, N., "Die Weltgesellschaft", in *Archiv für Rechts- und Sozialphilosophie* 57, 1971.

(48) インターネット登場に先立つテレビメディアにおいてすでに空間的纏縛性の弛緩を指摘する論者もある。例えば以下を参照。Meyrowitz, J., *No Sense of Place: The Impact of the Electronic Media on Social Behavior*, Oxford University Press., 1985（邦訳『場所感の喪失――電子メディアが社会的行動に及ぼす

影響』新曜社）

（49） 拙著『「情報社会」とは何か？』第三章「二重化された社会」3-24を参照。また、Latour, B., "Gabriel Tarde and the End of the Social", in *The Social in Question. New Bearings in History and the Social Sciences*, 1999, pp. 117-132. も参照のこと。

（50） インターネットにおいて「人格」的な同一性の〝ブレ〟が生じる事態を早くから指摘し警告を発したのはS・タークルである。Turkle, S., *Life on the Screen: Identity in the Age of the Internet*, 1995（邦訳『接続された心——インターネット時代のアイデンティティ』早川書房）近年、彼女はインターネットがもたらす「繋がることへの強迫」による自我喪失の問題に関心を移している。Id., *Alone Together: Why We Expect More from Technology and Less from Each Other*, Basic Books, 2012.

（51） この点については拙著『「情報社会」とは何か？』第三章「二重化された社会」における村上春樹の小説『1Q84』の解読を軸にした拙論も参照されたい。

（52） Habermas, J., *Moralbewußtsein und kommunikatives Handeln*, Suhrkamp Verlag, 1983（邦訳『道徳意識とコミュニケーション行為』岩波書店）Id., *Erläuterungen zur Diskursethik*, Suhrkamp Verlag, 1991（邦訳『討議倫理』（法政大学出版局）を参照。もちろん、ハーバマスその人が「電子的公共圏」の議論を実際に展開しているわけではないが、ハーバマスの所説がいわゆる「電子民主主義」と親和性を持つことは以下に挙げた議論からも明白である。Ess, C., "The Political Computer: Democracy, CMC, and Habermas", in *Philosophical Perspectives on Computer-Mediated Communication*, State Univ of New York Pr., 1996. Tsagarousianou, R., "Back to the Future of Democracy? New Technologies, Civic Networks and Direct Democracy in Greece", in *Cyberdemocracy: Technology, Cities and Civic Networks*, Routledge, 1998. また吉田純『インターネット空間の社会学——電子ネットワーク社会と公共圏』（世界思想社、二〇〇〇）も参照のこと。

（53） プロセスに倫理を見るわれわれの観方については本章最終節を参照。ただしわれわれはハーバマスの如くプロセスを〝内部〟的「手続き」とは考えない。それは常に〝外部〟からもたらされる。

(54) フェルスターの「多様性《ダイバーシティ》」(diversity) 倫理は政治的なアングルから見たときには、後に検討する「多元性《プルーラリズム》」(pluralism) の倫理と重なり合う部分も多いのだが、ここでは〝普遍〟的な倫理上の原理を求める立場として多元性倫理との差別化をひとまず図っておきたい。フェルスターの「多様性の倫理」の焦点は、「情報」の観点からする「差異《ディフェレンス》」(difference) の最大化にある。ベイトソンの「情報」(information) の定義「差異を生み出す差異」(a difference which makes a difference) からも分かるように、〈情報〉(ただし「情報科学」的な次元のそれ) の実体は「差異」である。フェルスターの倫理の本義はしたがって、「情報」の〈創造〉にあるといえ、その意味で、次に取り上げるフロリディの、情報エントロピーの減少を倫理的原理として立てる立場と思想的に実は近い。

(55) フェルスター倫理説の概要については以下を参照のこと。Foerster, H. von, "Ethics and Second-Order Cybernetics", in *Systèmes, Ethique, Perspectives en théapie familiale*, 1991. および *KybernEthik*, Merve, 1993.

(56) フロリディの倫理説については以下を参照。Floridi, L., *The Ethics of Information*, Oxford Univ. Pr., 2013. および "Information Ethics, its Nature and Scope", in *Information Technology and Moral Philosophy*, Cambridge University Press, 2006 (翻訳「情報倫理の本質と範囲」『情報倫理の思想』NTT出版に所収)

(57) 西垣通「普遍倫理への模索――解説に代えて」(前掲『情報倫理の思想』に所収) を参照。

(58) *The Ethics of Information*, Ch. 3- The Method of abstraction. 3-2.

(59) 拙著『〈メディア〉の哲学』「緒論」0・0・2を参照。

(60) James, W., *A Pluralistic Universe*, 1909 (邦訳『多元的宇宙』日本教文社) "The Moral Philosopher and the Moral Life", in *The Will to Believe and Other Essays in Popular Philosophy*, 1897 (邦訳『信ずる意志』日本教文社)

(61) 具体的には「社会的基本財《ソーシャル・プライマリー・グッズ》」(social primary goods) の平等な配分として実現される。Rawls, J. B., *A Theory of Justice*, Belknap Press, 1971 (邦訳『正義論』紀伊國屋書店) を参照。法哲学者のR・ド

ゥオーキンもまた選好や選択の自由が問題となる「人格《パーソナリティ》」(personality)の次元と資源《リソーシズ》(resources)が問題となる「環境《サーカムスタンシーズ》」(circumstances)の次元とを明確に区別し、後者の「環境の平等」(equality of circaumstances)の実現に「正義」をみる点においてロールズとほぼ同じ立場に立つ。以下の文献を参照。Dworkin, R., *Sovereign Virtue: the Theory and Practice of Equality*, Harvard University Press, 2000(邦訳『平等とは何か』木鐸社)

(62) Sandel, M., *Liberalism and the Limits of Justice*, Cambridge University Press, 1982(邦訳『リベラリズムと正義の限界』勁草書房)

(63) Rorty, R., *Philosophy and the Mirror of Nature*, Princeton Univ. Pr., 1979(邦訳『哲学と自然の鏡』産業図書)

(64) Id., *Contingency, Irony, and Solidarity*, Cambridge University Press, 1989(邦訳『偶然性・アイロニー・連帯——リベラル・ユートピアの可能性』岩波書店)

(65) Putnam, H., "Why Reason Can't Be Naturalized", in *Philosophical Papers* vol. 3, Cambridge University Press, 1983.

(66) キムリッカの的確な表現を借りれば、「文化《カルチャー》」(culture)もまたロールズいうところの「社会的《ソーシャル・》基本財《プライマリー・グッズ》」に含まれなければならないわけである。

(67) Berlin, I., *Four Essays on Liberty*, Oxford University Press, 1969(邦訳『自由論』みすず書房)Id., *The Crooked Timber of Humanity*, Princeton University Press, 1990(邦訳『バーリン選集第四巻 理想の追求』岩波書店)

(68) Oakeshott, M. J., *Rationalism in Politics and Other Essays*, Liberty Fund, 1962(邦訳『政治における合理主義』勁草書房)Id., *On Human Conduct*, Oxford University Press, 1975(邦訳『市民状態とは何か』木鐸社)

(69) Taylor, C., *Sources of the Self: The Making of the Modern Identity*, Harvard University Press, 1989(邦訳『自我の源泉——近代的アイデンティティの形成』名古屋大学出版会)Id., *The Ethics of Authen-*

ticity, Harvard University Press, 1992（邦訳『「ほんもの」という倫理――近代とその不安』産業図書）

（70） Sandel, M., *Democracy's Discontent: America in Search of a Public Philosophy*, Belknap Press, 1996（邦訳『民主政の不満――公共哲学を求めるアメリカ』勁草書房）, *Public Philosophy: Essays on Morality in Politics*, Harvard University Press, 2005（邦訳『公共哲学――政治における道徳を考える』筑摩書房）

（71） Walzer, M., *Spheres of Justice: A Defense of Pluralism and Equality*, Basic Books, 1983（邦訳『正義の領分―多元性と平等の擁護』而立書房）Id., *On Toleration*, Yale University Press, 1997（邦訳『寛容について』みすず書房）

（72） Kymlicka, W., *Multicultural Citizenship: A Liberal Theory of Minority Rights*, Oxford Univ. Pr., 1995（邦訳『多文化時代の市民権』晃洋書房）ただしキムリッカは、後に多文化主義とリベラリズムとの折衷的立場に転ずる。

（73） この「自文化防衛」が、ウォルツァーの物議を醸した「正戦《ジャスト・ウォーズ》」(just wars) 論の柱の一つを「開戦法規《ユス・アド・ベッルム》」(jus ad bellum) の水準で構成することにもなる。Walzer, M., *Just and Unjust Wars: A Moral Argument with Historical Illustrations*, Basic Books, 1977（邦訳『正しい戦争と不正な戦争』風行社）一九七〇年に自衛隊に蹶起を促した後、自害した三島由紀夫の「文化防衛」概念も「菊と刀」という恐ろしくアナクロニックな文学的メタファーで「文化」概念が理念的に至高化されてはいるが、同種のロジックに基づいている（三島由紀夫「文化防衛論」『中央公論』一九六八年七月号）。

（74） Williams, B., *Ethics and the Limits of Philosophy*, Harvard University Press, 1985（翻訳『生き方について哲学は何が言えるか』産業図書）

（75） MacIntyre, A., *After Virtue: A Study in Moral Theory*, University of Notre Dame Press, 1984（邦訳『美徳なき時代』みすず書房）

（76） 分析哲学の文脈ですでに一九五八年にアンスコムが後のP・フットやR・ハーストハウスらのアリストテレス=トマス主義的な「徳倫理」の潮流の起点となる論文を発表しているが、義務《ディオントロジカル》（deontological）倫理批判に急でポジティブな立論に至っておらず、また心理学主義的なバイアスが顕著であるためここでは取り上げない。Anscombe, G. E. M., "Modern Moral Philosophy", in *Philosophy* 33, No. 124, 1958.

(77) Gehlen, A., *Die Seele im technischen Zeitalter*, Rowohlt, 1957.（邦訳『技術時代の魂の危機』法政大学出版）ゲーレンの「多元的倫理《プルーラリスティッシェ・エティーク》」(pluralistische Ethik) の主張としては、物議を醸した晩年の『道徳《モラール》と超道徳《ヒュパーモラール》』（一九六九）の方が有名であるが、この書は学生を中心とした当時の「異議申し立て」運動や進歩的知識人に対する批判が前面に出たポレミカルで時務的な性格が濃厚である。したがってまた内容的にも「博愛《フマニタリスムス》」(Humanitarismus) という家族や親族などの親密圏にその適用が限られていた部分的「道徳」が「過剰要求《ユーバーフォルデルンク》」(Überforderung) によって「肥大化《ヒュパトロフィー》」(Hypertrophie) を起こした結果「普遍性」を僭称するに至った「超道徳《ヒュパーモラール》」の批判に急で、国家主義的な「制度」の観点から現行の体制を擁護するという著しい思想的退行がみられる。

(78) Id., *Die Seele im technischen Zeitalter*, I. 2. Neuzeit: Die Superstruktur.

(79) Id., *Die Seele im technischen Zeitalter*, IV. 1. Veränderung der Erlebnisweisen.

(80) この点に関しては以下も参照のこと。Id. *Urmensch und Spätkultur. Philosophische Ergebnisse und Aussagen*, Vittorio Klostermann, 1956（邦訳『原始人と現代文明』思索社）また第三章で論及した情報社会におけるコミュニケーションの「情動化」と「断片化」の議論と、ここでのゲーレンによる「原始化」の指摘を思い併せてみよ。

(81) Id., "Industrielle Gesellschaft und Staat" (1956), in *Arnold Gehlen Gesamtausgabe*, Band 7: Einblicke.

(82) ルーマンの死後、Detlef Horster なる人物が編んだ *Die Moral der Gesellschaft*, 2008（邦訳『社会の道徳』勁草書房）と題された倫理・道徳関連の論文集が世に出たが、これは機能的分化システムとしての「道徳システム」の存在をルーマンが認めたことを何ら意味しない。実際、論文の随所でルーマンは「道徳システム」の存在を否定している。ルーマンが生きていたならば絶対に許さないであろう——ほとんど「暴挙」といってよい——かかるミスリーディングなタイトルを付した書籍が如何なる経緯で出版されることになったのか筆者には知る由もないが、当該書が（もちろん収められた個々の「論文」が、ではない）「偽書」であることだけは確言できる。

(83) ルーマンによる「人格《パーソン》」と「〈個＝孤〉人《インディヴィデュアル》」の区別については、本書第三章3-3-3-5項を参照。

(84) Agamben, G., *Homo sacer*, Einaudi, 1995（邦訳『ホモ・サケル』以文社）ただし、われわれは「ビオス」（βίος）と「ゾーエー」（ζωή）を従来と異なる仕方で区別しつつ、後者と「ホモ・サケル」とを等置するという一時期の流行には従わない。デリダも指摘するとおり、アガンベンのこの概念操作は相当な牽強付会《こじつけ》を伴う。デリダのアガンベン批判に関しては以下を参照。Derrida, J., *Séminaire: La bête et le souverain*, Galilée, 2008（邦訳『獣と主権者』白水社）Troisième et Douzième séances.

(85) Luhmann, N., “Globalization or World Society: How to Conceive of Modern Society?”, in *International Review of Sociology*, Vol. 7, No. 1, 1997.（邦訳「グローバリゼーションか、それとも世界社会か――現代社会をどう概念化するか?」『現代思想』二〇一四年、vol. 42-14）

(86) Bateson, G., *Steps to an Ecology of Mind*, University of Chicago Press, 1972（邦訳『精神の生態学』新思索社）

(87) ローティが、自らが依って立つ立場の「システム」性に気づきつつも「自文化中心主義《エスノセントリズム》」という〝アイロニー〟を楯に開き直る事情はすでに見た。

(88) 新アリストテレス主義を標榜するM・ヌスバウムは厚生経済学者A・センとともに、アリストテレスの「潜勢態《デュナミス》」（δύναμις）――これが「現勢態《エネルゲイア》」（ἐνέργεια）としての「活動《エルゴン》」（ἔργον）へと発現する――の概念を「潜勢態《ケイパビリティ》」（capability）として現代社会の文脈において復活させようと目論んでいる。彼女の狙いは、ロールズの「基本財《プライマリー・グッズ》」を「潜勢態《ケイパビリティ》のリスト」に置き換えることで「徳倫理」を相対主義から脱却させ、その〝普遍化〟を図ることにある。だが、ロールズの枠組みを踏襲することで、結果としてプラグマティズム的リベラリズムに絡め取られてしまっている。以下の論文を参照。Nussbaum, M., “Non-Relative Virtues: An Aristotelian Approach,” in *Ethical Theory: Character and Virtue*, University of Notre Dame Press, 1988.

(89) この記述については釈明が必要であろう。「ケア倫理」の創始者とみなされているC・ギリガンを始め、N・ノッディングス、E・F・キテイらの議論はいずれも「フェミニズム」という大きなコンテクストに予め組み込まれている。だが筆者はここでは敢えて「ケア倫理」を「フェミニズム」という枠組みから外して評価したい。というのも「男性 vs. 女性」という対立軸を立てた途端に、それは「公正」や「平等」つまりロールズ的な「正義」の水準に逆戻りしてしまい、関係の対称性を前提する「システム」〈内部〉の既存の倫理に絡め取られて、折角の「ケア倫理」の独自性・画期性が台無しになると筆者には思われるからである。ギリガンの記念碑的な著書に即しつつ、もう少し具体的に述べよう。たしかに、ギリガンの著書における「もうひとつの声」(different voice)とは、著者本人が明言するとおり「女性の声」である。だが、このように解した瞬間その「声」は「男性の声」との同位的対立、すなわち「公正」「平等」を要求する(ロールズ流の)「正義」の〈声〉に転化しシステム〈内部〉化してしまう。だが、ギリガンの著書には前景化されないもうひとつの〝もうひとつの声〟が常に響いている。それがケアの現場でケアされる「胎児」「末期医療患者」「要介護老人」といったシステム〝外部〟に〈排除〉された、関係性において非-対称な〈他者〉の(ほとんど「声」にならない)〝声〟である。筆者はこの〝声〟に向き合う時に初めて「ケア倫理」の地平が拓かれると考える。以下を参照されたい。Gilligan, C., *In a Different Voice*, Harvard University Press, 1982(邦訳『もうひとつの声――男女の道徳観のちがいと女性のアイデンティティ』川島書店)

(90) Lévinas E., *Totalité et Infini: essai sur l'extériorité*, Poche, 1961(邦訳『全体性と無限――外部性についての試論』国文社)ただし、レヴィナスの「第三者」を媒介とした「正義」論はともかく、晩年の宗教的なバイアスが過度にかかった倫理の基礎づけの試みは、到底受け入れ難い。

(91) ルーマンは実際には、法システムの枠組みの中で、したがって法システム内部の〈プログラム〉に即して「偶発性定式」としての「正義」を導入している。しかしデリダの場合と同様、原理的に全ての機能システムで同様の事態が成立し得る。また、そのことにルーマン自身も自覚的である。以下を参照。Luhmann, N., *Das Recht der Gesellschaft*, Suhrkamp, 1995.(邦訳『社会の法』法政大学出版局), 5. Kontingenzformel Gerechtigkeit.

(92) Derrida, J., *Force de loi*, Glilée, 1994.（邦訳『法の力』法政大学出版局）また、デリダとルーマンにおける「正義」概念の比較については以下の論文も参照のこと。Teubner, G., "Selbstsubversive Gerechtigkeit: Kontingenz- oder Transzendenzformel des Rechts?", in *Zeitschrift für Rechtssoziologie* 1, 2008（邦訳「自己破壊的正義――法の偶発性定式あるいは超越形式」『デリダ、ルーマン後の正義論――正義は〈不〉可能か』新泉社）

(93) *Ibid*. p. 36.

(94) *Ibid*. p. 35.

(95) Id. *Spectres de Marx: l'état de la dette, le travail du deuil et la nouvelle Internationale*, Galilée, 1993（邦訳『マルクスの亡霊たち』藤原書店）

(96) Id. *Politiques de l'amitié*, Galilée, 1994（『友愛のポリティックス』みすず書房）

(97) Id. *Donner la mort*, Galilée, 1992（邦訳『死を与える』筑摩書房）

(98) Id. *De l'hospitalité*, Calmann-Lévy, 1997（邦訳『歓待について』産業図書）

(99) Id. *Séminaire: La bête et le souverain*, Galilée, 2008（邦訳『獣と主権者』白水社）

(100) Q・メイヤスーが唱える「思弁的唯物論《マテリアリスム・スペキュラティーフ》」(Maérialisme spéculatif) もまた〈いま―ここ《ヒック・エト・ヌンク》〉(hic et nunc) にある現実の特権性と自明性を否定し、「偶然性《コンタンジャンス》」(contingence) あるいは「潜在性《ヴィルチュアリテ》」(virtualité) の地平に絶対的実在を措定することで現実が「別様にもあり得ること」を説く。だが彼の場合、議論における焦点はルーマンやデリダとは違い、実は現実の「不確定性《コンティンゲンツ》」(Kontingenz) やその「脱構築《デコンストリュクシオン》」(déconstruction) にはない。その関心の中心は「人間」の意識や認識のフィルターには掛からない数学をモデルとした「実在」の方にある。この点で「思弁的唯物論」はG・H・ハーマンが唱える「オブジェクト指向の哲学」(object-oriented philosophy) ――様々なクラスの種々雑多な〈オブジェクト〉が、孤立的・断片的に〝実在〟することを、一昔前に流行ったプログラミングの業界用語《ジャーゴン》と譬喩《メタファー》とを駆使しながら主張する、〈われわれ〉の対極に位置する〝哲学〟――などとともに「思弁的実在論」(speculative realism) の立場に属する。われわれもまた「人間」という参照枠の自明視を拒否する点で、彼ら同様「人間中心主義《アンスロポサントリスム》」（anthropocentrisme）からの脱却を志向していると言ってよいし、また彼らが謂うところの「思考不可能なもの」や「物質」はわれわれにとっての鍵鑰《けんやく》概念である〈メディア〉に相当する。にもかかわらず、われわれは彼らの、何らの「関係性《コレラシオン》」（corrélation）からも自由な「実在」という想定には断じて同調するわけにはいかない。彼らの謂う「実在」はベーメ＝シェリングの「無　底《アプグルント》」（Abgrund）やボルツァーノ＝マイノングの「対　象《ゲーゲンシュタント》」（Gegenstand）さらには九鬼周造の「原始偶然」などに比定することができ、これらの現代版とみなせるが、問題は彼らがこれらの〝実在〟を哲学の「始元《アルケー》」（ἀρχή）に据える点にある。われわれは逆に、この現実、この世界、この社会、をこそ〈観察＝記述〉の「端緒《アルケー》」（ἀρχή）として据える。そしてそれを出発点として世界の「相関関係」（corrélation）――ヘーゲルの言葉を使えば「媒介関係《フェアミッテルンク》」（Vermittelung）――解明の歩を進めてゆくことこそが〈哲学〉の本義であると考える。われわれには〝実在〟をめぐるファンタジーに耽るいかなる意趣も理由も存在しない。哲学上の方法や基本的構えとも密接に関わるこの問題系については次著で改めて主題的に論じたい。また本書序章0−3−1小節も参照のこと。Meillassoux, Q., *Après la finitude. Essai sur la nécessité de la contingence*, Paris, Seuil, 2006.（邦訳『有限性の後で』人文書院）、Harman, G., *The Quadruple Object*, John Hunt Publishing, 2011.

あとがき

本書は二〇一〇年から二〇一五年にかけての期間、時務的な求めに応じて寄稿・発表した七本の既公表原稿を素《もと》に、それに訂正と加筆を施して一書を成したものである。原稿の初出リストを掲げる。

序章

「メディア二〇一〇」『文藝年鑑 2011』（二〇一一年、日本文藝家協会編、新潮社刊）

「メディア二〇一一」『文藝年鑑 2012』（二〇一二年、日本文藝家協会編、新潮社刊）

「マクルーハンにおける〈不可視なもの〉」『早稲田文学 4』（二〇一一年、早稲田文学編集室）

第一章

「Google による汎知の企図と哲学の終焉」『現代思想　特集 Google の思想』（二〇一一年一月号、青土社）

第二章

「ビッグデータの社会哲学的位相」『現代思想　特集 ポスト統計学とビッグデータの時代』（二〇一四年六月号、青土社）

第三章
「世界社会と情報社会――ルーマン社会システム論の「社会」把握」『現代思想　特集 社会学の行方』(二〇一四年一二月号、青土社)
第四章
「人工知能の新たな次元」『現代思想　特集 人工知能』(二〇一五年一二月号、青土社)

快く初出稿の転載をお認め戴いた各出版社、各編集部にこの場を借りて御礼申し上げる。ただし初出からかなりの時間が経過している原稿もあり、事実関係に関しては(最初の二つの稿を除き)可能な限りのアップデートを心懸けた。なお、第四章の「ロボット」関連の節、および「終章」は本書のための書きおろしである。

それにしても、こうして僅か六年という短時日の間に自分が書いた原稿を並べてみると、「情報社会」が信じられない速さで、そして驚くべきスケールで変貌を遂げたこと、そして現在も遂げつつあることが改めて実感される。書肆に並ぶ頃にはおそらく、本書のいくつかの記述は早くも陳腐化し、時代遅れになっているであろうが、それは覚悟の上、というより、織り込み済みである。

本文で述べたとおり情報社会は構造的に、〈知〉を「データ」へと断片化し、また「情動」へと変容させてゆく社会形態である。そのことはTwitterの一四〇字という文字制限やネット上で飛び交う罵詈雑言に象徴的に現れている。にもかかわらず、個々の断片的な「データ」には情報社会の本質は現れない。断片をいくら矯《た》めつ眇《すが》めつ弄《いじ》くり回しても何も出てきはしない。問題は、そうした断片的「データ」を生成させ流通させ、そして再生産している〈体系《システム》〉にある。断片的「データ」は直ぐに陳腐化するが、〈体系〉のほうは持続的に存続して新たな「データ」群を再び生み出してゆく。断片化社会である「情報社会」において、〈体系〉への意志が、〈体系知〉としての〈哲学〉が、要請される所以《ゆえん》である。

本書は、筆者の心積もりとしては前著『「情報社会」とは何か？——〈メディア〉論への前哨』（NTT出版）の続篇にあたる。前著では「最終章」（問題としての「情報社会」——権力と身体）において予行的・部分的に主題化したに過ぎなかった〈ネットワーク〉メディアを、本書では中心的な主題に据えたうえで、最新の事例に即しつつ、この新たな〈メディア〉パラダイムを土台として出現しつつある「社会」の体系的記述を試みた。前著では（宇野弘蔵を擬するならば）「段階論」を中心に据える展開となったが、今回は情報社会の「現状分析」に重点を置いたつもりである。「原理論」の位置を占める『〈メディア〉の哲学』の続編も決して断念したわけではない。ただし、遅々たる歩みではあるが、筆者のほうにも観方における進歩や口幅ったいようだが思考の進展もあって構成は変更せざるを得ない。第二巻は「情報社会」の歴史的脱構築作業に充てることになるはずである。

今回も様々な方々にご協力戴いた。第三章のSNS分析においては、明治大学「M-Navi委員会」主催で筆者がコーディネーターを務めたSNSについてのワークショップにおける学生諸君の活発な議論と報告に大いに裨益を受けた。ありがとう。また「終章」は、筆者の古巣である東大駒場の科哲で二〇一五年度夏学期に非常勤として担当した講義「応用倫理学特論」で〝ネタおろし〟を行った内容がベースとなっている。お付き合い戴いた後輩諸君に御礼を申し上げる。

第四章については、同僚の認知科学者である石川幹人、コンピュータ工学者の山崎浩二の両氏に閲読戴き貴重なコメントを賜った。終章については科哲の先輩でもある科学史家の小松美彦氏に疑問点について教えを乞うた。記して御礼申し上げる。

Last but not least、持ち込み原稿に対して、迅速に出版の手筈を整えて戴いた勁草書房編集部の関戸詳子氏、および担当の山田政弘氏に深く感謝申し上げる。

二〇一六年一月八日　著者識す

事項索引

凡例：人名索引や作品索引も含め、タイトルや見出しに項目が存在する場合には、ページ数ではなく章・節・小節・項番号（太字）を挙げた。

英数字

23 and Me　48
3D　14
3V（ビッグデータの）　**2-2**
AA　→アスキーアート
AFSM（拡張有限状態マシン）　209
AI　iii, vii, 71, 294（→人工知能）
AIBO　172, 173
Amazon（アマゾン）　13, 81, 199, 239
Android　4
Android OS　47
ANT（Actor-Network Theory）　164
Apple　196
Apple Watch　i, 109, 199, 217
AR（強化現実）　48, 69
ARPANET　197, 219, 241
ASIMO　173, 204, 217
bigdata　→ビッグデータ
CAI　62
Calico　48
CB2　213
CCTV　293
Chrome OS　47
CM　4
cogito　74
collective　272
Deep Mind　48
DENDRAL　184, 229
DoS　33
ELIZA（イライザ）　184
facebook　v, 4, 9, 10, 33, 113, 138, 217
FD（ファカルティー・ディヴェロップメント）　62
für es　→フュア・エス
für uns　→フュア・ウンス
Google（グーグル）　**第一章**, i, iii, iv, vii, viii, 4, 9, 41, 44, 81, 91, 107, 154, 170, 172-3, 176, 199, 218, 233-4
Google Books　47
Google Eyes　viii
Google Glass　i, viii, 48, 109, 168, 199, 217
Google News　48
Google X　48
GPS（General Problem Solver）　→一般問題解決者
GPS（Global Positioning System）　47, 68, 86, 90
Hadoop　81
HAL　167
HMD（Head-Mounted Display）　168
Hulu　14
IBM　82, 197, 230
iGod　**1-3-2**, 76
Instagram　88, 113, 199, 217
IoT（Internet of Things）　219
iPhone　4
iPS 細胞　226
iRobot（社）　172, 235
IT 革命　83
IT 批評　vi
Kindle　13
KY　136
LINE　33, 113, 156, 217

Linux　248
LISP　229
lol　115
Macintosh　197, 241
MapReduce　81
MixChannel　158
mixi　113, 138
MYCIN　184, 229
Netizen　304
NLS　71
NoSQL　81, 88
NSFNET　197, 241
OFF　133
orz　115
PDP　**4-2-2-3**, 176, 211
Pepper（ペッパー）　i, vi, 172, 205, 215-8
Project Loon　48
QRIO　173, 204, 217
RDBMS　→リレーショナル・データベース管理システム
ROM（Read Only Members）　268
Roomba（ルンバ）　vii, 172, 235
SaaS　47
SCHAFT（社）　48
SF　vii, 170, 200
SHRDLU　187
Skype　113
SNS　**第三章**, iii, iv, v, 4, 15, 41, 199, 217-8, 310, 323
SQL　81
TCP/IP　197
Tumblr　113
TV　→テレビ
Twitter（ツイッター）　v, 4, 7, 9, 10, 33, 88, 110, 113-4, 134, 138, 199, 217, 322
UI（ユーザー・インタフェース）　70-2, 155, 185
Vine　113-4
VR（ヴァーチャル・リアリティ）　68-9, 168
WABOT　204, 217
Web2.0　4, 83
Windows95　146
www　115
Xanadu　71
YouTube　9, 10, 48, 88, 176, 199, 217

ア　行

ア・プリオリ　97
アーカイブ　47, 185
アーミッシュ　263, 309
愛　139
アイコン　71
間柄　257
アイロニー　20, 316
アウフヘーベン　→止揚
アカデミズム　16-9, 21-3, 34, 42-3, 45, 261, 267
悪　251-3, 256, 279, 291, 307
アクター　121, 137, 172-3, 175, 206, 225
芥川賞　5
アクチュエーター　208, 213-4, 216
アスキーアート（AA）　115
アップ（ロード）　4, 132, 134-5, 189-90, 224
アテンション　→視線／注意
アナキスト　286
アナキズム　131
アナリスト　107-8
アナログ　73
アニメ　5, 32, 46, 205
アノニマス　134, 137, 272
アノニミティ　68, 272

アノニム　67, 272
アパッチ　81
アフォード　233
アフォリズム　19, 23
アポリ（ア）　301
雨傘革命　115
ある（Es gibt）　157
アルケー　41, 96, 319
アルゴリズム（アルゴリスミック）　48, 60-2, 66, 72, 75, 110, 181, 183, 194, 199
アルデバラン　205
アルファ碁　48, 233
アレテー（卓越性）　297
暗記　65
アントレプレナー　81
アンドロイド　200-2
いいね！　106, 134-5
怒り　115
育種　102-3
意見発信　115-6
意志　73-4, 76, 100
意識　33, 129, 162, 175, 189, 210, 217-8, 222-5, 236, 247, 258, 264, 267, 282, 284, 305
意識中心主義　305
意識の事実　258
意思決定　106-10, 114, 116, 173, 185, 199, 204, 278
意思決定の自動化　v, 156
意思疎通　127
意志の自由　100
イスラエル　162
イスラム　252
イスラム国　162, 275
位相空間　146
一億総白痴化（論）　15-6, 21
逸脱　127
一般意志　33
一般的正義　298
一般問題解決者　183, 186
イデア　52
遺伝　102-3
遺伝子工学　48
遺伝子操作　244
いのち　244, 247
意味　57, 67, 69, 70, 94-6, 111, 128, 150, 162, 270
イミテーションゲーム　→ものまねゲーム
意味論（的）　149, 186-7
イメージ　186
医療　48, 101, 295, 298, 305
医療統計　101
因果（関係，性，律）　145, 194, 197-8, 210, 235
インクルージョン　→包摂
インクルード　→包摂
インストール　189, 190, 224
インターナショナル　260
インターフェース　214-8
インタラクション　→相互行為
インタラクツィオーン　→相互行為
インデックス　57, 65
インテリジェンス　92
インフラ（ストラクチャー）　ii, 1, 13, 48, 83, 241
ヴァーサトラン　204
ヴァーチャル・リアリティ　→VR
ウィキリークス　10
ウィズダム　287
ウェアラブル　i, iii, 109, 116, 155, 168, 170, 199, 217
ウェブ検索　47
嘘　250
宇宙知性　171, 190

運動　87, 90
映画　ii, 14-6, 27, 49, 113, 260, 267
衛生　**2-5-2**
映像　67
叡智圏（ヌースフェア）　225, 267
エイドス　→形相
英雄　145
英雄伝説　64
エージェント　98, 108, 154, 173, 225, 240, 279
液状化　**2-6**, 91, 105-6
液状社会　105
エキスパート　72, 183-4, 187, 197
エキスパートシステム　**4-2-1-2**, 72, 78, 186, 188, 193-4, 196-7, 199, 219, 229, 230
エクソア　→排他的論理和
エスノセントリズム　→自文化中心主義
エネルギー　148
エネルゲイア　→現勢態
エピステーメー　39（→真理）
エマナチオ　→流出論
エモティコン　→顔文字
エルゴン　→活動
演繹　97
遠隔操作　216
演算（オペラツィオーン，オペレーション）　123, 129, 139, 140, 144-5, 148, 151-2, 160, 162, 181, 189-91, 220, 278, 292-5, 300, 302
炎上　32, 136
演説　273
エンタテインメント　3, 5, 9, 13, 168
延長せる身体　28
延長セルモノ（res extensa）　247
エントロピー　279, 281, 312
エンハンスメント　→能力増強
エンボディメント　→有体性
応答責任　299
応用倫理（学）　**5-1-3**, **5-1-4**, vii, 278-9, 299
オートポイエーシス（オートポイエティック）　**2-7**, iii, 66, 78, 108, 112, 118-9, 152, 158, 161, 213, 245
オートマトン　**4-3-1**, 201-2
オートメーション　202
オープンソース　248
掟　253
臆断（ドクサ）　39
オブジェクト指向の哲学　318
オペラツィオーン　→演算
オペレーショナル構成主義　125
オペレーション　→演算
オラクル　82
音声　67, 81
オンデマンド　14

カ　行

快　255, 281
ガイア（地球生命体）　236
外化　203
介護　206
階層（性，的）　94, 136, 139, 267-8, 270, 291, 299
概念的に把握（ベグライフェン）　40
外部　35, 37-8, 40-1, 60, 65, 94, 106-7, 109, 129, 140, 143, 145, 147-8, 151, 153, 178, 188, 208, 211, 251, 254, 258, 265, 277-8, 287, 293-4, 296, 298-301, 303, 308, 311, 317
カウサ・エフィキエンス　→起動因
カウサ・フィナーリス　→目的因
カウサ・フォルマーリス　→形相因
カエル　119
〈顔〉（visage）　299, 300

顔文字　115
価格.com　5
科学的管理法　203
科学の文法　**2-5-3**, 104
科学方法論　104
〈学〉（的）　**0-3**, 22, 40-2, 44, 76, 239
学者　16-7, 41-5
学習　191-2, 194-5
学知　38-40, 133
学知的観察　41
革命　115
学問　22, 24, 120, 129, 270, 290-2
確率論　96, 100, 108, 194, 198, 220
隠れマルコフモデル　198
過去　129
下向　38, 40-1
家事（労働）　206, 236, 293
仮説　v, 85, 106
仮説検定　104
画像　81, 88, 93, 132, 135
価値　ii, vii, 67, 89-91, 110, 138-141, 144, 149, 234, 252-3, 258, 271, 279-284, 286-8, 291-2, 295-8, 306-7
価値哲学　306
活字　ii, 13, 15-7, 19, 29-31, 34-5, 37-8, 42, 64, 65-7, 69, 71, 75, 109, 164, 262
活字人間　19
活動（エルゴン）　316
活版印刷術　31
過程　120, 139
カテゴリーミステイク　90, 161
カトリック（カトリシズム）　23, 29-31, 155, 225, 237, 262-3, 267
可能性の条件　69, 100, 140, 145, 172, 175, 265, 283, 304
可能世界意味論　302
カバラ　177, 227
貨幣　39, 242
紙　26, 52
神　38, 53, 56, 64, 72, 181, 201, 253, 307
からくり（人形）　201, 205, 218
カリキュラム　61
カルヴィニスト　62
感覚配合比率　28-9, 31
感覚与件　96
環境　4, 6, 19, 25-9, 31-2, 34-5, 83, 108, 119, 130, 140, 144, 147-8, 151, 168, 211, 213, 220, 244, 264, 300, 313
環境-内-存在　211
環境適応　144
環境倫理　243-4, 246-8, 278-9, 304-5
観察　vi, 15, 37-9, 103, 107, 109, 118-9, 123-4, 130, 151, 154, 251-2, 258-9, 265, 270, 277, 300, 308, 319
観察者　106, 124, 276-7
監視　3, 87, 110, 136, 158, 242, 273, 293
環-視（Um-sicht）　110, 136, 158
慣習　253, 256
観照　62, 301
干渉性（コヒーレンス）　253
感情労働　206, 216, 218
環節（的）（社会）　143, 145, 164, 253-4
観測問題　67
歓待　301
観念　186
観念の生成史　56
管理社会　ii, 136, 158
官僚　98, 131
顔料　52
記憶　52, 65, 124, 129, 139, 140, 160, 162, 168-9
記憶術　65

機械（的）　57, 60, 160, 167, 177, 181-2, 185, 190, 202-7, 224, 229, 279, 280
議会　131
機械学習　176, 198, 233
器官-投射　165-6, 226
器官-補綴　166-7
企業　3, 82, 106-7
起業家　81
記号　54, 56, 64, 66, 68-9, 180, 182-3, 185-8, 193, 208, 211-213, 221
記号計算（主義）　**4-2-1-1**, **4-2-1-3**, 177-8, 183, 189, 190, 192-8, 207-213, 221-4, 227, 230, 232-3
記号接地問題　187, 208, 213
記号論理　182
儀式　52
擬似問題　161, 223
記者クラブ　7, 10
記述　20, 37, 53-4, 87, 98-9, 104, 118, 122, 124-5, 130, 151-2, 154-5, 252, 258-9, 319, 323
技術決定論　29
技術者倫理　241, 246
技術哲学　165, 226
記述統計学　105
キズメット　235
基礎づけ　255, 283, 285, 317
気遣い　135-6
規定値（デフォルト・ヴァリュー）　114, 133, 272, 274
起動因　145-6, 210, 276
帰-入　→再-登録
機能局在説　222
機能主義　177-8
機能的多元倫理　**5-5-3**, 282, 292
機能的（に）等価　110, 162, 167, 177, 189, 190, 222, 225
機能的（に）汎化　177, 221
機能（的）分化　105, 112, 120-2, 138, 142, 144-6, 149, 153, 164, 291-2
機能的分化システム　138, 149, 292, 294, 315
機能的分化社会　138
規範（化）　51, 63, 142, 163, 240-1, 246, 249-50, 264, 298
基盤技術　241
規範倫理　308
規模　**2-2-1**, 84, 89
基本財　312-3, 316
義務　254-5, 257, 279, 298, 314
逆機能　245
逆説　22, 137
ギャラクシー　→銀河系
ギャラリー　133-136
教育　52, 54, 57-8, 61-2, 65, 170, 185, 206, 219, 240, 242, 264, 293, 295
教育工学　62
強化現実（オーグメンテッド・リアリティ）　48, 69, 168
教科書　**1-2-2-3**, 52, 63-4, 75, 239
共感（Sympathy）　255, 307
教養　145
共時（系）　49, 56, 121, 287
強者　297, 299
凝集性　115, 263
教授学　61-2
共振　215
匡正的正義　242
協調―抑制　209
共通感覚　27
強度　166
共同主観　125
共同体（主義）　**0-2-8**, **5-2-2**, 29, 30, 33, 51, 52, 63-4, 67, 130-1, 137-8, 142, 159, 237, 249-51, 257-260, 262-3, 265-7, 270, 272, 274-5, 280-1,

286-9, 291, 297-8, 303, 308
共同体（的）統合　→社会統合
共鳴　115, 151, 215
虚偽　139
ギリシア神話　200
規律社会　136
銀河系（ギャラクシー）　iii, 35, 155
禁止　258
近代経済学　131
空間（性，的）　57, 68, 94, 105, 136, 141-3, 146, 161-2, 269, 271, 275, 310
空気　117, 135-6
グーグル　→Google
偶然性　96, 318
グーテンベルク銀河系　29, 31, 34-5, 37, 42
偶発性定式　300, 317
偶発態　302
クール　32, 46
クエリ　88
クオリア　175, 222-3
グノーシス　65
区別　64, 123-4, 129, 144, 149, 251-2, 257-9, 293-5, 298, 308
グラーツ学派　306
クラウド（cloud）　47, 82-3, 199, 216-8, 294
クラン　→氏族
クリエーティヴ・コモンズ　248
クリック　71, 86, 134
グローバリゼーション（グローバル化）　viii, 146, 161-2, 269, 283
グローバル・ヴィレッジ　→地球村
クローン　244
クロスレファレンス　71
群衆（クラウド）　8, 43
群衆の叡智　49
軍隊　131
ゲ・シュテル　2-7, 73, 75-6, 79, 151, 169, 245, 278
ケア倫理　299, 316-7
計画経済　142
景観　148, 243
経験-帰納主義　98
敬語　114
経済史　25-6
計算　181-2, 186, 196, 198, 208, 211, 228-9
計算可能　181
計算機　183, 185, 189, 190, 196, 229
計算機科学（者）　175, 182, 207, 222, 229
形而上学　74-5, 238
形質　102-3
掲示板　113
形相（因）　41, 78, 93-5, 111, 128, 190, 276
携帯電話　214, 217-8（→ケータイ）
ケイパビリティ　→潜勢態
軽蔑　250, 288, 291-2
啓蒙（的）　41-2, 58, 246, 275
ゲヴァルト　43, 143, 301（→権力，暴力，力）
ケータイ　4, 217（→携帯電話）
ケータイ小説　5
ゲーム　193, 199, 230, 233
劇　52
ゲシュタルト　96
ゲシュタルト心理学　26
ゲゼルシャフト（社会）　269, 270, 310（→包括社会）
結晶化　120
決定論　96, 194, 198, 232
ゲノム　48, 244, 305
ゲマインシャフト　→共同体
獣　301

ゲルテン　→妥当
権威（的）　4-6, 14, 16, 32, 34, 39, 42-3, 106, 114, 219, 273-4, 276, 284
権威主義（的）　114, 267, 276, 284
ゲンギス　208, 210
言及（Referenz）　129, 130
言及対象（Referent）　147-8
言語　115, 139, 150, 210, 221
言語ゲーム　182
現在　129
検索　4, 43-4, 47-8, 54, 57-8, 65, 71, 86, 91, 239
検索エンジン　47
検索連動広告　48
原子　96, 232
原始化　289, 290, 315
原始偶然　319
現実空間（リアルスペース）　68
検証　v, 117
現象学　129, 188, 222, 306
現象形態　52, 126, 257-8
現状分析　323
現象論　104
原初状態　285, 298
現勢態（エネルゲイア）　93-4, 316
現前　69, 250-1, 253
現-存在　222
検定　v, 85, 255
現場　133
原発事故（報道）　11, 14, 106
権利　279
原理主義　viii
権力　3, 136, 273, 301
権力意志　74
原理論　323
言論の自由　117
合意　33, 97, 127, 138, 275, 284, 286
行為論　117
効果　ii, 24, 115, 129, 174, 267, 272, 304
公害（病）　75, 244
効果研究　260
抗議運動　153, 163
高級言語　71, 229
公共空間　68
公共圏　33, 274
公共広告機構　12
公共性　6, 54
工芸　54, 56, 201, 203
広告　3-5, 9, 12, 20, 48-9
工作機械　173
公衆衛生　101
口承　64
口誦　52, 65
恒常仮説　194
公正　298, 317
公正としての正義　283, 285, 296
構造　105, 120, 139, 145, 153, 164, 197, 219, 261, 268, 300-2
構造的連結　162
構造変動（容）　8, 84, 99, 101, 105, 144-6, 153, 211, 271, 300
構造変動の構造化　164
交替可能性　93, 162, 271
行動主義（的）　178-9, 183, 191, 194, 260
幸福　254-5
公平な観察者　307
功利主義倫理　305
声　ii, 29-33, 37, 51, 63-5, 67, 69, 91, 114-5, 164, 262-3, 299, 317
コーギトー　74
コード　117, 139, 291
ゴール　114, 131
ゴーレム（神話）　200, 201
コグ　235

国王　99, 106
国状学派　98
国勢　**2-5-1**
国勢学派　98-9
国勢調査（センサス）　98
国体　257
国民　i, 254
国民国家　142, 255, 257
国民道徳　257
国力　98-9
心（こころ，ゲミュート，ゼーレ，マインド）　162, 186, 189, 208, 210-4, 222-4, 226, 244, 247, 290, 294
心の哲学　175-6, 226
誤差逆伝播法　195
誤差の確率分布　100
個人　30-1, 33, 82, 100, 103, 106, 108, 131, 223, 237, 254, 257-9, 264, 266, 274, 277-8, 282, 284-6, 288-9（→ヒト）
〈個＝孤〉人　40, 106, 108, 149, 162, 293, 295, 316（→ヒト）
孤人　→ヒト
個人主義　30-1, 237, 262, 266, 289
個人情報　87
個性的（ユニーク）　288
悟性的　40, 42
個体　223-4
個体的同一性　67
国家　98-100, 105, 130-1, 142, 146, 161-2, 254, 259, 260, 266
国境　131, 146, 162, 169, 271
骨相学　222
小包の比喩　268, 280
古典力学　94
コネクショニズム　**4-2-2-1**, 179, 188, 192-8, 207, 209, 211-2, 219, 221-2, 227, 233, 235
コピーレフト　247
コヒーレンス　→干渉性
コマーシャリズム　**0-2-2**
コマーシャル（コマーシャリスティック）　21, 23
ゴミ　**2-3**, 70, 108-9, 198, 234
コミケ　32
コミュニケーション　**第三章**，**0-2-4**, **4-3-3**, ii-v, 9, 25, 69, 79, 109, 112, 166, 183, 185, 199, 212-4, 216, 218, 220-1, 225, 244-5, 261, 264, 269-272, 274, 280-1, 291-4, 296, 300, 302-3, 315
コミュニケーション行為　127, 137
コミュ（ニケーション）障（害）　126
コミュニケーション力　126
コミュニタリアニズム　287, 289
コミュニティ　14, 79, 106, 241, 253, 303（→共同体）
固有値（アイゲンヴァリュー）　291
語用論　308
娯楽　3-5
コルプス　247（→物質，身体）
コレクティーヴ　43, 164, 272
コレラ　101
コンサルタント　184
痕跡（トラス）　303
昆虫　210, 235
コントロール　ii, 44, 49, 75-6, 136, 143, 245, 256, 264, 294, 307（→制御）
コンピュータ　60, 71, 85, 140, 182-3, 185, 196, 207, 223, 229, 235, 242
コンピュータ・ウィルス　33
コンピュータ・サイエンス（サイエンティスト）　182, 207
コンピュータ倫理　241-2
コンピュテーション　**3-2-3-1**, 151, 160, 181-2, 228

サ　行

サーバ　33, 49, 81, 84
サーボ機構　204, 207
差異　105, 124, 312
再帰（的）　56, 75, 108, 119, 220
最高善　284
在庫品　75
再生産　140, 144, 220-1, 225, 298, 303, 323
再洗礼派　263
再-登録（＝帰-入）　293, 302
サイバー・カスケード　115
サイバースペース　69, 72, 274（→電脳空間）
サイバーダイン　167
サイバーリバタリアニズム　248
サイバネティックス　74, 75, 167, 177-9, 189, 207, 227, 276
サイボーグ　167-9, 173
差異を生み出す差異　312
差延　302
作業記憶（ワーキングメモリ）　184, 186
索引　71
搾取　48, 108, 149
雑誌　15, 17, 260, 267
作動　160
サブシステム　121-2, 139, 149
散逸構造　119
産業革命　53, 202
産業社会　289, 291
産業用ロボット　vi, 173-4, 202, 204, 207
サンクション　249
散種　302
思惟経済　104
シェイキー　208
ジェスイット　23
ジェミノイド　213-4
自覚　154
時間（的）　57, 105, 120, 129, 162, 275-6
しきたり　51, 131, 253
始元　→アルケー
資源（リソース）　vii, 49, 75, 106, 110, 138, 147-8, 149, 151, 162, 169, 226, 243, 247, 287, 298, 305, 313
自己意識　74, 154
思考　60, 168, 180-2
志向（性）　128-9, 147-8, 222
志向的構え　235
思考不可能　319
自己運動　iv
自己関係　119, 125, 150
自己観察　130, 152, 163
自己記述（的）　37, 125, 130, 150, 152, 163
自己決定　278
自己言及　**3-2-1**, 34, 36-7, 39, 41, 69, 108, 130, 158, 178, 220, 221, 264, 265, 277, 284
自己産出　119, 125
自己責任　278, 295
自己創造　119
自己組織化　ii, 66, 74-5, 119, 140, 144, 151, 158, 178, 254
自己超越　302-4
自己同一（性）　119, 125, 302
自己目的　74, 108-9, 245, 277
自殺　100
支持体（support）　52, 67-8, 72, 94
事実（性）　120, 250-2, 258, 281
市場　vi, 3, 93, 172-3, 185, 196, 205-6, 216
市場原理　11
詩人　52

システム　**5-6**, ii, iii, vi, viii, 38-41, 94, 118-123, 125, 129-30, 139-40, 144, 147, 149, 151-2, 157, 162-3, 178, 184, 186, 213, 220-1, 245, 251-2, 258-9, 276-8, 291, 323
システム環境　151, 300
システム境界　295, 299
システム構造　120-1, 164, 300-1
システム論　iv, viii, 79, 118, 123, 141, 147, 156, 300
自生的秩序　161
施設　136
視線　49, 109, 136, 216-7
自然　54, 56, 64, 75, 102, 147-8, 162, 169, 242-4, 250, 278-9, 304
視線／注意（の経済）　49
自然科学　16, 122
自然言語　184
自然神学　53
自然の体系　53
自然保護　304
氏族（クラン）　253
実在（性，論）　24, 52, 64, 69, 76, 94, 97, 105, 117-9, 122, 124, 131, 144, 149, 152, 156, 187, 237-8, 282, 290, 302-3, 318-9
実質的価値倫理学　306
実証（性，的）　iii, 117-8
実践（的）　**3-2-4**, 18, 43, 61, 92, 103, 118, 123, 131, 141, 154, 163, 233, 248, 259, 301, 308
実存　134
実体　v, 39, 94, 100, 109, 144, 147, 156, 163, 182, 190, 270, 294, 302
実体化　39, 68, 94, 101, 137, 163, 253, 302-3
質点　94
実名　114, 156, 272
実用（的，性）　57, 62, 93
質料（ヒュレー）　41, 93-5, 111, 190
指定（indication）　123
自動運転（ロボット）（車）　vii, 47, 172, 218, 293
自動（化，的）　**4-3-2**, **4-3-3**, v, 47, 48, 60, 62, 75, 108, 116, 156, 180-1, 195, 206-7, 210, 216, 218, 229, 236, 278, 293
自動人形　→オートマトン
自撮り棒　132
シナプス　191
支配　136, 158
自発性　257
自文化中心主義（エスノセントリズム）　282, 285-8, 316
思弁的実在論　318
思弁的唯物論　318
死亡　100
資本　v, 38, 109
資本家　109
資本主義　18, 39, 48, 105, 201-2, 206
シミュレーション（シミュレート）　187, 216
シミュレーター　225
市民　10, 82, 101, 103, 106, 131
市民革命　266
市民社会　99, 101, 103, 254, 296
ジャーナリズム（ジャーナリスト）　**0-2-2**, 3, 6, 7, 10, 18, 21, 48, 171, 206, 261
社会（的）ア（・）プリオリ　69, 78, 83, 155, 164, 265, 309
社会化　**4-2-1-2**, vi, 52, 264
社会改良　102-3, 106
社会学　117-8, 122, 266
社会工学　152
社会構造　8, 139-40, 144, 149, 151,

153, 164, 206, 211, 219, 220
社会構造変動　211
社会システム（論）　**第三章**, iii, v, 112, 225, 236, 264, 309
社会主義（者, 的）　11-2, 103
社会進化（論）　101, 112, 144-5, 151, 161
社会心理学　260
社会性　171-2, 174-5, 183, 185, 212-3, 230, 235-6
社会生物学　112, 144
社会設計　142-3, 151-2
社会的記憶　160
社会的基本財　312
社会統計（学）　98, 100
（社会, 共同体）（的）統合　vii, 249, 251, 253, 255, 258-9, 260, 262-3, 265-6, 268, 270, 275, 278, 280-1, 290-1
社会物理学　100
社会変動　145
社会唯名論　131
社会有機体論　144, 220
弱者　299
社交　138
写真　93, 113, 199, 234
ジャスミン革命　10, 112, 115
社説　4, 12, 17
シャドウ・ワーク　206, 216
醜　139
自由　257, 277-8, 281, 297
周縁　145, 164, 196, 209
習慣　210, 253
宗教　viii, 29, 31, 155, 262, 283, 307, 317
衆愚　103
修辞学　60
蒐集　9, 44, 53-4, 63
重商主義　99
習俗　98, 254
自由民主党　7
祝祭　52
受苦的存在者　279, 280
呪術　201, 203
主体（的）　**4-3-4**, v, 27, 69, 71-73, 76, 97-9, 101, 103, 105, 107-9, 116, 125, 136, 148-9, 152-3, 155, 158, 163, 169, 173, 182, 203-4, 212, 215, 221, 225, 236, 246-7, 278-9, 286, 298-9, 302
出生　100
出発点（アルケー）　96
主導的（な）メディア（技術）　ii, iii, iv, v, 29, 35-7, 43, 64, 91, 155, 264-5
純粋知性体　→ヌース
純文学　5, 6
止揚　198, 257, 259
使用価値　205
上向（的）　38, 40-1
常識　39
小説　5, 20, 46
情動（化）　115-7, 134, 214-5, 218, 273, 290, 315, 322
情動社会　116
情動伝染　115, 158
情動露出　43, 116-7
承認（欲求）　16, 134, 159, 274
消費者　5, 290
商品　ii, 3, 5, 13, 26, 35, 39, 49, 60, 62, 81-2, 86, 91, 172, 205-6
情報　**2-4**, ii, iv, v, 4, 9-12, 17, 26, 34-5, 43, 49, 50, 68, 69, 71-2, 78, 108, 111, 114, 116, 126, 128-9, 155, 166-7, 177, 184, 186-7, 196, 217, 236, 240-1, 248, 261, 267-8, 279-81, 312
〈情報〉　69, 70, 78, 94, 127-8, 155, 268, 279, 312

情報科学　71, 78, 94, 122, 127-8, 155, 284, 312
情報管制　11-2（→報道管制）
情報圏　279
情報源　94
情報工学　280
情報社会論　iii, iv
情報処理　42, 194-6, 199, 219, 278,
情報的世界観　177, 227
情報発信　4, 9, 10, 35, 43, 115-6,
情報量　85-6, 94
情報倫理　**5-1**, iii, vi, vii, 41, 154, 245, 248-9, 264, 266, 278-280, 303
職業倫理　261, 273
職人　201, 203
植物状態　305
叙事詩　64
女性　11, 206, 229, 317
書籍　ii, 26-7, 52, 65, 262-3
触覚的（tactile）　19
所有　247-8
自立＝自律　vi, vii, 66, 72-3, 75-6, 100, 102, 108, 131, 140, 151, 155, 158, 172-3, 178, 207-8, 210, 213, 215, 221, 225, 257-8
仁愛　307
新アリストテレス主義　316
進化（論）　**3-2-3-3**, 10, 56, 66, 101-2, 116, 151, 153, 161, 164, 171-2, 174, 194, 200, 207, 224, 230, 266, 271, 304（→構造変動）
神学　60
人格　62, 127, 149, 162, 253, 255, 270, 272-4, 285, 288, 290-300, 306, 311, 313（→パーソン）
新カント派　306
シンギュラリティ　**4-1-2**, i, vii, 176, 190, 224, 237, 310
真空　242, 245
神経科学　175, 191
神経系　119, 166
神経心理学　191
神経生理学（者）　44, 189
箴言　20, 265
人権　148
心語　221
信号　128, 176, 192, 232
人口（統計）　98-9, 148
人工言語　180
人工身体　**4-1-1**, 226
人工知能（AI）　**第四章**, iii, vi, vii, 41, 48, 71-2, 78, 154, 278, 280, 294
人材　82, 290, 294
新実在論　306
人種　103, 144
人種主義　297
心身問題　175, 223
新人類　19
心像　186
深層学習　198, 234
人造人間　201
身体（性，的）　29, 49, 52, 71, 79, 109, 112, 147, 149, 165-6, 168-9, 177, 199, 207, 211-3, 217, 220, 224, 226, 235, 244, 247
身体メディア　iii, 45, 152, 157
振幅　129, 162
新聞　ii, 4, 12, 15, 17, 20, 113, 260, 267
進歩　56
親密（関係，圏）　292-3, 301, 315
真理（性）　39, 139, 179, 199, 222, 282
真理値　231
人倫　253, 256
神話　**1-2-1**, iv, 63-6, 92, 200, 253
推測統計学　105
推論　97, 179, 180-6, 189, 192-3, 196,

198, 208, 224, 231
推論エンジン　184, 196
推論規則　184, 186
数学　96, 183, 186, 318
数値（化）　96-9, 193
数理社会学　156
数量（化）　96-9
スクリプト　187
図像　67, 71
スタジオジブリ　32
スタンバイ　→待ち受け
ステマ（ステルス・マーケッティング）　13
スナップショット　86
図表　98
スピン　232
スマートグラス　viii
スマートフォン（スマホ）　86, 106, 109, 116, 155-6, 217
正（the Right）　283
斉一説　56
正確さ（veracity）　89
生活世界　136, 295-6
正義　**5-6-2**, 246, 283, 285, 296, 313, 317-8（→一般的正義，匡正的正義）
正規分布　102
制御　136, 158, 166-7, 169, 173, 207, 209, 220, 254, 264, 268（→コントロール）
制御社会　158
生産力　145
政治学　131
政治算術　**2-5-1**, 100, 105
精神　236, 247
生成（ヴェルデン）　56, 60, 66, 69, 70, 73, 85-7, 90-1, 108-10, 140
生成史　56-7
生政治　151
生成文法　221
正戦　314
成層　145, 164
生存　112, 144, 295, 305
生態学（的）（エコロジカル）　147, 236, 279
生態系　ii, iii, 28-30, 34-6, 147, 261-2, 267-8
生物　102, 144, 279
生物学　56, 102-3, 105
生物測定　102
生命　118-9, 244, 280, 305
生命倫理　167, 243-4, 246-8, 279, 305
ゼーレ　→心
世界　19, 54, 60, 64, 136, 146, 151-2, 163, 177, 186, 188, 193, 212, 247-8, 276-7, 279, 319
世界-内-存在　211, 222
世界観　96, 247
世界システム　151, 161, 163
世界社会　**3-2-3-2**, **3-3**, **5-3-3**, **5-3-4**, 46, 118, 123, 143, 145-6, 149, 151, 159-163, 274, 281, 289, 291-2, 294-8, 302-3
世界性　161, 212, 270-1
世界像　74
セカンド・オーダー・サイバネティックス　178, 276, 284
責任　277-8, 284, 299
責任倫理　277
セキュリティー　239
接客　206
設計　**3-2-3-3**, 151-2, 159-60
設計者　63-6, 70, 73（→デザイナー）
絶対主義（国家）　98-9
説話　51
セマンティック・ウェブ　72
善　251-6, 270-1, 275-6, 279, 282-3,

285, 291, 307
線形性　24, 30, 45
選好　184, 252, 282-4, 297, 313
潜在（的）　93, 111, 117, 130, 139, 302
センサス　→国勢調査
センス・データ　96
センス・レイショ　→感覚配合比率
センスス・コンムーニス　→共通感覚
潜勢態（デュナミス，ケイパビリティ）　93-4, 316
全体　38, 40-1, 58, 86, 89, 146-7, 196, 211, 221, 236, 262-3, 274, 289, 294, 299
選択　93, 109, 199, 277-8, 281, 283-4, 295, 297
選択の自由　277-8, 284, 297, 313
線的　→単線的
選別　ii, 33, 69, 93, 109, 149
専門家　11, 72, 183-5, 187, 197, 246
専門家倫理　241, 246, 261
戦略的行為　127
染料　52
先例　287
相関関係　319
相関分析　104
臓器移植（法）　226, 244, 246
相互行為（インタラクション）　114-6, 121-2, 126-130, 132-8, 142, 153, 155, 157, 159, 161, 214, 218, 253, 262, 269, 307
層序　92, 209
想像力　168
相対化　vii, 50, 106, 224-5, 246-8, 271, 302
相対主義　286, 289, 316
相対性　155, 252, 254, 287, 291, 297
創発　136, 152, 158, 164, 213, 233
増幅　69, 116, 165, 167-8
贈与　301
ゾーエー　316
疎外　138, 203
即自（an sich）　39, 259
速度　**2-2-2**, 84, 90
素材　78, 93-5, 162, 189, 190
素子　72, 140, 149, 152, 189-92, 200, 224, 292-4, 300
組織　106, 109, 117, 121-2, 153, 249, 269
組織論　117
素質　93, 126, 292
ソニー　172-3
ソフィスト　24
ソフトウェア　81, 84, 189, 241, 247
ソフトバンク　i, vi, 172-3, 205, 215, 217
素朴実在論　117
素粒子　67
ゾルゲ　→配慮
それ自体において先なるもの　97
尊敬　257, 288, 291-2
存在者　56, 73-5, 109, 259, 279
存在論（的）　57, 91, 94, 247, 257, 259, 273, 304
存立構造　iii, 15, 18, 36-8, 41, 154, 298, 303

タ　行

ダートマス会議　179, 183, 191
第一次集団　260
第一質料　94
第一哲学　304
体系（化，性，的）　vi, 20, 40, 51, 60, 66, 92-3, 121, 141, 180, 323
体系的〈学〉　40
体系的批判　40
体験　19, 25-9, 96, 287

第五世代コンピュータ　185, 188, 205, 229, 231
第三者　132-4, 136, 253, 317
大社会　260, 263, 266-8
大衆　3, 4, 9, 16, 35, 42-3, 103, 268
対象（Gegenstand）　319
対称（性，的）　114, 284-5, 296, 317
対象論　306
代数　180
対等（性）　114, 287, 296
ダイナブック　168
第二次世界大戦　260
大日本帝国　257
タイムシェアリングシステム　195
タイムライン　272
対面的相互行為　→相互行為
第四権力　43
頽落　149, 293-4, 298
代理表象　103
タグ　217
多元（主義，性）　**5-5**, **5-6-2**, 270, 292, 295, 297,
多元的宇宙　282
他者　132, 135, 210, 235, 298-9, 303, 307, 317
他者言及　130
他者の態度取得　307
多重化　120, 146
脱（・）人間　169, 215, 217, 224
脱構築　iv, 301, 303-4, 318, 323
妥当（ゲルテン）　250, 252, 265, 308
タブロー　56, 71
多文化主義　287, 314
食べログ　13
タメ口　114
多様性　**2-2-3**, 84, 90, 107, 111, 114, 276-7, 281-4, 288, 312
タリバン　275
段階論　323
探求　19
探査　19
探索木　232
端緒　→アルケー
（単）線的　19, 20, 23-4, 38, 40, 42, 195
単独者　159
断片化　315, 322-3
知　iv, 51, 56-7, 63-7, 69, 75-6, 155, 322
知恵　43, 51, 287
チェコ兄弟教団　78
知覚　96, 168, 192-3, 199, 208, 233
地球　39, 48, 67, 72, 86, 143, 146, 225, 245, 263, 265, 267-9
地球村（グローバル・ヴィレッジ）　31-3, 46, 225, 263, 265-9
逐次（的）　181, 195, 268
チクり　135-6
知識　**0-3**, **2-4**, iv, 16-7, 25, 42-3, 51, 53, 60, 62-3, 65, 69, 78, 111, 155, 184, 186-7, 199, 230
知識工学　72, 76
知識人　15-7, 41-5, 315
地質学　56
地上波（完全）デジタル（化）　8, 14, 112
地図　47, 86, 168, 208
知的財産　242
知能　71-3, 76, 170, 177-9, 180-3, 189-96, 198, 207-9, 210-2, 214, 216-8, 220-5, 236
知能増幅　71, 168
地平　146, 152, 249, 279, 283
智民　304
チャット　69
中央集権　117, 248

中国語の部屋　222
抽象（化，性，的）　**3-2-3**, v, vii, 118, 121-2, 130, 156, 211, 233, 255-6, 289
抽象化レベル　280
抽象的具体　163
中心　145, 164
中枢　168, 196, 209, 211, 220
中庸（メソテース）　101, 103
チューリングテスト　178, 182, 193
チューリングマシン　181-2, 189, 191, 195-6, 228
超越（性，的）　38, 41, 97, 250-2, 258, 283, 302
超越主義　283
超越論（的）　38, 302
超構造　290
超人　103
諜報　92
著作権　vii, 2, 239-40, 248, 264
著者＝読者　40
直観主義　306
チラシ　113
地理（的）　142-3, 146, 161, 269
ツイート　69, 86, 133, 135, 156（→呟き）
対幻想　132, 137
ツイッター　→Twitter
通時（系）　50, 56, 121, 287
通商産業省　185
通信　26, 78, 94-5, 128, 166
通話　114
つなぎっぱ　114, 133
呟き　4, 109, 110, 114, 133, 135, 199（→ツイート）
強いAI　190
出会い　114
ディープ・ブルー　230
ディープ・ラーニング　48, 176, 198, 232-3（→機械学習）
定型表現　52
定向進化　159
帝国　25, 151, 163
定在形態　257
停止　181
定常系　161
定常状態　119
データ（収集）　**2-4**, **2-6**, **2-7**, iv, v, 2, 49, 67, 78, 81-2, 84-91, 95-9, 101-5, 111, 116-7, 126-9, 155, 178, 199, 211, 216-8, 295, 322-3
データアナリスト　198
データ化　**2-5**, 109
データサイエンス（サイエンティスト）　82, 84, 107, 110
データベース　iv, 48, 81-2, 88
データマイニング　89-91, 108, 234
テーマ　147-8, 272
テオーリア　→観照
テオーレーティケー（〈認知＝理論〉的活動）　308
手書き文字　ii, 29, 30, 164, 262
手紙　113
適応　144
出来事　129, 148, 151, 163, 294
適者生存　144
適正化（モジュラスィオン）　158
適用　123, 141, 150-2
テクスト　60, 81, 88
テクノクラート　142
テクノトピア　vi
デザイナー　63-4, 70, 73（→設計者）
デジタル　60, 66, 72, 85, 93
デジタル・デバイド　vii
〈哲学〉　iv, 76, 109, 175, 319, 323
手続き　275-6, 281, 311
デフォルト・ヴァリュー　→既定値

デマ　16
デモ　10, 12, 115
デュナミス　→潜勢態
テレノイド　214
テレビ（TV）　i, ii, 1, 3, 4, 9, 11-2, 14-7, 21, 25-7, 29, 31-4, 36-8, 42, 113, 155, 262-3, 265-8, 310
テレプレゼンス　214
テロ（リズム）　162, 275
転移　94, 126
電気　29, 31, 34, 36, 128, 155
電気回路　182, 189, 190
天才　103
電子　34, 66-72, 75-6, 94
電子書籍　13-4
電子政府　i, 68
電子的公共圏　275, 311
電子マネー　69
電子民主主義　311
伝承　64-66, 200
伝染　115, 158
転送　126-9, 280
展相　→ポテンツ
伝達　26, 129
伝統（主義）　**5-5-2**, 22-3, 52, 66, 263, 266, 282, 285-6, 289, 297-8, 303
電脳空間　68, 72, 106（→サイバースペース）
電脳汎知　**1-3**, 76, 92, 155
電話　33, 113-4, 263
問い合わせ言語　81
当為　252, 275
同一性　92, 119, 124, 263, 302, 311（→個体的同一性）
動画　14, 48, 88, 113-4, 199
討議　33, 275, 284
東京電力　11-2
討議倫理　274, 284
道具　169, 172, 174, 182, 260
統計（的）　v, 85, 96, 98, 101, 103-6, 158, 194, 198, 260, 294-5
統計学　v, 82, 87, 95-6, 98, 100-5, 107
統計学史　96, 98
統計法則　100
投稿　86, 199
当事者（性）　9, 10, 133, 135, 137, 247, 305
統辞（論）　186-188, 221
同人誌　32
統治　25, 131
道徳　**2-5-2**, **5-1-4**, **5-2**, **5-3-2**, viii, 139, 240, 243, 245, 247, 259, 260, 263, 268, 271-2, 274-5, 291, 302, 306, 315
〈道徳〉　259, 291
道徳意識　258, 267
道徳感覚　307
道徳哲学　255-6, 258, 266, 270, 307
道徳統計　100-1
道徳律　255, 257, 265, 284
動物倫理　305
登録　69, 70, 162, 292
トークン　95
トートロジー　295
徳（倫理）　288, 291, 297, 299, 314, 316
独我論　277
ドクサ　→臆断
独裁　10, 143, 197
読書　14, 262
匿名（性）　9, 10, 13, 17, 114, 127, 132, 134, 137, 217, 272, 274
匿名性の規定値　156
都市　142, 243, 267
図書館　47
度数　85, 87
土地倫理　304-5

トポロジカル　146
トミズム　23
トラッキング　87, 110
トランスセンデンタリズム　→超越主義
トランスツェンデンタール　→超越論（的）
トリビアル・マシン　277（→ノン-トリビアル・マシン）
ドローン　293
トロント学派　45, 51, 262, 309

ナ　行

内-自-有　223
内部　36, 38, 40, 106-7, 109, 129, 130, 143, 147-8, 151, 186-8, 194, 208, 210-3, 251-2, 258-9, 294, 296-300, 302, 308, 311, 317
内部状態　210
内面（化）　30-1, 213, 240, 249, 250, 257-8, 262-4, 266, 272-3, 290-1
内容　16, 26, 60, 62, 109, 255, 275
ナヴィゲーション　86
中抜き　43
ナショナリズム　viii, 161
ナチス　7, 103, 144
ナノ機械　224
ナラティブ　→物語
成り済まし　13, 272
ニコニコ動画　113
二重化　69, 78, 148, 273, 295, 307
二〇四五年（問題）　vii, 170, 200
二値　180, 182, 189
二値コード　139
日常言語　71
日常知　40, 187
日常的（な）意識　→フュア・エス
日記　113
二分法　59, 60, 64, 66
日本電気　82
日本文藝家協会　1
ニューサイエンス　236
ニュース　4, 12
ニュータイプ　19
ニューラル・ネットワーク　191, 193, 195, 212, 221, 232
ニューロン　189, 190-1, 193, 196, 222
ニューロン集合体　191
人間　**4-4**, i, iii, vi, vii, 27-9, 48, 52, 72, 102-3, 108, 117-8, 122, 125-31, 140, 144, 147-9, 160, 162, 166-73, 177-81, 186-9, 191-4, 196, 198-207, 210-4, 226, 229, 230, 232-4, 236-7, 244, 246-7, 250, 257-8, 261, 278, 289, 290, 295, 299-301, 303, 305, 307, 309, 318
人間関係　135, 137
人間主義　127, 157, 224
人間知識の系統図　55-6
人間中心主義　73, 225, 278, 305, 319
人間の終焉　225
認識論　304, 309
妊娠中絶　305
認知　119, 150, 152-4, 192, 233
認知＝理論的活動　308
認知科学　175
認知革命　178
認知資本主義　48
認知的不協和　133
認知労働　48
ヌース　190, 212, 224, 244
ヌースフェア　→叡智圏
ネイション　161（→民族）
ネオプラトニズム　281
ネオリベラリズム　131, 159
ネタ　133
ネチケット　vii

〈ネット-ワーク〉　**0-3-1**, ii, vii, 1, 43, 110, 113-4, 116-8, 137, 146, 154-6, 164, 169, 198, 226, 237, 268-9, 271-4, 323
ネットワーク国家　162
ネットワーク性　66, 72, 174
ネットワークメディア　4, 5, 8-10, 12-3, 35, 49, 50, 219, 274
脳　177, 189-91, 196, 209, 212, 214, 216
脳死（状態）　148, 244, 247, 295, 305
脳死臓器移植（法）　226, 244
脳神経科学　175
脳神経細胞　→ニューロン
脳内伝達物質　216
能力増強（エンハンスメント）　167-8
ノード　vii, 116, 149, 174, 220, 225, 268-9, 272
ノブレス・オブリージュ　241, 246, 261
ノモス　147
ノン-トリビアル・マシン　277

ハ　行

パーセプトロン　**4-2-2-2**, 194-5, 198-9, 231-2
パーソナルコンピュータ（パソコン）　47, 106, 197, 241
パーソン　149, 270, 290, 292, 295-6, 300, 306, 316（→人格）
パーソン論　306
ハードディスク　67
バイオ・ポリティックス　→生政治
バイオエシックス　167, 243, 305（→生命倫理）
バイオメトリックス　→生物測定
媒介（関係）　39, 106, 117, 130, 319
廃棄　91, 109, 294
排除　**3-2-3-4**, **5-6-1**, 33, 48-9, 151, 153, 162, 298-9, 317
排他性　115
排他的論理和　195, 231
百度（バイドゥ）　176
バイナリ　60, 67, 70-1, 78
バイナリコード　139
ハイパーテクスト　72
配備＝集立　→ゲ・シュテル
配分的正義　298
配慮（ゾルゲ）　244, 299
ハエ　119
バカッター　134
バグ　194
爆-縮　166
爆-発　166
博物学（者）　53, 56, 64, 75, 77
博物館　54
博物誌　**1-2-2-1**, 52, 54, 56, 63-4, 77
場所　30, 67-8, 131, 136, 138, 141, 262, 268
パソコン　→パーソナル・コンピュータ
パターン　87, 110, 119, 120, 124, 192, 198, 234, 268
発火　191, 196
ハッカー　248
バックプロパゲーション　→誤差逆伝播法
発見的　→ヒューリスティック
発信　9, 10, 43, 115, 134
発表報道　10, 12
バッファー　149, 294, 300
パノプティコン　136
パピルス　52
ハブ　4, 149
パフォーマティヴ　18, 23
パフォーマンス　134

パブ記事　13
バプティスト　23
パブリケイション　→意見発信
パラダイム　**0-3-1**, **1-2-2**, iii, iv, vii, 1, 15, 42-3, 49-51, 63-6, 68, 71, 77, 84, 86-7, 92, 99, 102, 105, 110, 113, 145-6, 154-6, 164, 169, 179, 197-200, 216, 219, 220, 224-6, 237, 262, 265, 268-9, 323
パラダイム・チェンジ（シフト，転換） 107, 145-6, 155, 174, 197
パラドックス　37, 124, 137, 300-1
反 AI　176, 184, 188, 222
汎化　177, 189, 221
反価値　252, 258
犯罪　100, 110, 248
犯罪人類学　103
汎視　→パノプティコン
反証可能性　44
反省　41, 130, 154, 208, 253, 258
反対の一致　**1-3-1**
汎知　**第一章**, **1-2**, 91
汎智（知）学　iv, 61
万能チューリングマシン　228
汎・場所　68
美　139
非（-）対称（性）　295, 297, 299, 317
非（-,・）人称（性）　iii, vii, 74, 76, 127-8, 130, 132-3, 148, 156, 162, 169, 206, 217-8, 220, 270-1, 274, 285-6, 293, 310
非・場所　67-8
ヒエラルキー性（ヒエラルキカル） **4-2-2-3**, 9, 12, 43, 158, 209, 219-20, 267, 270, 291, 297
ビオス　244, 247, 316
東日本大震災　11
東ロボくん　230
引き込み　214
引きこ（籠）もり　126, 263
秘教　65
非決定論　220
非構造化データ　81, 88, 199
ビジネス・インテリジェンス　81, 84
ビジネスモデル　49, 105
非正規雇用　295
非措定的意識　235
日立　82
ビッグデータ　**第二章**, iii, iv, v, 41, 116, 154-5, 198-9, 217-8, 234, 294
ビット　94
ヒト（孤人）　43, 46, 106-9, 112, 293-6, 298, 300, 303
被投性　211-2
ヒトゲノム・プロジェクト　244, 305
批判　iv, vi, 15, 37, 38, 40-1, 43, 295-6
ビヘイヴィア　→振る舞い
太陽花學運　115
百科事典　**1-2-2-2**, 51-2, 63-4, 66, 75
百科全書（派）　iv, 56, 64-5
ヒューマニズム　73, 127
ヒューマノイド　**4-3-1**, 172-3, 204-6, 213-8, 235, 294
ヒューリスティック　194, 232
ピュシス　147
ヒュレー　→質料
表　→タブロー
表現　94, 187-8, 216
表現の自由　117, 239, 273
表象　54-5, 66, 69, 74, 162, 186, 208, 211-2, 221
平等　127, 275, 284-5, 298, 312-3, 317
標本　85, 87, 105
汎智学　61, 64
ピロソピア　52
貧困　148

品質管理　117
ファイヤーウォール　271
ファイル　60, 71
フィードバック　4, 109, 114, 137, 177, 199, 214, 218, 276
フィルタリング　117, 273
フェビアン協会　260
フェミニズム　317
フォーディズム　48
フォードシステム　202-3
不快　255
不確定（性）　90, 93, 108, 129, 139, 145, 220, 276-7
不可視（性）　**0-2-9**, iii, 20, 25-8, 67, 97, 131, 133-6, 189, 194, 242, 264
不可視の第三者　134, 136-7
負荷なき自己　285
不可能なもの　301
不完全性定理　222
複雑性の増大　145, 284
福祉　167, 254-5
福島原発事故　11
複製技術　30, 262
符号　128
不在の他者　135-7
物質＝身体（corpus）　247
物象化　39, 109, 116, 155, 223
物心二元論　74, 247
物理記号仮説（システム）　179, 186
不登校　295
不道徳　250, 273
不特定性　→アノニミティ
普遍記号法　58, 180
普遍的メディア　150
不法滞在移民　295
フュア・ウンス（für uns）　38-41, 108, 133, 137, 155, 169, 223, 245, 251, 259
フュア・エス（für es）　39, 40-1, 108, 133, 223, 245, 251
プラーグマ（具体的現実）　282
プライヴァシー　viii, 87, 89, 239, 242, 264
プライベート　134
プラグマティズム　**5-5-1**, 282, 286-7, 289
プラグマティズム的リベラリズム　296-8, 316
フランクフルト学派　41
フリー　→無料化
ブルジョワ（市民）　101, 103, 106
ブルジョワ革命　101
振る舞い（ビヘイヴィア）　178, 182-3, 193, 210, 213-5, 218, 235
フレーム　187
フレーム問題　187, 208, 213
不老不死　170, 224
ブログ　4, 7, 12, 17, 158
プログラム　60, 62, 75, 88, 139, 140, 144, 160, 178, 180-1, 184, 187, 189, 193-4, 199, 208-9, 211, 224, 230, 232, 235, 242, 247, 300, 317
プロダクションシステム　184
プロダクツ・プレイスメント　13
プロテスタンティズム　237
プロテスタント　23, 31, 78, 262-3, 289, 309
プロトコル　127, 197
プロバイダ　107-8
プロパガンダ　9, 246, 248, 260
プロフェッショナル　10, 34
プロレタリアート　202
分肢　92
文化　54, 56, 98, 147, 285-8, 314
文学　5-6, 51
文化防衛　314

文芸　2
分散　49, 81, 196-7, 209, 215, 219, 221, 270-1, 290-1, 294
分子生物学　105
分析哲学　222, 302, 306, 308, 314
文壇　5, 6
分裂化的統一　40
平均　101-3
平均人　101, 103
平均への回帰　102（→凡庸への退行）
平衡状態　28-9, 101-3（→ホメオスタシス）
ベイジアンネットワーク　198
ペイジランク　72, 199
ヘイズ・コード　260, 264
ベイズ統計　112, 198
ヘイトスピーチ　273
並列（分散）（処理）　49, 195-7, 207, 209, 211, 219
ペッパー　→Pepper
ヘッブの学習則　191
別様に（で）も（また）あり得る（た）　300, 302, 318
弁神論　307
弁証法　24
変態　304
ベンチャー　vii, 47-8, 205, 217
弁論術　24
法　148, 249, 253, 260, 270-1, 291-2, 295, 300-1, 317
放-送　267, 268, 310
包括社会（システム）　121-2, 139, 141-2, 145-6, 149, 153, 162
方針の空白　**5-1-2**, 245, 303
包摂（インクルージョン）　**3-2-3-4**, **5-6-1**, 48, 121, 138, 143, 151, 153, 273, 277, 280, 290-1, 298（→排除）
包摂（subsumption）アーキテクチャ　208, 210-2, 219
放送　4
法則　30, 100, 250
報道　3, 4, 9, 11, 15
報道管制　15（→情報管制）
方法　24, 38-9, 58, 60, 61-2, 104-5, 151
暴力　ii, 301
亡霊（スペクトル）　301
母集団　85-6, 89, 105, 110
保守主義　287
ポスト・ヒューマン　170, 200, 224-5, 237
補装具　166-7
ホット　32, 46（→クール）
ボット　184
ホップフィールド（回路網，モデル）　195, 232
ポテンツ（展相）　**5-3**, 95
ポピュラーハイライト　14
ホムンクルス　200-1
ホメオスタシス　101, 118-9, 147, 161
ホモ・サケル　150, 293, 316
ボルツマンマシン　195, 235
ホロン　236
ホンダ　173
凡庸への退行　102

マ　行

マーケッティング　13, 116, 218
マイナンバー　i, 69, 293
マインド　236, 294
マクルーハニズム　21
マクロ倫理　278
マスメディア（パラダイム）　**序章**, ii, 50-1, 77, 103, 106, 113, 117, 145, 155, 164, 197-8, 219, 260-2, 266-4, 308

待ち受け　114, 133
祭り　32, 136
眼差し　134
マルクス主義　309
マルチチュード　163
マン-マシン系　167
マンガ　5
ミクロコスモス　60
ミクロ倫理　278
見せしめ　253
見出し　48, 71
未来　129
未来学（者）　vi, 170-2
民主主義　276, 284
民主党　6, 7
民族　103, 146
無　94, 97
無・場所　68
ムーアの法則　85
剝き出しの生　149
無限　299
無際限（性）　70-1, 85-6, 89, 108
無差別（性）　47, 69, 70, 89, 90, 109
無知のヴェール　285-6
無底　319
無目的性　89, 107
ムラ社会　138
村八分　253
無料化　49
ムンドゥス　54
命題論理　180
命令　181, 194, 252, 258, 299
メインフレーム　195, 197
メカトロニクス　202
メソテース　→中庸
メタ・コード　153
メタ構造　105
メタモルフォーゼ　→変態
メタ倫理　308
メディア　**序章**，**1-2-2**, **5-3**, ii, iii, v, 49, 50, 63-72, 75-6, 83-4, 92, 106, 109, 113-7, 125, 145, 150, 153, 155-6, 160, 162, 164-5, 169, 175, 214-5, 219, 225-6, 233, 237, 263, 289, 319, 323
メディア（・）リテラシー　ii, vii, 239, 264
メディア技術　ii, iii, 25, 27, 29, 31, 34, 49, 75, 166, 225, 245, 249, 261-3, 265-7
メディア史観　**序章**，iii, iv, v, 29, 155-6, 261-2, 267
メディア神学　31, 237
メディアはメッセージである　26, 34, 265
メディア論　**0-2-7**, **0-2-8**, **4-1-3**, viii, 14, 18, 21-2, 24, 28, 37, 49, 83, 125, 150, 155, 196, 224, 226, 261-4, 267, 271, 285, 309
メノナイト　263, 309
メメックス　71, 168
メモリ　67, 129, 184
盲点　27, 34, 264
目的（因）　78, 88-90, 93-5, 97-9, 101, 103, 105, 107-8, 111, 114, 127-8, 132, 138-9, 144, 169, 172, 178, 209, 276-7（→価値，形相）
目的の王国　127
目的論　161
黙読　262
モザイ（ッ）ク　19, 20, 23, 38, 40, 42
文字　**1-2-2**, ii, 29, 30, 63-7, 69, 164, 262
物語　52
ものづくり　173, 217
ものまねゲーム　182

モバイル　47
問題解決　185
モンテカルロ法　232

ヤ　行
役に立つ　75, 109, 245
唯一性　68, 141, 143, 161, 262, 270
唯物史観　iv
唯物論　18
友愛　301
有機（体）（的組織）　112, 144, 147, 167, 169, 177, 208, 224, 292
ユーザー　4, 9, 10, 13, 57, 63-4, 70, 72-3, 82, 107-8, 158, 214, 218, 304
ユーザーインタフェース　→UI
ユーストリーム　12
優生（学，主義）　**2-5-3**, 297
有体性　211-2
有徳　288
ユートピア　68
ユダヤ（人）　162, 177, 200
ユダヤ神秘思想　227
ユニテリアン・ユニヴァーサリズム　237
ユニメート　204
揺らぎ　65, 102, 119
様相実在論　302
欲望の体系　131, 254
寄木細工的　→モザイ（ッ）ク
世論　6, 8, 42, 117
世論調査　6, 7
四原因　276

ラ　行
ラジオ　4, 113, 263, 267
ラディカル構成主義　125
ラノベ　5
ラミスト　→ラムス主義（者）
ラミズム　→ラムス主義（者）
ラムシュプリンガ　263
ラムス主義（者）　58, 61, 62
ランダムアクセス　57
ランド社　183
リ・エントリ　→再-登録
リアルスペース　→現実空間
利益社会　310
利己心　255
離散的　181
リスト処理　229
リズム　52
理性（的）　6, 40-1, 115, 190, 305
理想的発話状況　275, 284, 296
理想的平衡状態（ホメオスタシス）　101
リソース　→資源
リツイート　116, 134-5
リナックス　248
リニア　→（単）線（形）的
リベラリズム　282-3, 285-6, 288-9, 296-7, 314, 316
流行　22
流出論　281
流通　ii, 4, 26, 43-4, 49, 205, 267-8
流動性　68, 78
領域性　142, 146
量子物理学　105
利用者　63-6, 69, 70-1, 73, 107（→ユーザー）
量子力学　67
リレーショナル・データベース（管理システム）　81, 88
履歴　108, 129（→ログ）
リンク　72
倫理（学）　**5-2, 5-3, 5-4, 5-5, 5-6**, vii, viii, 139, 142, 163, 240, 243-9
〈倫理〉　**終章**，vii, viii

類比　92
ルール・ベース　184
ルンバ　→Roomba
例外状態　150
霊魂　224-5
霊智　65
レイシズム　→人種主義
冷戦　260
隷属的労働（ロボタ）　201-2, 204
零度　**5-3-2**, 37, 155
レギオナリテート　→領域性
歴史　2, 29, 32, 51, 95, 97, 105, 120-1, 155, 164, 178, 197, 201, 238, 261, 287, 297
歴史主義　289
レコメンデーション　199
レス　134
レスポンサビリテ　→応答責任
レトリック　**0-2-4**, 19, 20, 23, 25-6, 46
恋愛　132, 187
錬金術　177, 200
連合体　→コレクティーヴ
連鎖的（な，に）持続（接続）　iii, 114, 118, 120, 128-9, 132, 138-9, 272, 281, 303, 310
連想　71-2, 193
労働　**4-3-2**, **4-3-3**, 48, 202, 216, 229, 235, 293
労働資源　138
生（ロー）データ　93
ローマ帝国　98
ログ　70, 129（→履歴）
ロゴス　115
ロシア革命　202
ロジスティックス　293
ロジック・セオリスト　183, 186
ロジャース派精神療法　184
露出　117, 132, 134-5, 157, 159
露出狂　135-6, 158
ロボティックス　→ロボット工学
ロボット　**第四章**, i, iii, vi, vii, 41, 48, 78, 116, 154, 280, 293-4
ロボット工学（ロボティックス）　171, 175, 196, 208, 211-4, 219, 227, 234
ロマン主義　304
論理（学）　24, 38, 60, 115
論理ゲート　182, 189, 190

ワ　行

ワーキングメモリ　184
早稲田大学　204
私小説　5
ワトソン　230
われ（das Ich）　40
〈われわれ〉（Wir）　40-1, 91, 154, 226, 318
われわれとしてのわれ＝われとしてのわれわれ　40, 257
われわれにとって先なるもの　97
ワンセグ　266

人名索引

凡例：原則として本文中に現れるすべての人名と、（注）内で筆者が重要と考えた人名を選んだ。

ア　行

アガンベン，G　150–1, 159, 293, 316
アクィナス，T（トマス・アクィナス）
23, 27–8, 60, 314
アシュビー，R　177–8
アダリー　203
アッヘンヴァル，G　98
東浩紀　8
アドラー，M　309
甘利俊一　235
アリストテレス　60, 94, 101, 180, 190, 242, 276, 288, 298, 301, 308, 316
アレン，W（ウッディ・アレン）　45
アンスコム，E　314
李 世乭（イ・セドル）　48, 233
池尾伸一　7
石黒浩　213–217, 223, 236
石牟礼道子　42
イニス，H　23–5, 46, 261, 309
イリイチ，I　206
ヴァレラ，F・J　118
ウィトゲンシュタイン　182, 277
ウィナー，L　248
ウィナー，N　228
ウィノグラード，T　187–8
ウィリアムズ，B　288
ウォーラステイン，I　151, 161
ウォルツァー，M　287, 314
宇野弘蔵　323
エスポジト，E　160, 163–4
エマーソン，R・W　283
エンゲルバート，D　71
エンゲルハート，H・T　306
オーウェル，G　197
大江健三郎　42
オークショット，M　287
大島渚　42
大前正臣　21, 45
大宅壮一　15–6, 21
小沢一郎　7
小田実　42
オバマ，B　82
オング，W　23, 46, 58, 60, 264, 309

カ　行

カー，N　72
カーソン，R　304
カーツワイル，R　170, 172, 237
ガードナー，H　178
オシエツキー，C・v　7
ガウス，K・F　100
香川知晶　305
カスパロフ，F・K　230
ガタリ，P・F　18
カップ，E　165–6
加藤周一　42
ガル，F・J　222
カント，I　15, 38, 41, 127, 163, 255–7, 265, 284, 309
キケロー，M・T　60
キットラー，F　264, 309
キテイ，E・F　317
ギブソン，J・J　233
キムリッカ，W　287, 314

京極夏彦　6
ギリガン，C　316-7
グーテンベルク，J　31
クーリー，C・H　260, 267
クーン，T　145
クヴァンテ，M　306
クキエ，K　87
九鬼周造　319
グラント，J　98-9
ケイ，A　168
ゲイツ，B（ビル・ゲイツ）　170-1, 226
ゲーテ，J・W　200
ゲーデル，K　180, 222
ゲーレン，A　289-291, 315
ケトレー，L・A・J　100-3, 106
ゴールトン，F　102-3, 106
ゴッフマン，E　157
小林秀雄　42
小松美彦　305
コメニウス，J・A　iv, 58, 61-2, 64, 78
コンリング，H　98

サ　行

サール，J　190, 222
サイモン，H　179, 183
サッチャー，M　131
佐藤俊樹　8
サルトル，J・P　235
山海嘉之　167
サンスティーン，C　115
サンデル，M　285, 287
ジェームズ，W　282-3
シェーラー，M　306
シェリー，M　200
シェリング，F・W・J　319
シジウィック，H　307
シャノン，C　182, 189
シャンク，R・C　187
ショーンベルガー，V・M　87
シンガー，P　305
ジンメル，G　309
スティグラー，S　96
ストールマン，R　247
ズナニエツキ，F　267
スノウ，J　101
スピルバーグ，S　110
スペンサー・ブラウン，G　123
スペンサー，H　101, 112, 144
スミス，A　255, 307
ズュースミルヒ，J・P　98-9
セノフスキー，T　232
セン，A　316
ソクラテス　52, 286

タ　行

ダーウィン，C　56, 101-2
タークル，S　159, 311
大プリニウス　53
竹村健一　21, 45
谷口忠大　213, 233, 236
ダランベール，J・L・R　56
タロース　200
チャーマーズ，D　222
チャップリン，C　203
チャペック，K　202, 204
チューリング，A　177, 180-3, 228
チョムスキー A・N　221
津田大介　7
ディック，P・K　110
テイラー，C（哲学者）　287
テイラー，F（技術者）　203
デカルト，R　74-5, 226, 247, 305
デネット，D　187, 235
デューイ，J　260

デュルケーム，E　306
デリダ，J　300-3, 316-8
テンニース，F　310
ド・シャルダン，P・T　225, 267
ド・リラダン，V　203
トゥーリー，M　305
ドゥオーキン，R　312
ドゥルーズ，G　18, 158, 303
トーヴァルズ，L　248
トーマス，W・I　266
ドレイファス，H　188, 222

ナ　行

ナイチンゲール，F　101
ナッシュ，T　24
ナンシー，J・L　159
ニーチェ　74, 103
西垣通　71, 78, 227, 231, 280, 312
ニューウェル，A　179, 183, 186
ヌスバウム，M　316
ネイマン，J　104
ネグリ，A　151, 163
ネルソン，T　71
ノイマン，J・v　189
野坂昭如　42
ノッディングス，N　317
ノワレ，L　165-6

ハ　行

パーク，R・E　267
バージェス，E　267
ハーストハウス，R　314
パーソンズ，T　161
ハート，M　151, 163
ハーバマス，J　33, 127, 138, 274, 281, 284-6, 295-6, 311
ハーマン，G・H　318
バーリン，I　287
パール，J　198
ハイエク，F　161
ハイデッガー，M　1-4, 109, 151, 188, 222, 245, 278, 293
バウマン，Z　91, 105
ハヴロック，E・A　51-2, 309
ハチスン，F　307
ハッキング，I　96
バックル，H・T　100
パットナム，H　233, 286
バナール，D・J　225, 237
パパート，S　192, 195, 231
濱野智史　8
パラケルスス　200
バルト，R　37
ハルトマン，N　306
ハレー，E　98-9
ピアソン，E（エゴン・ピアソン）　104
ピアソン，K　102-4, 106
ビゲロー，J　227
ピッツ，W　189-191
ヒトラー，A　7
ヒューム，D　307
ビュフォン，G-L・L・de　77
ピリシン，Z　233, 236
ヒリス，D　207, 234
廣松渉　39, 46, 235
ヒントン，J　176, 195, 232
ファイゲンバウム，E・A　72, 229
フィッシャー，R　102, 104
フーコー，M　54, 136, 151, 225
ブール，G　177, 180, 182
フェルスター，H・v　276-8, 281, 284, 291, 312
フォーダー，J　233, 236
フォード，H　202-3
ブッシュ，V　71, 168

フット，P　314
プラトン　24, 52, 190, 212
フランケンシュタイン　200-1
ブランショ，M　159
ブリン，S　48, 73
ブルックス，R　208-212, 215-6, 235
フレーゲ，G　177, 180
フロリディ，L　278-281, 312
ペイジ，L　73
ベイトソン，G　236, 294, 312
ヘーゲル　39-40, 57-8, 77, 125, 154, 221, 253, 256-9, 319
ベーコン，F　98
ヘーパイストス　200
ベーメ，J　319
ベッカー，D　164
ヘッブ，D　191
ペティ，W　98
ベラー，J　49
ベンサム，J　255
ペンローズ，R　222
ホーキング，S　170-1
ポーター，M　96
ホックシールド，A　206
ホップフィールド，J　232
ポパー，K　44
ホメロス　51
ボルツァーノ，B　319
ボルヘス，J・L　111
ホワイト，L　304
ホワイトヘッド，A・N　177, 180, 182-3

マ　行

マイノング，A　306, 319
マカロック，W　189-191
マクルーハン，M　**0-2**, iii-v, 14, 17, 36-8, 40, 42-6, 155-6, 165-6, 225-6, 237, 261-8, 309
マクレランド，J　195
マコーダック，P　227, 232
増田米二　i, viii
マッカーシー，J　179, 183, 187, 229
マッキーヴァー，R・M　267
マッキンタイア，A　288
マッハ，E　104
マトゥラーナ，H・R　118
マルクス，K　iv, v, 15, 38-9, 41, 103, 108
マルサス，T・R　144
マンデヴィル，B　255
ミード，G・H　307
三島由紀夫　314
ミューア，J　304
ミル，J・S　307
ミンスキー，M　179, 183, 185, 187, 192, 195-6, 231-2
ムーア，G・E　306
ムーア，J　242, 245
むのたけじ　42
村上春樹　6, 311
メイヤスー，Q　318
モラヴェック，H　171
森岡正博　306

ヤ　行

吉本隆明　42, 132

ラ　行

ライアン，D　158
ライエル，C　56
ライプニッツ，G・W　57-8, 177, 180-2
ラシュレー，K　191
ラッセル，B　177, 180, 182-3
ラトゥール，B　164, 272

ラムス，P　58-62, 64-6, 77
ラメルハート，D　195, 211, 232
リー，T・B　72
リッケルト，H　306
劉暁波　7
リンネ，C・v　53, 56, 64, 77
ルーマン，N　**3-2**, iii, v, 112, 156-7, 161-4, 236, 258-9, 269-271, 280, 291-3, 300-3, 307-8, 315-8
ルソー，J・J　33
ルター，M　31
ルルス，R　177
レヴィナス，E　299, 304, 317
レーダーバーグ，J　229
レオポルド，A　304-5
レッシグ，L　248
レフグレン，L　37
ローゼンブラット，F　191-2, 232
ローゼンブリュート，A　227
ローティ，R　282, 285-8, 316
ロールズ，J　282-3, 285-6, 296, 313, 316-7
ロンブローゾ，C　103

ワ・ン

ワイゼンバウム，J　184
和辻哲郎　257-9, 308
ワラス，G　260, 266
ング，A　176

作品索引

凡例：原則として本文に現れたすべての作品に加え、(注) 内の参照に値する作品を挙げた。書名は『』、論文は「」でそれぞれ括り、それ以外の作品は () 内にジャンルを記した。

英数字

『1Q84』(小説)　6, 311
『1984』(小説)　197
『「志向姿勢」の哲学——人は人の行動を読めるのか？』　235
『AERA』(雑誌)　11, 16
『ETV 特集　ネットワークでつくる放射能汚染地図』(番組)　11
『Ingress』(ゲーム)　168
『ised 情報社会の倫理と設計』　8
『Pokémon (ポケモン) GO』(ゲーム)　168
『R. U. R. (ロッサム万能ロボット会社)』　201, 204, 234
『Twitter 社会論』　7

ア　行

『アニー・ホール』(映画)　45
『医学における人格の概念』　306
『一緒にいても独りぼっち』　159, 311
『イリアス』(叙事詩)　51
『イングランド文明史』　100
『エンチュクロペディー』　77
『オデュッセイア』(叙事詩)　51

カ　行

『科学の文法』　104
『神の秩序』　99, 112
『管理される心——感情が商品になるとき』　234
『機械の花嫁——産業社会のフォークロア』　21, 44
『技術時代の心』　289, 315
『ギリシアの正義の概念』　51
『偶然を飼いならす——統計学と第二次科学革命』　111
『グーテンベルクの銀河系——活字人間の形成』　21, 44, 237
『暮しの手帖』(雑誌)　5
「グローバリゼーションか、それとも世界社会か——現代社会をどう概念化するか？」　141, 160, 316
「計算可能な数について、その決定問題への応用」　228
「計算機械と知能」　229
「原発とメディア」(連載記事)　12
「行動、目的および目的論」　228
『行動の機構』　231
「コグニティブ・ホイール——人工知能におけるフレーム問題」　230
『心の社会』　233
『国家』　52
『古典教育の三学 (trivium)——同時代の学問におけるトマス・ナッシュの位置』　24
『言葉と物』　77
『コンピュータには何ができないか——哲学的人工知能批判』　231
『コンピュータは考える——人工知能の歴史と展望』　227
「コンピュータ倫理とは何か？」　242

サ　行

『死ねばいいのに』(小説)　6

『資本論』　103
『社会システム——一般理論の概要』　141
『社会の社会』　141, 153, 160-1
『社会は情報化の夢を見る』　8
『シャドウ・ワーク——生活のあり方を問う』　234
『シュピーゲル』（雑誌）　73
『情報社会入門』　viii
『人格』　306
「神経活動に内在する思考の論理計算」　189
『数学原理』　183
『数値と客観性——科学と社会における信頼の獲得』　111

タ　行
『頭脳の設計』　177, 227
『正義論』　312
『聖書』　31, 262-3
「生態学的危機の歴史的根源」　304
「世界社会」　141
『接続された心——インターネット時代のアイデンティティ』　311
『大教授学』　62, 78
『沈黙の春』　304
「デジタル・メモリー——ウェブにおける記憶と忘却の技術」（講演原稿）　160
『統計学と社会認識——統計思想の発展 1820-1900 年』　111
『道徳感情論』　307
『道徳と立法の諸原理序説』　307
「道徳の反省理論としての倫理学」　308

ナ　行
『日本倫理思想史』　308
『人間の学としての倫理学』　308
『認識の対象』　307
「妊娠中絶と新生児殺し」　306
『認知革命——知の科学の誕生と展開』　228

ハ　行
『パーセプトロン』　231
『廃棄された生——モダニティとその追放者』　110
『博物誌』　53
『蜂の寓話——私悪すなわち公益』　307
『百科全書』　56-8
「表象なしの知能」　235
『プラトン序説』　51, 77
『プリンキピア・マテマティカ』　183
『並列分散処理（Parallel Distributed Processing, PDP）——認知の微細構造の探求』　195, 197, 233
『弁証法の論理——弁証法における体系構成法』　46
『ホモ・サケル——主権権力と剝き出しの生』　162, 316

マ　行
『マイノリティ・リポート』（映画）　110
『未来のイヴ』　203, 234
『モダンタイムス』（映画）　203

ヤ　行
「唯一の社会システムとしての世界社会」　141-2

ラ　行
『ラムス、方法、対話の衰退』　46
『ラムス＝タロン著作目録』　58

『リキッド・モダニティ——液状化する社会』　110
『リナックスの革命——ハッカー倫理とネット社会の精神』　306
『倫理学』　308
『ルポ米国発ブログ革命』　7
『例外状態』　162

【著者紹介】
大黒　岳彦（だいこく　たけひこ）
1961年香川県生まれ。東京大学教養学部を卒業後，東京大学理学系大学院（科学史科学基礎論専攻）博士課程単位取得退学。1992年日本放送協会に入局（番組制作ディレクター）。退職後，東京大学大学院学際情報学府にて博士課程単位取得退学。現在，明治大学情報コミュニケーション学部教授。専門は哲学・情報社会論。著書『〈メディア〉の哲学――ルーマン社会システム論の射程と限界』，『「情報社会」とは何か？――〈メディア〉論への前哨』（ともにNTT出版）等。

情報社会の〈哲学〉
――グーグル・ビッグデータ・人工知能

2016年 8 月20日　第1版第1刷発行
2018年 2 月10日　第1版第4刷発行

著　者　大《だい》黒《こく》岳《たけ》彦《ひこ》

発行者　井　村　寿　人

発行所　株式会社　勁《けい》草《そう》書　房

112-0005 東京都文京区水道 2-1-1　振替 00150-2-175253
（編集）電話 03-3815-5277／FAX 03-3814-6968
（営業）電話 03-3814-6861／FAX 03-3814-6854
三秀舎・松岳社

ISBN978-4-326-15438-8　　Printed in Japan